Erzählen über Liebe

Alexandra Kofler, Dr. phil., erhielt für ihre Dissertation den Michael-Mitterauer-Preis für Gesellschafts-, Kultur und Wirtschaftsgeschichte. Sie lebt und arbeitet als freie Wissenschaftlerin in Wien.

Alexandra Kofler

Erzählen über Liebe

Die Konstruktion von Identität
in autobiografischen Interviews

Campus Verlag
Frankfurt/New York

Veröffentlicht mit Unterstützung des Fonds zur Förderung der wissenschaftlichen Forschung.

 Der Wissenschaftsfonds.

Bibliografische Information der Deutschen Nationalbibliothek:
Die Deutsche Nationalbibliothek verzeichnet diese Publikation in der Deutschen Nationalbibliografie.
Detaillierte bibliografische Daten sind im Internet unter http://dnb.d-nb.de abrufbar.
ISBN 978-3-593-39593-7

Das Werk einschließlich aller seiner Teile ist urheberrechtlich geschützt. Jede Verwertung ist ohne Zustimmung des Verlags unzulässig. Das gilt insbesondere für Vervielfältigungen, Übersetzungen, Mikroverfilmungen und die Einspeicherung und Verarbeitung in elektronischen Systemen.
Copyright © 2012 Campus Verlag GmbH, Frankfurt am Main
Umschlaggestaltung: Campus Verlag, Frankfurt am Main
Umschlagmotiv: © Alexandra Kofler
Druck und Bindung: CPI buchbücher.de, Birkach
Gedruckt auf Papier aus zertifizierten Rohstoffen (FSC/PEFC).
Printed in Germany

Dieses Buch ist auch als E-Book erschienen.
www.campus.de

Inhalt

Einleitung 9

1. Identität: Ein uneindeutiges Konzept 15
   1.1 (Personale) Identität und Individualität 21
   1.2 Der sozialwissenschaftliche Identitätsbegriff 28
   1.3 Identität als modernes Problem 33
   1.4 Biografie als Lösung des Identitätsproblems? 36

2. Identität in Geschichten 41
   2.1 Was ist eine Erzählung? 45
   2.2 Narrativität und die Philosophie der Geschichten 50
   2.3 Das Konzept der narrativen Identität 55
   2.4 Autobiografisches Erzählen und die Konstruktion des Selbst ... 60

3. Selbsterzählungen über Liebe als Orte
   von Identitätskonstruktionen? 65
   3.1 Liebe als Erzählung 65
   3.2 Der Liebesdiskurs: Eine Skizze 69
   3.3 Identität(en) in Bezogenheit? 75

4. Rekonstruktion narrativer Identität(en) 77
   4.1 Das Design der Interviewstudie 77
   4.2 Das narrative Interview 82

4.3 Materialanalyse und Auswertung.......................... 90
4.4 Fallstrukturen, Sampling und Fallvergleich 95

5. Geschichten von der Liebe 99

   5.1 Fallgeschichte Andrea: True Romance –
      Eine Apologie der Liebe 100

      (K)eine Liebe auf den ersten Blick..................... 101

      Eine geheime, verbotene Liebe 104

      Glaubenskampf und Säkularisierungsprojekt.............. 107

      Apologie der Liebe 111

      Eine ganz normale Beziehung? 112

      Gegenwelten 114

   5.2 Fallgeschichte Markus: Interkulturelle Liebe –
      Eine Aneignungsgeschichte............................ 115

      Herkunft und Aneignung 116

      Eine interkulturelle Beziehung?........................ 118

      Ein typischer Asiate und narrativer Rollentausch........... 120

      Romantische Liebe als Rettung des Selbst 124

      Ernüchterung und virtuelle Liebe 125

   5.3 Fallgeschichte Thomas: Zwischen Bindungssehnsucht und
      Wahlfreiheit – Ein (männlicher) Reifungsprozess 127

      Die ›vernünftigste‹ Lebensform: Eine Argumentation 129

      Männliche Lehrjahre und die Exploration des Weiblichen.... 129

      Eine Beziehung zwischen Liebe und Kalkül............... 132

      Tanja und die Anderen 134

      Handlungspraxis und Gedankenspiele................... 136

   5.4 Fallgeschichte Gisela: Liebe als Projekt –
      Eine biografische Konversionsgeschichte 138

Ehe: Automatismen und Sozialisationseffekte: Eine weibliche
Normalbiografie?................................. 140

Konversion: Von der Fremd- zur Selbstbestimmtheit........ 142

Riskante Freiheiten 143

Liebe, Familienleben und Karriere: Ein Spannungsfeld 144

Partnertausch und Liebe als Projekt.................... 146

Eine biografische Erfolgsbilanz?....................... 147

5.5 Fallgeschichte Michael: Zwischen Nähe und Autonomie –
Eine Passionsgeschichte............................ 148

Vorenthaltene Mutterliebe........................... 150

Kampfzone der Geschlechter......................... 151

Das Drama der Adoleszenz 153

Sexuelle Initiation und therapeutischer Wandel............ 156

Geschlechterkonstruktionen 160

5.6 Fallgeschichte Veronika: Ein ungleiches Paar?
Oder: Die narrative De-Konstruktion von Beziehung....... 163

Das erste Treffen in zwei Versionen 165

Das Milieu 167

Zukunftspläne................................... 170

Bildungsunterschiede 173

Resignation? 175

Eine negative Bilanz?............................... 176

6. Schlussbetrachtung: Erzählte Identität(en)?................. 179

6.1 Identitätskonstruktionen zwischen Gleichheit
und Wandelbarkeit 181

6.2 Biografische Schemata und kulturelle Narrative als
Ressourcen der Identitätskonstruktion.................. 185

6.3 Narrative Strategien im autobiografischen Erzählen......... 194

6.4 Identitäten in Bezogenheit?
Zwischen Romantik und Ernüchterung.................. 198

Nachwort... 209

Literatur.. 211

Dank... 229

Einleitung

»Wir erzählen Geschichten,
weil die Menschenleben Erzählungen brauchen und verdienen.«
(Ricœur 1988: 119)

In einer Aussendung des *Centre interdisciplinaire d'études et de recherches sur l'Allemagne (CIERA)* vom Juni 2009 wird von einem Wiederaufleben der Erzählung berichtet.[1] Es ist die Rede vom Aufkommen eines »postklassischen Erzählens«, von einer »Rückkehr der großen Erzählungen« und dem »Eintritt in ein neues narratives Zeitalter«. Das Storytelling habe als zentrale Strategie in Politik, Wirtschaft, Wissenschaft, Therapie und im Privaten einen Wechsel vom Begründen zum Erzählen herbeigeführt. Mehr als Fakten und Argumente zähle heute die gute Story, wenn es darum geht, Wahlerfolge zu erzielen oder Produktbindungen herzustellen. Tatsächlich legt schon ein kurzer Blick auf die gegenwärtige Bekenntnis- und Selbstinszenierungskultur (Burkart 2006) die Vermutung nahe, dass gerade heute mehr denn je erzählt wird. Das (außerliterarische) Erzählen bildet ein favorisiertes Mittel der Selbstdarstellung im Alltag. Überall wird erzählt, werden Selbsterzählungen geliefert – in Blogs, Talkshows, im psychotherapeutischen Kontext, in life-writing-workshops u.s.w. In gleicher Weise übersteigen auch im wissenschaftlichen Kontext die vielfältigen Bezugnahmen auf das Erzählen und die Erzählung mittlerweile den Rahmen der Darstellbarkeit.[2]

Diese Neuentdeckung mag aber erstaunen, bedenkt man, dass es sich beim Erzählen um eine zentrale Praxis menschlichen Lebens handelt:

---

1 Die Aussendung ist ein Call for Papers unter dem Titel *Erzählte Welten/Mondes en narration* vom 21.04.2009 und findet sich unter folgender Adresse: http://hsozkult.geschichte.hu-berlin.de/termine/id=11281

2 Für einen Überblick zur Renaissance der Erzählung in der Wissenschaft siehe die Darstellung bei Martin Kreiswirth in *Trusting the tale. The Narrativist Turn in the Human Sciences* (Kreiswirth 1992) sowie Donald Polkinghorne *Narrative knowing and the human sciences* (Polkinghorne 1988).

»Außerdem findet man die Erzählung in diesen nahezu unendlichen Formen zu allen Zeiten, an allen Orten und in allen Gesellschaften; die Erzählung beginnt mit der Geschichte der Menschheit; nirgends gibt und gab es jemals ein Volk ohne Erzählung; alle Klassen, alle menschlichen Gruppen besitzen ihre Erzählungen. […] Die Erzählung schert sich nicht um gute oder schlechte Literatur: sie ist international, transhistorisch, transkulturell, und damit einfach da, so wie das Leben.« (Barthes 1988: 102)

Erzählen ist eine universelle Kulturpraxis, wie Roland Barthes deutlich macht. Sie beschränkt sich nicht auf den Bereich professionalisierten Erzählens, sondern sie findet sich in jedem Bereich des Lebens. Der enge Zusammenhang zwischen Kultur und Erzählen hat die Erzählung mitunter zu einem Gradmesser kultureller Einschätzungen gemacht: Die These vom Verlust des Erzählvermögens im Zeitalter der Massenmedien erscheint etwa bereits bei Walther Benjamin als Untergang der Kultur.[3] Dennoch bildet das Erzählen nach wie vor ein zentrales Medium der Selbst- und Welterkenntnis. Vielmehr erlangt es angesichts erhöhter Anforderungen biografischer Sinnstiftung und Orientierung neuerliche Dringlichkeit. Das gegenwärtige Interesse am Erzählen lässt sich somit auch als ein Indiz für gesellschaftliche Veränderungen und Verluste verstehen. Vor allem sozialpsychologische Konzeptionen weisen dem Erzählen angesichts sozialer Differenzierung, Individualisierung und Fragmentierung die Funktion subjektiver Identitätsbildung zu: Nur die Erzählung vermöge jene Einheit wiederherzustellen, die gesellschaftlich bereits unmöglich geworden sei. Erzählen stiftet Identität und Zugehörigkeit – eine Funktion, die besonders in Zeiten biografischer Brüchigkeit an Bedeutung gewinnt.

Die vorliegende Untersuchung nimmt das autobiografische Erzählen als eine Praxis der Identitätskonstruktion in den Blick. Dies erfolgt in zweifacher Hinsicht: Im Rahmen einer kritischen Auseinandersetzung mit den gängigen Positionen der Identitätsdebatte wird eine narrative Konzeptualisierung des Identitätsbegriffs vorgeschlagen. Der Frage nach der identitäts-

---

3 Im Jahr 1937 stellt Benjamin in seinem Essay *Der Erzähler* die Diagnose, dass es mit der Kunst des Erzählens zu Ende gehe, weil wir das Vermögen verloren hätten, Erfahrungen mitzuteilen und auszutauschen: »Immer seltener wird die Begegnung mit Leuten, welche rechtschaffen etwas erzählen können. Immer häufiger verbreitet sich Verlegenheit in der Runde, wenn der Wunsch nach einer Geschichte laut wird. Es ist, als wenn ein Vermögen, das uns unveräußerlich schien, das Gesichertste unter dem Sicheren, von uns genommen würde. Nämlich das Vermögen, Erfahrungen auszutauschen. Eine Ursache dieser Erscheinung liegt auf der Hand: die Erfahrung ist im Kurse gefallen.« (Benjamin 1969 [1937]: 385)

konstitutiven Bedeutung des Erzählens wird in Form einer Analyse autobiografischer Selbsterzählungen zum Thema Liebe nachgegangen. Anhand von Interviews, in denen Personen von ihren Lebens- und Liebeserfahrungen berichten, soll gezeigt werden, inwiefern Identität weder ein stabiler Tatbestand, noch ein Besitz der Person ist, sondern sich vielmehr als eine immer wieder neu zu leistende narrative Aufgabe darstellt. Auf diese Weise verbindet die vorliegende Studie eine philosophisch-hermeneutische Theorie der narrativen Identität mit einem empirisch-biografischen Forschungsansatz.

In Kapitel 1 wird gezeigt, inwiefern die für die Identitätsdebatte zentralen Konzeptionen vom autonomen und unterworfenen Subjekt Denkfiguren bleiben die gewissermaßen leer laufen. Zwar fungieren sie als grundlegende Vorstellungen im Nachdenken über das Subjekt und dessen Verfasstheit, allerdings vermögen sie nicht aufzuklären, wie sich Identität innerhalb der Lebenspraxis konstituiert. Erst im Rahmen einer Theorie der Narrativität findet das Paradoxon der Identität des Nicht-Identischen eine Lösung (Kapitel 2). Paul Ricœur hat diesbezüglich am Begriff der Identität die zwei Bedeutungen Gleichheit und Selbstheit unterschieden (Ricœur 1996: 173), auf die sich auch die vorliegende Untersuchung stützt. Während Gleichheit auf eine bestimmte Form der Unveränderlichkeit in der Zeit zielt (und somit die Person als zeitlich seiende stets verfehlt), ist Identität in der Bedeutung von Selbstheit zu verstehen als ein zeitlich verfasstes Selbstverhältnis, das die Grundlage der Person bildet. Das Rätsel, wie wir uns als Personen zeit unseres Lebens als dieselben und doch zugleich als veränderlich verstehen können, findet in dieser Unterscheidung eine mögliche Antwort: Nur innerhalb eines Selbstverhältnisses konstituiert sich ein dauerndes Individuum, das sich zugleich zu seinen wechselnden Bezügen in der Zeit ins Verhältnis setzen kann. Dem Erzählen kommt diesbezüglich eine spezifische Funktion zu, da es die Herstellung einer diachronen Identität in der Gestalt der Erzählung erlaubt. In einer narrativen Perspektive wird das Selbst mit und in seinen Geschichten hervorgebracht und erweist sich als ein Produkt fortgesetzter, jedoch zunehmend wechselhafter Sinnzuschreibungen. Die Form der Identität ergibt sich dabei aus der narrativen Konfiguration – letztlich aus der Form der Erzählung.

Das Konzept einer narrativen Identität kann folglich als Antwort auf die theoretische Opposition zwischen Fragmentierung und Stabilität des Selbst und dessen Identität fungieren. In einer narrativen Perspektive ist die Identität einer Person nicht mehr durch einen unveränderlichen Wesenskern gesichert, sondern sie stellt sich in Bezügen, Interaktionen und Relationen her und bleibt dabei stets offen für Revisionen. Das Selbst erlangt seine Identität damit jedoch nicht in Form einer Introspektion, sondern erst über seine Beziehungen zu anderen. Kapitel 3 widmet sich der Frage, inwiefern sich die Liebe als ein relevanter Ort der Konstruktion von Identität erweisen könnte. Als letzter Ort, an dem das Ich sich noch als Ganzes finden könne, stelle die Liebe – laut einer kultursoziologischen These – die passgerechte Gegenideologie der Individualisierung dar, da sie gerade die Einzigartigkeit betont und die Gemeinsamkeit der Einzigartigen verspricht (Beck/Beck-Gernsheim 1990: 231). Soziale und intime Beziehungen würden in dieser Perspektive wichtiger denn je, weil der Einzelne im Blick des Anderen gerade seine Identität erhält – sie also verstärkt im Modus der Bezogenheit auf Andere (relational) herstellt.

Vor diesem theoretischen Hintergrund skizziert Kapitel 4 das Design der Interviewstudie und zeigt in welcher Form das Konzept der narrativen Identität als Heuristik für die Analyse autobiografischer Selbsterzählungen dienen kann. Im Kapitel 5 werden ausgewählte Interviews in Form von Fallgeschichten präsentiert, die jeweils unterschiedliche Konstruktionsmuster narrativer Identität darstellen. Die Fallgeschichten machen deutlich, inwiefern sich das autobiografische Erzählen auf kulturelle Narrative und Diskurse stützt, allerdings zeugen sie auch vom individuellen Eigensinn der ErzählerInnen. Sie zeigen, wie unterschiedlich einzelne Personen mit biografischen Brüchen umgehen und wie sie diese erzählerisch organisieren. Das autobiografische Erzählen erweist sich als eine zentrale Strategie der Dar- und Herstellung von Identität im Sinne eines performativen Aktes, der jedoch stets der spezifischen Erzählsituation (hier dem narrativ-biografischen Interview) geschuldet bleibt. In einem abschließenden Vergleich werden theoretisch relevante Aspekte der Fallgeschichten einer eingehenden Betrachtung unterzogen (Kapitel 6) und im Hinblick auf die Ausgangsfragestellung skizziert. Die Selbsterzählungen erscheinen dabei als mögliche Figurationen der Identität, innerhalb eines Kontinuums zwischen Wandelbarkeit und Gleichheit. Erst im Sprechen über sich selbst zeigt sich die dialektische Beziehung von Selbstheit und Gleichheit: Die Identität einer Person ist nicht etwas der Geschichte ihres Lebens Äußerliches – es ist gerade die Identität der Geschichte, die jene der Person hervorbringt. Damit ist die narrative Identität aber weder stabil oder bruchlos, sondern immer situiert, perspektivisch, dynamisch und bedeutungsoffen. Die Erzählung vermag die Veränderungen der Person, Verschiebungen ihrer sozialen Lage und auch neue Selbstdeutungen zu integrieren – freilich nicht ohne dazu geeignete Figuren des Erzählens ins Werk setzen zu müssen. In dieser Weise verdeutlichen die einzelnen Selbsterzählungen eine empirische Vielfalt und einen dynamischen Prozess der Identitätskonstruktion, dem die theoretische Gegnerschaft zwischen zugrundeliegendem und fragmentiertem Subjekt keineswegs gerecht werden kann.

Auf die Frage *Wer bin ich?* zu antworten, bedeutet innerhalb eines narrativen Paradigmas, die Geschichte eines Lebens zu erzählen (Ricœur 1996: 76). Dabei kann es sich jedoch nur um einen unabschließbaren Prozess der Figurationen und Refigurationen eines Selbst handeln, das kein ursprünglich Gegebenes, sondern immer ein Aufgegebenes ist. Ähnlich wie die Figur innerhalb einer Geschichte, erfährt sich das Selbst zeit seines Lebens als ein durch Geschichten Gestaltetes: In der Interaktion mit Texten und Erzählungen – im Sinne von versteh- und lesbaren Sinngestalten und Seinsmöglichkeiten – vermag es seine Existenz zu erhellen und zu verändern. Jenseits von Fragmentierung und Stabilität zeigt die kulturelle Praxis des Erzählens, inwiefern das Subjekt in seiner Selbst- und Welterkenntnis auf Geschichte(n) angewiesen ist. Seine divergierenden Entwürfe und Brüche muss das Subjekt in wiederholten Versuchen mit sich und Anderen organisieren, interpretieren und verhandeln. Im Hinblick auf diese Aufgabe ist die autobiografische Erzählung ein Medium der Artikulation und Sinnbildung. Im Erzählen gestaltet das Subjekt sich selbst in Form einer Geschichte und wird auf diese Weise für andere verstehbar. Angesichts einer Häufung von Brüchen im Lebensprozess müssen das gelebte Leben, Entworfenes, Verworfenes oder Erhofftes immer wieder überdacht, um- und angepasst oder reformuliert werden. Das gegenwärtige Interesse am Erzählen zeugt diesbezüglich vielleicht von einer verzweifelten Suche nach Identität angesichts neuer Herausforderungen und Verunsicherungen. In dieser Perspektive fragt die vorliegende Untersuchung nicht zuletzt nach der (Un-)Möglichkeit, sich biografisch zugleich als veränderbares wie auch als dauerndes Subjekt zu begreifen.

1. Identität: Ein uneindeutiges Konzept

> »Jetzt will ich dich einmal schälen, mein Peer!
> Es hilft dir nichts, stöhnst du auch noch so sehr.
> (Nimmt eine Zwiebel und pflückt Haut um Haut ab.)
> [...] Das hört ja nicht auf! Immer Schicht noch um Schicht!
> Kommt denn der Kern nun nicht endlich ans Licht?!
> (Zerpflückt die ganze Zwiebel.)
> Bis zum innersten Innern, – da schau' mir einer! –
> Bloß Häute, – nur immer kleiner und kleiner. –
> Die Natur ist witzig!
> (Wirft den Rest fort.)«
> (aus: Henrik Ibsen, Peer Gynt)

In seinem Buch *Das übersättigte Selbst* vertritt Kenneth Gergen angesichts der neuen Kommunikationstechnologien und der durch diese veränderten Praktiken und Vorstellungen die These, dass der Identitätsbegriff der Vorstellung eines postmodernen Selbst zu weichen habe. Dieses sei nicht mehr durch eine einheitliche Gestalt gekennzeichnet, sondern gleiche eher einem Fragment oder Splitter aus unverbundenen Teil-Identitäten. Die Auflösung und Zersplitterung des Selbst resultiere aus einer durch die neuen Kommunikationstechnologien evozierten Belagerung des Selbst in Form eines widersprüchlichen und zersetzenden Stimmengewirrs. Dabei würden vor allem stabile, längerfristige soziale Beziehungen einer steigenden Zahl von kurzfristigen, funktionalisierten und anonymen Kontakten weichen. Dem derart kommunikativ übersättigten Selbst gelinge keine Orientierung mehr, folglich komme es zur Zersplitterung des Selbst in einzelne heterogene Teil-Identitäten, die nichts mehr mit der Vorstellung einer beständigen, einheitlichen Person zu tun hätten. Für Gergen gibt dies jedoch keinen Anlass zu einer kulturpessimistischen Haltung, sondern es ließen sich darin durchaus Chancen und Potenziale erkennen:

»Für immer mehr Menschen ist die ›alles-ist-möglich-Einstellung‹ auf die Konstruktion des Selbst anwendbar. Für die Postmoderne wird das Leben ausdrucksvoller und reicher, indem auf den Anspruch persönlicher Übereinstimmung, Selbsterkennung oder einer maßgeblichen Anordnung verzichtet und einfach im fortlaufenden Prozess der Bezogenheit gelebt wird.« (Gergen 1996: 222)

Postmoderne Konzeptionen des Selbst zelebrieren die Befreiung von althergebrachten Zwängen und betonen das Kreativitätspotential einer ästhetischen Existenz.[1] Ausdruck dessen ist eine Reihe von Schlagwörtern, die sich beliebig fortsetzen ließe. Das postmoderne Selbst sei: *flexibel*, *fragmentiert*, *gespalten*, *fraktal*, *multi-*, *schizo-*, oder *polyphren*, *nomadisch* oder einfach ein *Patchwork*[2]. Seine Seinsweise sei die eines Bastlers (franz: *bricolage*)[3], der je nach Bedarf Stück für Stück zusammensetzt und dessen favorisierter Aufenthaltsort die Baustelle ist. Identität wird im Rahmen solcher Konzeptionen – wie hier leicht erkennbar – als Zwang, Fixierung oder als logisches Übel gekennzeichnet. Die Identitätsforderung sei nichts anderes als ein Instrument von Kontroll- und Disziplinardispositiven, die das Subjekt zu dem machen, was es in einer seiner Wortbedeutungen immer auch schon war: das Unterworfene (lat. *subjectum*). Die so konstruierte Dualität von *Einheit versus Differenz* wertet die Nicht-Identität auf, insofern diese als die Befreiung aus dem Zwang einer Identitätsforderung verstanden wird.[4] Die postmoderne Kritik fordert eine Verabschiedung vom Identitätsbegriff: Der Mensch sei grundlegend als Nichtidentisch zu bestimmen – jede Behauptung von Identität sei ein auferlegter Zwang.[5]

---

1 So liefert etwa Richard Rorty eine Philosophie des sich selbst erschaffenden, sein Leben als Kunstwerk gestaltenden, Menschen, wie Jürgen Straub feststellt (Straub 2002: 257). Eine Darstellung der Facetten des postmodernen *Kreativsubjekts* findet sich vor allem auch bei Andreas Reckwitz (Reckwitz 2006: 588–615).
2 Im deutschen Sprachraum findet man diesen Begriff vor allem in den Arbeiten des Sozialpsychologen Heiner Keupp (Keupp 1999).
3 Der Begriff der *Bastelexistenz* wird bei Ronald Hitzler und Anne Honer verwendet (Hitzler/Honer 1994 sowie Hitzler 2003) und lässt sich auch von Claude Lévi-Strauss' Begriff der *bricolage* (Lévi-Strauss 1968) herleiten.
4 Die postmoderne Denkfigur der *Identität des Nichtidentischen* wird schon bei Theodor W. Adorno vorweg genommen (Adorno 1951).
5 Diese Fixierung auf die formallogische Bestimmung von Identität und die Unterstellung eines Zwangscharakters führt etwa bei Wilhelm Schmid zum Versuch *Identität* durch *Kohärenz* zu ersetzen: »Ich bin dieses Selbst und bin es doch auch nicht. Die Kohärenz sorgt sich um die Integration des Anderen in jedem Sinne, arbeitet ständig neu an der Strukturierung des Selbst und ermöglicht ihm auf diese Weise, sich selbst nicht gänzlich zu verlieren. Die Veränderung des Subjekts in der Zeit, seine Zerstreuung im Raum, seine Möglichkeiten über sich hinaus, aber auch seine Gebrochenheit in sich selbst, die vom

Wenn auch die Dualität von identisch versus nicht-identisch den Stand gegenwärtiger Debatten markiert, so ist sie durchaus zu hinterfragen. Zwar mag der unterstellte Zwangscharakter im Hinblick auf Phänomene des Leidens an (überzogenen) Identitätsforderungen berechtigt sein, allerdings bleibt eine vollständige Absage an den Identitätsbegriff problematisch und fragwürdig. Die neueren Identitätsdebatten stehen im Zeichen einer Dezentrierung des Subjekts und erhalten ihre Relevanz vor dem Hintergrund eines sozio-kulturellen Wandels. In dieser Hinsicht haben die skizzierten Bezugnahmen noch einen Rückhalt im Wandel moderner Lebensverhältnisse, auch wenn sie als übertriebene Stilisierungen und als Konglomerat von Assoziationen zu betrachten sind. So führt etwa auch Straub aus,

»[…] dass die Idee und Vorstellung personaler Identität wenig bis nichts mit dem Bild jener zwanghaften rationalen Zombies gemeinsam hat, die sich – wie viele ›postmoderne‹ Kritiker des ›modernen Subjekts‹ unterstellen – gewalttätig gegen (äußere und innere) Differenz, Alterität, Fremdheit und Veränderung abschotten, um ihre vermeintlich ›totalitäre‹ psychische Binnenstruktur – ihre ›Identität‹ eben – aufrechterhalten zu können.« (Straub 2002: 258)

Jenseits einer Entscheidung für oder gegen den Begriff der Identität ist vielmehr danach zu fragen, welche Aspekte mit dem Begriff angesprochen sind und in welcher Form dieser noch eine sinnvolle Verwendung finden kann. Auch Straub argumentiert dass, »Subjektivität weiterhin als kritische Kategorien des Verstehens mitmenschlicher Praxis zu bewahren« (Straub 1998: 80) sei. Seiner Meinung nach kann nur so die mit dem Begriff verbundene Vorstellung einer zumindest partiellen autonomen Lebensgestaltung als regulatives Ideal aufrechterhalten werden (Straub 1998: 80).[6]

---

modernen Subjekt der Identität negiert und vom postmodernen Subjekt der Multiplizität affimiert worden ist, wird in die Kohärenz aufgenommen, die veränderlich ist und dennoch für die Stabilität und Kontinuität des Subjekts sorgt. Sie ist es, die macht, dass Subjekte, obwohl sie nicht dieselben bleiben, sich doch als ›sich selbst‹ erfahren, indem sie nämlich dafür Sorge trägt, dass auch die Gebrochenheit und Unsicherheit noch ein Bezugsfeld haben kann, und weder ins Leere gehen noch zur Selbstauslöschung führen muss.« (Schmid 1998: 252–253)

Weiters vertritt Wolfgang Welsch unter Bezugnahme auf die Positionen von Deleuze und Guattari in *Anti-Ödipus* die These, dass angesichts des herrschenden Identitätszwangs, psychische Gesundheit vielmehr bedeuten müsse, schizophren oder multiphren zu sein (Welsch 1990). Ein weiteres Beispiel für die postmoderne Kritik am Identitätsbegriff findet sich bei Dietmar Kamper (Kamper 1980).

6 Für Straub führt ein Abschied vom souveränen Subjekt der Moderne nicht notwendig in die postmoderne Zuflucht. Er verweist diesbezüglich auf die Arbeiten von Käthe Meyer-Drawe (Meyer-Drawe 1990), die Auswege aus der dualen Konstruktion sucht. Gegenüber

Doch nicht nur die diskursive Weichenstellung *identisch/nicht-identisch*, lässt die gegenwärtigen Identitätsdebatten aporetisch und unproduktiv erscheinen. Hinzu kommt eine begriffliche Uneindeutigkeit, die den Terminus Identität als »ein diffuses Syndrom von Bedeutungen« (Angehrn 1985: 233) kennzeichnet:

»In der Psychologie, Sozialpsychologie und Soziologie trifft man gegenwärtig auf einen luxurierenden Gebrauch des Terminus Identität und verwandter Termini, wie Selbst, Ich-Identität oder gar Selbst-Identität. Der schwankende Gebrauch dieser Termini, ihre Überschneidungen und Vertauschungen und ihre fragliche Legitimität ist für den philosophisch geschulten Verstand ärgerlich.« (Böhme 1996: 322)

Für den Ursprung der sozialwissenschaftlichen und psychologischen Verwendung des Terminus Identität ist auf Erik H. Erikson (Erikson 1966), wie auf George H. Mead (Mead 1968) zu verweisen. Erikson widmete sich im Rahmen seiner Theorie der Ich-Identität dem Phänomen der Identitätskrise bei Jugendlichen. Bei den genannten Autoren werden unter dem Problem der Identität vor allem die entwicklungspsychologischen Aspekte des »Sichzusichverhaltens« (Tugendhat 1979: 290) verstanden, das heißt die Frage, wie sich innerhalb sozialer Interaktionsbeziehungen ein personales Selbstverhältnis konstituiert. Identität ist hier das Resultat eines Integrationsprozesses von frühkindlichen Identifikationen und sozialen Rollen. Gelungene Identitätsbildung bedeutet eine kohärente und konstante Synthese von sozialen Rollen und Selbstbildern. Die Negativfolie dieses Prozesses bildet bei Erikson die Rollen- und Normverweigerung, die er anhand von Einzelfallstudien untersucht. Jedoch weist Erikson selbst auf die begriffliche Unschärfe des Terminus Identität hin:

»Ich kann das Problem der Identität nur zu verdeutlichen versuchen, indem ich es von einer Anzahl von Blickwinkeln aus anleuchte [...] Es wird sich einmal um ein bewusstes Gefühl der individuellen Identität, ein andermal um das unbewusste Streben nach einer Kontinuität des persönlichen Charakters zu handeln scheinen; einmal wird die Identität als ein Kriterium der stillschweigenden Akte der Ich-Synthese, dann wieder als das Festhalten an einer inneren Solidarität mit den Idealen und der Identität einer Gruppe erscheinen [...] So wird am Ende unserer Untersuchung der Begriff selbst immer noch einigermaßen mehrdeutig erscheinen.« (Erikson 1966: 124–125)

---

einer binären Opposition spricht sich Straub für die Idee einer »begrenzten Autonomie« als »fragiler Balance unterschiedlicher Ansprüche der Außenwelt und der Innenwelt einer Person« (Straub 1998: 82) aus.

Sozialpsychologische Konzeptionen von Identität, die an Erikson anschließen, tragen nicht weiter zu einer begrifflichen Klärung bei, vor allem nicht, wenn sie in das alltagssprachliche Vokabular eingehen. Bedenkt man, dass in der Sozialpsychologie bzw. Soziologie Identität in erster Linie als das Verhältnis von Einzelnem und Gesellschaft gefasst wird, zeigt sich, dass der sozialpsychologische Identitätsbegriff trotz seiner alltagssprachlichen Verbreitung eine Begrenzung hat, die nicht übersehen werden darf:

»Die Erwartung, alle für Kunst-, Geschichts- und Gesellschaftstheorie bedeutsamen Fragen, die sich unter dem Titel ›Identität‹ stellen lassen, müssten im Zusammenhang der gängigen sozialpsychologischen Identitätskonzeption vorangebracht werden können, geht selber schon aus der falschen Meinung hervor, dass diese Konzeption im Bereich von Identitätsproblemen sozusagen zentral steht und von umfassender Relevanz ist.« (Henrich 1979: 136)

Hinzu kommt eine weitere Beschränkung des sozialpsychologischen Identitätsbegriffs, auf die Emil Angehrn hinweist: »Das Verhältnis des einzelnen zu seiner historischen Vergangenheit kommt für die Sozialpsychologie entweder gar nicht oder nur als subordiniertes Moment in Betracht.« (Angehrn 1985: 234) Die Frage nach geschichtlicher Kontinuität, wie sie sich im Rahmen einer narrativen Theorie der Identität stellt, wird in sozialwissenschaftlichen bzw. sozialpsychologischen Konzeptionen meist vernachlässigt.

Vor allem von philosophischer Seite wird argumentiert, dass nicht streng genug zwischen einem *harten* und einem *weichen* Begriff der Identität unterschieden werde.[7] So stehe dem sozialwissenschaftlichen Identitätsbegriff die formal-logische Bestimmung von Identität gegenüber. Letztere lässt sich in der Formel A=A fassen: Identität ist die Bezeichnung für jene formale Einheit, die jedes Seiende für sich schon darstellt. Weil diese Form der Identität (mit sich) jedem Seienden zukommt und nicht weiter erklärungsbedürftig erscheint, formulierte Quine auch seinen berühmten Ausspruch »no entity without identity« (Quine 1981: 102). Hinsichtlich einer begrifflichen Differenzierung, lassen sich anhand des alltäglichen Sprachgebrauchs grundlegend drei Kontexte unterscheiden, innerhalb derer der Begriff Identität relevant ist. Der erste Kontext ist jener, in dem es im verwaltungstechnischen Sinn um die Identifizierung einer Person geht: *Wer ist diese Person? Wer ist der Täter?* Dabei geht es weniger um eine Charakterbeschreibung oder um eine inhaltliche Qualifizierung der Person (schon gar nicht um deren Lebensge-

---

7 Siehe dazu auch den Vergleich zwischen philosophischem und sozialwissenschaftlichem Identitätsbegriff bei Dieter Teichert (Teichert 2000) und Dieter Henrich (Henrich 1979).

schichte), sondern um eine eindeutige Referenzsicherung: Sichergestellt werden soll, dass die gesuchte oder gemeinte Person genau diese ist und keine andere. Im Unterschied dazu geht es im zweiten geläufigen Kontext um eine nähere Beschreibung oder Charakterisierung. Im Sinne der qualitativen Identität kann danach gefragt werden: Was für ein Mensch ist diese Person? Diese Frage zielt auf Eigenschaften und Merkmale, mithilfe derer eine Person charakterisiert werden kann. Der dritte Kontext ist jener des Vergleichens. Hier wird dann vor allem die Frage virulent, inwiefern etwas als dasselbe angesehen werden kann. Im Falle von Personen betrifft dies vor allem auch die Frage, inwiefern eine Person als dieselbe anzusehen ist, wenn sie sich doch im Laufe ihres Lebens verändert. Diese drei Aspekte machen deutlich, dass Identitätsfragen über einfache Bestimmungen hinausgehen, und jeweils unterschiedlich dimensioniert werden können. So stößt auch die sozialwissenschaftliche These, Identität werde erst unter Bedingungen der Spätmoderne zu einem »reflexiven Projekt« (Giddens 1991: 5), in philosophischen Kreisen auf Unverständnis.[8] Deutlich wird jedoch, dass unter dem Begriff Identität auch empirisch beschreibbare Subjektivitätsformen benannt werden, die erst oder gerade unter modernen Lebensbedingungen (etwa einer Zunahme von Kontingenz-, Differenz- und Alteritätserfahrungen) virulent werden.

Damit verdeutlichen die skizzierten Bezugnahmen zum Identitätsbegriff dessen problematischen Status als ein uneindeutiges Konzept, wie auch die unterschiedlichen Ansprüche, mit denen der Begriff in Verbindung gebracht wird. Wenn, wie bereits deutlich wurde, eine disziplinenübergreifende Begriffsbestimmung nicht möglich ist, so sollen im Folgenden zumindest jene Aspekte des Begriffs differenziert werden, die sich für das Konzept einer narrativen Identität anschlussfähig erweisen könnten.[9]

---

8 Laut Anthony Giddens wird Identität in der Spätmoderne zu einem »reflexive project of the self, which consists in the sustaining of coherent, yet continuously revised, biographical narratives, (which) takes place in the context of multiple choice as filtered through abstract systems.« (Giddens 1991: 5)

9 So stellen etwa auch Jörg Zirfas und Benjamin Jörissen eine Pluralisierung des Identitätsbegriffs fest: »So lässt sich zunächst festhalten, dass in der gegenwärtigen sozialen und politischen Situation, die von Diskussionen um den Zerfall des Sozialen, den Verlust von Werten und der Suche nach Traditionen geprägt ist, Fragen nach individueller, geschlechtlicher, kollektiver und kultureller Identität eine größere Bedeutung gewinnen. Allerdings haben sich die Schwerpunkte der Diskussion um Identität seit den sechziger Jahren des letzten Jahrhunderts auffällig verschoben. Wurde die Debatte um Identität in dieser Zeit vor allem durch den *symbolischen Interaktionismus* und die Soziologie (sowie die Psychologie) geprägt, die *grosso modo* die Frage nach den Bedingungen und Möglichkeiten perso-

1.1 (Personale) Identität und Individualität

»Denn auch von jedem einzelnen Lebenden sagt man ja, dass es lebe und dasselbe sei, wie einer von Kindesbeinen an immer derselbe genannt wird, wenn er auch ein Greis geworden ist: und heißt doch immer derselbe, unerachtet er nie dasselbe an sich behält, sondern immer ein neuer wird und Altes verliert an Haaren, Fleisch, Knochen, Blut und dem ganzen Leibe; und nicht nur an dem Leibe allein, sondern auch an der Seele, die Gewöhnungen, Sitten, Meinungen, Begierden, Lust, Unlust, Furcht, hiervon behält nie jeder dasselbe an sich, sondern eins entsteht und das andere vergeht. Und viel wunderlicher noch als dieses ist, dass auch die Erkenntnisse nicht nur teils entstehen, teils vergehen, und wir nie dieselben sind in bezug auf die Erkenntnisse, sondern dass auch jeder einzelnen Erkenntnis dasselbe begegnet. Denn was man Nachsinnen heißt, geht auf die ausgegangene Erkenntnis. Vergessen nämlich ist das Ausgehen einer Erkenntnis, Nachsinnen aber bildet statt der abgegangenen eine Erinnerung ein und erhält so die Erkenntnis, dass sie dieselbe zu sein scheint. Und auf diese Weise wird alles Sterbliche erhalten, nicht so, dass es durchaus immer dasselbe wäre, wie das Göttliche, sondern indem das Abgehende und Veraltende ein anderes Neues zurücklässt, wie es selbst war.« (Platon, Symposion: 207d-208b)

Im Bezug auf Personen wird Identität als Problem der diachronen oder transtemporalen Identität virulent. Der Mensch ist ein zeitliches Wesen und als solches selbst der Veränderung in der Zeit unterworfen. Zugleich besitzt er aber auch ein Bewusstsein von seiner eigenen Zeitlichkeit und kann sich zu dieser in Bezug setzen. Die reflektierende Tätigkeit des Erinnerns und Nachsinnens wird, wie auch Platon hier andeutet, zu einer aktiven Auseinandersetzung mit der eigenen Zeitlichkeit, denn sie bildet eine Struktur, die zur Erhaltung des an sich Vergänglichen beiträgt. Die reflektierende Hinwendung auf die eigene Lebensgeschichte wäre dann als ein praktisches Sich-Verhalten angesichts des Vergehens der Zeit zu verstehen. Nun hat aber die traditionsreiche Debatte zum Problem personaler Identität den von Platon bereits thematisierten aktiven Selbstbezug und die darin liegende Möglichkeit eines biografisch-narrativ dimensionierten Identitätsbegriffs außer Acht gelassen. Vielmehr wurde das Problem der transtemporalen Identität zur Suche nach einer Invarianten, einem unveränderlichen Kriterium der Identität. Angesichts der beobachtbaren Veränderungen, die eine Person im Laufe ih-

naler Identität stellten, so kann man heute eine Pluralisierung des Begriffs der Identität selbst feststellen. Identität wird in der Spätmoderne im Rahmen der Genderforschung, den Cultural Studies, der Biografie- und Medienforschung oder auch der Bildungstheorie diskutiert.« (Zirfas/Jörissen 2007: 17–18)

res Lebens durchläuft, sah sich jedoch auch schon David Hume in seinem *Treatise on human nature* (1739) dazu veranlasst, die Annahme einer wie auch immer gearteten Vorstellung von Identität in Frage zu stellen. Für den Empiristen Hume ist Identität letztlich nichts weiter als eine Illusion, sofern wir über keine Wahrnehmung diesbezüglich verfügen. Vielmehr sieht er in der Identitätsbehauptung eine soziale Konvention, die – wenn auch illusorisch – so doch das soziale Zusammenleben und Handeln organisiert und mitermöglicht. Innerhalb der Philosophie beginnt daraufhin – vor allem mit John Locke – eine Debatte zum Problem personaler Identität, die bis heute nicht abgeschlossen ist. Locke wird dabei die Entdeckung des psychischen Kontinuitätskriteriums personaler Identität zugesprochen. Seiner Ansicht nach reiche die Kontinuität des Körpers als Kriterium personaler Identität nicht aus. Das Gedächtnis ist für ihn der Träger und Garant personaler Identität. Locke versucht dies auch mit einem Gedankenexperiment zu verdeutlichen: Das Gehirn eines Prinzen wird in den Körper eines Flickschusters verpflanzt. Sollte sich der Prinz im Körper des Flickschusters nach dem vollzogenen Tausch noch an seine vormalige Existenz als Prinz erinnern, hätte der Flickschuster die Identität des Prinzen (Locke 1979 [1690]). Identität wird bei Locke an die Möglichkeit der Erinnerung gebunden. Es liegt auf der Hand, dass bei dieser Konzeption Unterbrechungen des Wachbewusstseins (Schlaf, Ohnmacht) oder Erinnerungsblockaden (Amnesie) zu Identitätshemmern werden müssen. Bei Locke, wie auch in den nachfolgenden Debatten, wird personale Identität ausschließlich als ein Problem der Re-Identifikation verstanden, das heißt es wird nach (psychischen oder körperlichen) Kriterien gefragt, die es zulassen, festzustellen, ob eine Person zu verschiedenen Zeitpunkten oder in verschiedenen Zuständen als dieselbe bezeichnet werden darf.[10] Dementsprechend definiert auch das *Cambridge dictionary of philosophy* personale Identität wie folgt:

---

10 Dieter Teichert vermerkt dass eine eindeutige Zuordnung von Lockes Konzeption problematisch bleibt. Weder sei bei Locke eine eindeutige Substanztheorie noch eine eindeutige Relationstheorie auszumachen. Locke geht davon aus, dass man zuerst klären müsse, was der Begriff der Person bedeute, bevor man den Begriff der Identität bestimmen könne. Er bestimmt dann die Person über das Bewusstsein, das er als reflexives Bewusstsein fasst: Jede aktuelle Wahrnehmung wird vom Bewusstsein wahrzunehmen begleitet. Weil Locke aber personale Identität auf die Kontinuität des reflexiven Bewusstseins reduziert, ist eine Person nur dann über die Zeit hinweg identisch, wenn sie sich dessen auch bewusst ist. Da die Substanzfrage für Locke nicht relevant ist, könne man ihm laut Teichert auch einen modernen Standpunkt zuschreiben (Teichert 2000: 130–152). Eine Auseinandersetzung

»The question of what personal identity consists in is the question of what it is (what the necessary and sufficient conditions are) for a person existing at one time and a person existing at another time to be one and the same person. [...] The words ›identical‹ or ›same‹ mean nothing different in judgments about persons than in judgments about other things.« (*Cambridge dictionary of philosophy* 1995: 660)

Der anvisierte Identitätsbegriff orientiert sich eindeutig am Ding-Paradigma und macht keine Unterscheidung zwischen der Identität einer Person und der Identität eines Gegenstandes. Zudem unterliegt die Feststellung von Identität in dieser Fassung einer reinen Vergleichslogik: Verglichen werden jeweils zwei oder mehrere unterschiedliche Zustände einer Person oder eines Gegenstandes zu verschiedenen Zeitpunkten. Die Fähigkeit der Person zur Selbstreflexion bleibt dabei aber ausgeblendet. Wie im Folgenden gezeigt werden soll ist jedoch genau diese reflexive Dimension des Selbstbezugs zentral für ein angemessenes Verständnis personaler Identität. Erst im Rahmen einer narrativen Konzeption von Identität kommt das Selbstverhältnis der Person – etwa in Form der (auto-)biografischen Reflexion – zur vollen Geltung. Die skizzierten Zugänge zum Problem der Identität haben zwar durchaus ihre Berechtigung, denkt man etwa an den gerichtlichen Kontext der Identifizierung eines Täters mittels DNA oder des Fingerabdrucks, allerdings stellen sie eine Beschränkung des Problems auf die Frage nach Kriterien zulässiger (Re-)Identifizierung dar. Nun ist mit dem Problem der eindeutigen Identifizierbarkeit jedoch noch nicht das ganze Spektrum personaler Identität abgedeckt, auch wenn dieses Problem für einen breiten Diskussionsstrang innerhalb der Philosophie zentral sein mag.[11]

---

mit den Positionen der analytischen Philosophie zum Problem personaler Identität findet sich auch bei Paul Ricœur (Ricœur 1996: 144–173).

11 Marya Schechtman führt die hohe Relevanz, die der Frage nach Identitätskriterien in diesen Debatten verliehen wird, auf folgendes zurück: »The fatal confusion steems from the central role reidentification theorists give to the practical importance of personal identity. There is a strong pre-philosophical sense that facts about identity underlie facts about four basic features of personal existence: survival, moral responsibility, self-interested concern, and compensation (hereafter ›the four features‹). That we have such an intuition, and that it stands at the core of many of our basic practices, is beyond question. Reidentification theorists seem to assume that since they are working on defining personal identity, and since identity is linked to the four features, their definition of identity must capture that link. They thus use the ability to make sense of the connection between the four features and personal identity as a test of the acceptability of proposed reidentification criteria.« (Schechtman 1996: 2)

Neben dieser Verkürzung des Identitätsbegriffs auf die Feststellung von Identifikationskriterien, wird von unterschiedlichen Autoren[12] immer wieder konstatiert, dass es in den Debatten zum Thema Identität auch zu einer heillosen Vermengung der Begriffe Identität und Individualität komme. So könne Individualität gerade auch als Widersacher der Identität verstanden werden: Ganz im Sinne der Formulierung *individuum est ineffabile* steht Individualität für die Unerkennbarkeit und Unsagbarkeit des Einzelnen, da sich das Individuum gerade einer vollständigen Darstellbarkeit entziehe.[13] Individualität wäre im strengen Wortsinn das Gegenteil von Identität: Nicht Einheit, Kohärenz und Kontinuität, sondern Einmaligkeit, Unwiederbringlichkeit und Unvorhersehbarkeit. Der Unterschied zwischen Individualität und Identität wird deutlicher, hält man sich vor Augen, dass letztere gerade auf das abzielt, was mehrere Einzelne gemeinsam haben können. Darum formuliert auch Jürgen Straub, dass Individualität und Identität jeweils sachlich unterschiedene Aspekte einer Theorie menschlicher Subjektivität ausmachen:

»Wer sich als unverwechselbares Individuum fühlt, kann gleichwohl Identitätsprobleme haben, und wer sich mit sich identisch weiß und selbstständig zu handeln vermag, mag sich gleichwohl als ein von anderen ununterscheidbarer Einzelner vorkommen. Identitätsprädikate fallen nicht mit Individualitätsprädikaten zusammen.« (Straub 1998: 78)

Tugendhat verdeutlicht den Unterschied zwischen Identität und Individualität am Beispiel des Käfersammlers, der nicht an der Einzigartigkeit eines einzelnen Käfers interessiert ist, sondern an dessen Klassifikation, das heißt an der Zuordnung des Einzelexemplars zu einer Gattung anhand von gemeinsamen Merkmalen (Tugendhat 1979: 286). Diese Bedeutung von Identität – im Sinne einer qualitativen Charakterisierung – ist dann auch genau jene Fassung des Identitätsbegriffs, die in der Soziologie und Sozialpsychologie zur Anwendung kommt. Es geht um die Frage, mit welchen sozialen Rollen, Selbst- und Fremdbildern oder Lebensstilen usw. sich ein Individu-

---

12 Siehe dazu die Stellungnahmen von Ernst Tugendhat (Tugendhat 1979: 282ff) und Dieter Henrich (Henrich 1979) wie auch die Bezugnahmen auf Tugendhat bei Angehrn (Angehrn 1985: 248ff).

13 In dieser Form hat etwa Manfred Frank in *Die Unhintergehbarkeit von Individualität* versucht den Begriff der Individualität gegen die Postmoderne stark zu machen (Frank 1986). Rudolph Enno begibt sich in seinem Buch *Odyssee des Individuums. Zur Geschichte eines vergessenen Problems* auf eine historische Spurensuche nach dem Individuum (Enno 1991).

um identifiziert und durch die es für andere identifizierbar wird. Hierbei werden Individualität und Identität in einer Außenperspektive anvisiert: Es geht nicht um die Selbstidentifikation einer Person, sondern um eine Identifikation durch Dritte. Hinsichtlich einer begrifflichen Differenzierung zwischen Identität und Individualität verweist Emil Angehrn darauf, dass Individualität als irreduzible Singularität der Person auch einen eigenständigen Wert darstellt. Er hält fest, dass sich mit der primären Wortbedeutung des lateinischen *individuum* als auch des griechischen *atomon* im Sinne von *unteilbar* bzw. *ungeteilt* in der philosophischen Terminologie die Komplementärbedeutung der Unterschiedenheit (von anderen) verbunden hat: »Atome oder Individuen sind dadurch definiert, dass sie ungeteilt in sich und unterschieden von anderen sind« (Angehrn 1985: 239). Diese Doppelbedeutung sei jedoch zugunsten des zweiten Aspekts in Vergessenheit geraten und der Begriff der Individualität avancierte zum Problemtitel für die Frage wie bzw. wodurch eines von anderen unterschieden sei (Individuationsprinzip).[14] Gemäß der (etymologisch) primären (jedoch weitgehend ignorierten) Bedeutung von Individualität als *Einheit-mit-sich* (*atomon: ungeteilt*) enthalte der Begriff jedoch auch jene Aspekte der Selbstständigkeit und inneren Einheit, die für ein angemessenes Verständnis personaler Individualität und Identität – jenseits logischer Reduktionen – zentral sind. Die Individualität einer Person erschöpfe sich, so Angehrn, nicht durch eine Feststellung ihrer körperlichen Identitätsmerkmale, vielmehr, sei zwischen einer theoretischen und einer praktischen Einstellung zu unterscheiden (Angehrn 1985: 246). Während die theoretische Einstellung nach Kriterien und Merkmalen fragt, die es zu-

---

14 Wie Emil Angehrn zeigt, stellt Wilhelm Leibniz' Monadologie philosophiegeschichtlich den Versuch dar, das Individuum in Form einer singulären, tendenziell unendlichen Beschreibung doch noch sprachlich einzuholen, auch wenn er dabei zugeben muss, dass eine vollständige Beschreibung wohl nur aus göttlicher Perspektive geleistet werden könne. In der Fortführung dieser Debatte liege in neuerer Zeit von P.F. Strawson der Vorschlag vor, Individualität nicht mehr als eine Wesensbeschreibung, sondern als eine raum-zeitliche Lokalisierung zu fassen, denn jedem Ding komme eine eindeutige raum-zeitliche Position zu, die es mit keinem anderen teile. Wesensbeschreibung und raum-zeitliche Lokalisierung können somit als zwei entgegengesetzte Vorgehen bei der Identifizierung angesehen werden. Während die Wesensbeschreibung bei Leibniz den Versuch darstellt, Individualität sozusagen über qualitative Identität einzuholen (und sich damit wieder dem Vorwurf einer Vermengung beider Bedeutungen gegenübersieht), liefert Strawsons Vorschlag in logischer Hinsicht ein eindeutiges Kriterium, das allerdings inhaltlich nur mehr schwer anschlussfähig ist. Ohne hier näher auf die einzelnen theoretischen Debatten einzugehen, kann festgehalten werden, dass die Frage nach einem Kriterium der Unterscheidbarkeit (von anderen) im Vordergrund steht (vgl. Angehrn 1985: 244).

lassen, eine eindeutige Referenz herzustellen, kann nach der Individualität einer Person auch in einer praktischen Hinsicht gefragt werden. Als praktisches Problem meint Individualität dann:

»[...] dass es nicht mehr primär um die Unterscheidbarkeit ›von außen‹, sondern um die Unterscheidung ›von innen‹ geht, in der sich die Einzelnen selber als einzelne, als Einheit in sich konstituieren und sich dadurch von andern abheben und unterscheiden. Individuation und Identifikation werden zu einer Angelegenheit des Individuums selber. Die ›Selbsterhaltung‹ – in ihren Abstufungen von der physischen Autarkie bis zur moralischen Autonomie – bezeichnet dann sowohl den Akt der Selbstkonstituierung wie der Individualisierung. Der Perspektivenwechsel von ›außen‹ nach ›innen‹ ist dabei an den noch bedeutsameren von der ›theoretischen‹ zur ›praktischen‹ Individualitätsproblematik gebunden. [...] Die Frage ist, ob die Alternative zwischen einer bloß ›faktischen‹ Unverwechselbarkeit, welche aus dem faktischen Sosein resultiert und zu welcher dann nur ein theoretisch konstatierendes Verhältnis möglich ist, und einer Einzigartigkeit, auf welche das Individuum intentional ›abzielt‹, nicht eine unvollständige Alternative darstellt. Die Einmaligkeit des Individuums kann zugleich als vorgegebene und als eine vorgestellt werden, zu der der Einzelne ein ›praktisches‹ Verhältnis hat. Ja es scheint unumgänglich, diese Doppelseitigkeit als ein grundlegendes Faktum im menschlichen Selbstverhältnis anzusehen.« (Angehrn 1985: 246ff)

Die begriffliche Opposition zwischen Identität und Individualität erweist sich für Angehrn als nicht haltbar. Vielmehr führe schon der Begriff der Individualität zu praktischen Fragestellungen, insofern dieser mehr meint als eine eindeutige Referenz im Raum-Zeit-System.[15] Im Hinblick darauf, wie zur Einzelheit überhaupt ein praktischer Bezug möglich ist, ließen sich laut Angehrn auch Konzeptionen anführen, innerhalb derer die Individualität zum Signum menschlicher Würde erhoben wird. So konzipiere etwa das Christentum die Individualität der Person als Wert, Einmaligkeit und Würde, und auch im Begriff der Liebe und der Freundschaft sei diese Vorstellung von Individualität enthalten (Angehrn 1985: 249). Die Liebe ziele gerade nicht auf austauschbare Qualitäten der Liebenden, sondern auf die geliebte Person in ihrer Singularität und Personalität. Individualität ließe sich dann auch im Sinne von Selbstständigkeit verstehen, die schon ein praktisches *Sich-zu-sich-Verhalten* darstellt:

---

15 Damit unterscheidet sich Emil Angehrns Position von Ernst Tugendhat, der für praktische Bezüge allein den Begriff der qualitativen Identität reserviert. Siehe dazu auch Angehrns eigene Auseinandersetzung mit Tugendhat (Angehrn 1985: 248ff).

»Individualität ist dann nicht nur in dem Sinne anvisiert, dass jeder ein einzelner ist, sondern dass er als dieser einzelne ist, und d. h.: dass er als einzelner, in nicht-delegierbarer Verantwortlichkeit, sein Leben führt und handelt. [...] Nicht einzelner zu sein, sondern ›als‹ einzelner zu existieren konstituiert personale Individualität. Zum entscheidenden Punkt wird so nicht mehr das ›Unterschieden-sein-von-andern‹, sondern das ›Nicht-Unterschiedensein-von-sich‹, und zwar in dem starken Sinn, dass einer von sich aus, aus eigenem Entschluss und eigener Verantwortung handelt: die Autonomie und Selbstständigkeit des Einzelnen. Sofern wir das Individualitätsproblem weiter fassen und in ihm das komplementäre Bedeutungsmoment der inneren Einheit zur Geltung bringen (oder es sogar als primär, als Grundlage der Identifikation behandeln), sind wir nicht mehr genötigt, die Selbstständigkeit als ›qualitative‹ Bestimmung aus dem, was die Individualität des Individuums ausmacht, auszuschließen. Die Gegenüberstellung von ›qualitativer‹ und ›numerischer‹ Bestimmung erweist sich in ihrer Einfachheit denn auch eher als verwirrend. Die Verwirrung mag sich z. T. heben, wenn wir uns daran erinnern, dass natürlich auch das raum-zeitliche Lokalisiertsein als ›Bestimmtheit‹ oder ›Qualität‹ eines Individuums betrachtet werden kann. [...] In Analogie dazu können wir sagen, dass wohl viele Einzelne die Qualität moralischer Selbstständigkeit teilen können, ohne dass dies etwas daran änderte, dass sie gerade durch diese Qualität, in praktischer Hinsicht, je ›Einzelne‹, ›für sich bestehende‹ Individuen sein können.« (Angehrn 1985: 251)

Mit der Betonung dieser zweiten Bedeutung von Individualität, im Sinne der Einheit-mit-sich in Form der Selbstständigkeit, erweist sich für Angehrn ein wechselseitiger Ausschluss von Identität und Individualität als unangemessen. Deutlich wird damit nicht zuletzt, dass ein Übergang von theoretischen zu praktischen Fragestellungen zu einem differenzierteren Verständnis von Individualität und Identität jenseits logisch-begrifflicher Eindeutigkeiten nötigt.[16]

---

16 In ähnlicher Absicht kennzeichnet auch Gernot Böhme Identität in sozialtheoretischer und ethischer Hinsicht als die praktische Aufgabe des *Selbstseins* und *Derselbe-sein* (Böhme 1996). Und auch Paul Ricœur schlägt vor, am Identitätsbegriff die beiden Bedeutungen von Gleichheit *(idem)* und Selbstheit *(ipse)* auseinanderzuhalten (Ricœur 1996: 141ff). Wird Individualität als praktische Aufgabe verstanden, so wird die Individuation zu einer Leistung des Einzelnen, die zugleich als Grundlage jeder Unterscheidbarkeit (von anderen) fungiert. Die Betonung von Individualität im Sinne von ›Einzigartigkeit‹ oder ›Besonderheit‹ wird jedoch von anderen Autoren auch kritisiert: Sie sei eben eine qualitative Bestimmung und als solche wäre sie ein Allgemeines, das unterschiedlich vielen Einzelnen zugesprochen werden könne (vgl. Tugendhat 1979: 282ff und Straub 1998: 79).

1.2 Der sozialwissenschaftliche Identitätsbegriff

Der sozialwissenschaftliche bzw. sozialpsychologische Identitätsbegriff beansprucht in gegenwärtigen Identitätsdebatten eine Vorrangstellung, die sich vor allem im alltäglichen Sprachgebrauch widerspiegelt. Allerdings ist für die sozialwissenschaftliche Theoriedebatte ähnliches zu konstatieren, wie für den Identitätsbegriff als solchen: Auch hier findet sich keine einheitliche Theorie der Identität, sondern vielmehr unterschiedliche Diskussionsstränge und Problemstellungen. Hinzu kommt, wie Andreas Reckwitz festhält, dass der Identitätsbegriff im sozialwissenschaftlichen Diskurs selbst einem semantischen Wandel unterlag: Während klassische Theoriemodelle eher die stabilisierenden Momente der Identitätsbildung (Identität als Erwerb einer sozialen Rolle, Identitätsbildung als adoleszenter Selbstfindungsprozess) betont hätten, würden vor allem postmoderne Identitätstheorien mehr Augenmerk auf die Wandelbarkeit und Destabilisierung von Identitäten bzw. Identitätsbildungsprozessen legen (Reckwitz 2001: 26).[17] Postmoderne Theorien diskutieren ab den 1980er Jahren neue Konzeptionen des Selbst. Sie formulieren eine Kritik am klassischen Identitätsbegriff und betonen demgegenüber die Unfestlegbarkeit von Identität sowie die prinzipielle Offenheit des Identitätsbegriffs. Das Selbst erhält einen Prozesscharakter, Identität wird zum unabschließbaren Projekt. Innerhalb dieser Debatten lassen sich zwei zentrale Stränge ausmachen: In einer positiv formulierten Version wird die Offenheit als Chance gesehen und mündet in eine kreative Ästhetik des Selbst. In einer negativ konnotierten Version wird darin die Auflösung des Selbst gesehen, das sprachlich zerfalle und nicht mehr repräsentierbar oder darstellbar sei (Reckwitz 2001: 33).

Der sozialwissenschaftliche Identitätsbegriff, der auch der alltagssprachlichen Verwendung des Terminus entspricht, bildet sich laut Dieter Henrich erst im Laufe des 20. Jahrhunderts aus. Zwar taucht der Begriff teilweise auch schon früher – etwa bei William James oder George Herbert Mead – auf, wird dort aber noch nicht systematisch als Problem personaler Identität

---

17 Allerdings bemerkt dazu Jürgen Straub kritisch, dass eine solche Einteilung überhaupt fragwürdig sei, denn seiner Meinung nach schreibe gerade die neuere Forschungsliteratur ein modernes-essentialistisches Identitätsdenken fest, das auf einer Fehleinschätzung der klassischen Werke beruhe. Er kritisiert dabei die epochenspezifischen Zuordnungen verschiedenster Identitätskonzepte als nicht empirisch gestützte Verallgemeinerungen. Darüber hinaus würden gerade solche Substanzialisierungen von den Theoretikern bewusst eingesetzt, und in der Moderne verortet, um dem ein eigenes Konzept der personalen Identität gegenübersetzen zu können (Straub 2002: 258).

gefasst.[18] Erst ab den 1940er Jahren könne von einer systematischen Relevanz des Themas ›Identität‹ die Rede sein: Erik H. Erikson arbeitet im Anschluss an Sigmund Freud seine Theorie der Ich-Identität aus und George Herbert Meads Sozialisationstheorie von 1934 wird durch den *symbolischen Interaktionismus*[19] der 1950er/60er Jahre rezipiert (Henrich 1979: 134–135).

Der *symbolische Interaktionismus* reagierte vor allem auf ein Defizit der Rollentheorie, die das eigenständige und handelnde Subjekt vernachlässigt habe, und das Problem der Identität grundsätzlich als Problem der Konstanz der Person gegenüber normativen sozialen Erwartungsstrukturen fasste. Trotz ihrer Unterschiede im Einzelnen legen diese Theorien das Hauptaugenmerk auf die soziale Außenseite und beschäftigten sich mit der Frage, wie sich individuelle Dispositionen im Kontext sozialer Rollenanforderungen ausbilden können.

Die heutige Verwendung des Identitätsbegriffs innerhalb der Soziologie und Sozialpsychologie markiert jedoch, worauf bereits hingewiesen wurde, einen Unterschied zu den frühen Konzeptionen. Nicht nur verzichtet George Herbert Mead auf den Terminus ›Identität‹, sondern auch die gegenwärtige Bedeutung des Terminus ist bei ihm noch nicht vorhanden. In der heutigen Verwendung enthält der Terminus ›Identität‹ keine »weitere Spezi-

---

18 Dieter Henrich weist genauer auf Folgendes hin: »Die Vorgeschichte des Terminus ist kurz. Sie reicht nur bis zum Ende des letzten Jahrhunderts zurück – zur Psychologie von William James. In ihr wurde zwischen verschiedenen Bedeutungen einer Rede vom ›Selbst‹ unterschieden und ein ›soziales Selbst‹ eingeführt. James erklärt es als die Summe der ›Anerkennungen‹, die ein Individuum von anderen Individuen erfährt. Die aus der Tradition der Philosophie bekannten Probleme, wie nämlich das Verhältnis des Menschen zu sich selbst und wie seine Gewissheit davon, dass er in vielen Vorstellungszuständen und Lebensphasen derselbe bleibt, zu verstehen sei, hatte James in ganz anderem Zusammenhang gelöst: Den ›dauernden und innersten Teil des Selbst‹ erklärt er als eine Kette von Zueignungsbeziehungen, in denen gegenwärtige Vorstellungszustände zu den ihnen unmittelbar vorausgehenden stehen. George Herbert Mead hat dann, im Anschluss an James und zugleich im Abrücken vom Pluralismus dessen Theorie vom Selbst, den Versuch unternommen, jenes ›innerste Selbst‹ in einem Zuge mit dem sozialen Selbst verständlich zu machen. So wurde er zu seiner bekannten Theorie vom Ursprung des ›geistigen Selbst‹, der Person, die sich zu ihren eigenen Zuständen und Akten verhalten kann, aus der sprachlichen Interaktion vergesellschafteter Wesen geführt.« (Henrich 1979: 134)
19 Als Vertreter des *symbolischen Interaktionismus* gelten Anselm Strauss und Erving Goffman. Letzterer entwickelt innerhalb seines interpretativen Ansatzes ein weiteres Identitätskonzept: Identität wird bei ihm zu einer sozialen Zurechnungskategorie und einer einzigartigen Kombination lebensgeschichtlicher Daten. Aber auch bei Goffman sei das Moment des Selbstverstehens der Person noch nicht angedacht. Die Konstanz der Person werde ausschließlich von außen, über soziale Zuschreibungen hergestellt. (vgl. Reckwitz 2001)

fizierung durch einen Genetiv« (Henrich 1979: 135), das heißt den Bezug auf etwas, dem Identität zugesprochen wird. Damit sei der gegenwärtige Gebrauch des Terminus auch eher von der in den 1920er Jahren entstandenen Ich-Psychologie her zu rekonstruieren (Henrich 1979: 135). An eben diese Konzeption schließt dann auch Erik H. Erikson im Rahmen seiner Entwicklungspsychologie an. Mit dem Begriff der Ich-Identität beschreibt er eine Fähigkeit zum Aufbau und zur Aufrechterhaltung innerer Einheit und Kontinuität. Der Psychoanalytiker Erikson analysierte in seinem Buch *Identität und Lebenszyklus* das Thema aus dem Blickwinkel des Scheiterns der Identitätsbildung und formulierte damit die ›Negativfolie‹ einer Identitätstheorie.[20] Anhand von Fallgeschichten beschäftigt er sich mit dem Phänomen der *Identitätsdiffusion* bei Jugendlichen. Darunter versteht Erikson einen leidvollen Zustand, der dann zustande kommt, wenn der junge Mensch es im Verlauf seines Eintritts ins Erwachsenendasein nicht schafft, sich hinsichtlich seiner Lebensführung, seiner Berufswahl und seines Platzes im öffentlichen Leben festzulegen: *Identitätsdiffusion* meint »eine vorübergehende oder dauernde Unfähigkeit des Ich zur Bildung einer Identität«, eine »Zersplitterung des Selbst-Bildes«, einen »Verlust der Mitte«, ein »Gefühl von Verwirrung und in schweren Fällen die Furcht vor völliger Auflösung« (Erikson 1966: 154). Der Prozess der Identitätsbildung ist Teil eines Sozialisationsprozesses: Das Kind muss in der Adoleszenzphase sein Selbst in eine formale Struktur bringen, mithilfe derer es ein Gleichgewicht zwischen individuellen und sozialen Erwartungen herzustellen vermag. Identität besteht für Erikson darin, »dass das Ich wesentliche Schritte in Richtung auf eine greifbare kollektive Zukunft zu machen lernt und sich zu einem definierten Ich innerhalb einer sozialen Realität entwickelt« (Erikson 1966: 17). Gelingt dies nicht, kommt es zum Krankheitsbild der *Identitätsdiffusion*, die – wenn sie nicht gelöst wird – zu einer Flucht in eine *negative Identität* führt.[21] Es darf aller-

---

20 Jedenfalls findet sich bei Erikson keine systematische Auseinandersetzung mit Identität als Begriff: Als Problem versucht er es »von einer Anzahl an Blickwinkeln aus anzuleuchten« – der Begriff soll dann jeweils »für sich selbst sprechen« (Erikson 1966: 124). Dabei soll es sich gleichermaßen um ein »bewusstes Gefühl der individuellen Identität« einerseits, als auch um ein »unbewusstes Streben nach einer Kontinuität des persönlichen Charakters« handeln (Erikson 1966: 124). Die nötige Schärfe in der Begriffsbestimmung zu finden, ist jedoch »eine Hoffnung, für die keine Gewähr übernommen werden kann.« (Erikson 1966: 125)

21 Unter *negativer Identität* versteht Erikson folgendes: Der Jugendliche rächt sich an seiner Umwelt und deren Identitätserwartungen dadurch, dass er/sie genau jene Rollen annimmt, die sozial geächtet oder angeprangert werden. Diese *negative Identität* ist für Erik-

dings nicht übersehen werden, dass Erikson aus der Perspektive des Therapeuten spricht und das Leiden seiner Patienten an einer bestimmten Vorstellung biografischer Entwicklung misst, die eine wohl historisch und kulturell kontingente Form darstellt. Insofern lässt sich das, was er als Krankheitsbild beschreibt, aus heutiger Perspektive als Produkt einer spezifischen Gesellschaftsordnung verstehen:

»Genauer, man kann erkennen, dass diese Lebensform, an der sich zur Zeit von Erikson entschied, was normal und was pathologisch war, noch als eine Mischung von traditionalen und modernen Lebensformen anzusehen ist. [...] Die Lebensform, die Erikson als normal ansieht, hat einige traditionale Voraussetzungen. So etwa Familie und Kindererzeugung als Erfüllung von Sexualität. So ferner die Vorstellung, dass Beruf Berufung sein müsste, d.h. zur Bildung einer persönlichen Identität beiträgt. Ferner unterstellt er, dass es für das Individuum notwendig sei, das Set seiner sozialen Rollen zur Einheit zu integrieren. Andererseits ist die Lebensform, die Erikson vor Augen hat, aber auch modern, insofern Eheschließung sich nicht mehr von selbst oder durch Arrangements in traditionalen Verhältnissen ergibt, sondern bewusste Partnerwahl in einem immer unbestimmter werdenden Feld von Möglichkeiten verlangt, und Beruf sich keineswegs mehr einfach durch den Stand oder dadurch, dass man geschäftlich in Vaters Fußstapfen tritt, ergibt.« (Böhme 1996: 334–335)

Mit diesem Hinweis von Gernot Böhme wird deutlich, dass Identität nicht unabhängig vom sozio-kulturellen und historischen Kontext seiner Thematisierung betrachtet werden kann. Sichtbar wird, dass Erikson von einer Normalbiografie ausgeht, wie sie in den USA der 1950er Jahre gefordert wurde. Die Konflikte mit dieser Normalbiografie, wie sie sich im Phänomen der *Identitätsdiffusion* niederschlagen, zeugen zugleich von einem Wandel der Lebensformen, den Erikson als solchen jedoch nicht eigens thematisiert.

Aus heutiger Sicht stellt sich die Lage anders dar: Wenn gegenwärtig von Identität gesprochen wird, geht es nicht mehr um die Einpassung in ein soziales, normatives Gefüge. Dementsprechend fassen die neueren Identitäts-

---

son *total* in dem Sinne, dass sie ein starres Gefüge darstellt, das keine Kompromisse duldet. Die *negative Identität* schließt aus oder inkludiert – dies aber kompromisslos und absolut. Die Totalität birgt das Versprechen, keine Ungereimtheiten mehr aushalten zu müssen – hier gibt es keinen Gegensatz, keine Spannung und keinen Zweifel mehr: »Wenn der Mensch an seiner wesenhaften Ganzheit verzweifelt, rekonstruiert er sich und die Welt, indem er in seiner künstlichen Totalität Zuflucht findet.« (Erikson 1966: 168) Totalität ist somit ein »Zustand des Entweder-Oder, der ein Element der Gewalt enthält« (Erikson 1966: 168). Die *totale negative Identität* liefert das Gegenbild zu einer *positiven Identität* im Sinne einer gestalteten Ganzheit als »fortschreitende Wechselbeziehung zwischen verschiedenartigen Teilen und Funktionen«. (Erikson 1966: 168)

theorien das Problem der Identität als spezifisch modernes und praktisches Problem. Daran wird sichtbar, dass jede Konzeption von Identität Rückschlüsse auf eine spezifische Gesellschaftsform und deren normative Vorstellungen zulässt. Das Problem der Identität entsteht nicht im luftleeren Raum, sondern ist stets als eine Reaktion auf gesellschaftliche und kulturelle Umbrüche zu sehen: Identität wird erst dann zu einem ausdrücklichen Thema, wenn sie im Zuge von Umbruchsprozessen problematisch wird.

Geht man innerhalb der sozialwissenschaftlichen Theoriebildung zum Thema Identität einen Schritt weiter, so findet sich mit Anthony Giddens in den 1990er Jahren eine Identitätskonzeption, die – anders als bei Erikson – zeitlich später, schon an den Vorstellungen einer liberalen Gesellschaftsordnung orientiert ist und das Problem der Identität in anderer Weise fasst. Giddens' Ansatz steht für eine Konzeption des *reflexiven Selbst*, die aus einer Analyse (hoch-)moderner Lebensformen im Rahmen der Theorie der *reflexiven Modernisierung* hervorgeht und die dann auch für rezente sozialpsychologische Konzeptionen den Hintergrund bildet.[22] Zwar liefern auch diese Konzeptionen eine Kritik am (modernen) Identitätsbegriff, allerdings gehen sie im Unterschied zur postmodernen Debatte nicht von einer hoffnungslosen Fragmentierung des Selbst aus, sondern konzipieren demgegenüber ein tätiges Selbst, dass sich seine prekäre Stabilität durch »Identitätsarbeit« (Keupp 1999) gibt.[23] Dieses Selbst sei in höchstem Maße reflexiv und betreibe unter Rückgriff auf kollektive Sinnangebote seine jeweils individuelle Identitätsarbeit. Identität müsse dabei immer wieder neu entworfen, und an gesellschaftliche wie biografische Umbrüche angepasst, werden:

22 So etwa bei Heiner Keupp (Keupp 1999).
23 Allerdings stoßen jene Konzeptionen, die Identität als Resultat voluntativer Akte verstehen, vermehrt auf Kritik. Wie Jürgen Straub dazu bemerkt, ist darin eine Überbetonung der poietischen Seite menschlichen Handelns zu sehen, die den Menschen vorrangig als technisch-produktiv Machenden in den Blick nimmt. Straub weist darauf hin, dass Identität gerade nur zu einem kleinen Anteil abhängig von den Aktivitäten der Person ist. Diesbezüglich verweist er auf jene Theoretiker, die dem ›Selbstentzug‹ – also der unverfügbaren Dimension personaler Identität ihre Aufmerksamkeit gewidmet haben. Dort komme Identität als eine sprachlich-diskursive, praktisch-performative und partiell reflexive Relationierung ihrer diachron und synchron differenten Momente in den Blick. Das Moment des Selbstentzuges ist für die Identitätsthematik zentral, insofern es überhaupt ein konstitutives Moment der Identität bildet. Der Verweis auf den Selbstentzug betont jene Momente, die sich einer voluntativ-manipulativen Verfügung des Subjekts entziehen. Momente des Selbstentzuges sind Erfahrungen der Passivität, die sich in konkreten und spezifischen Kontingenzerfahrungen, Erwartungen oder in normativen Orientierungen ausdrücken können (Straub 2004: 281ff).

»The reflexivity of modernity extends into the core of the self. Put in another way, in the context of a post-traditional order, the self becomes a reflexive project. Transitions in individuals' lives have always demanded psychic reorganisation, something which was often ritualised in traditional cultures in the shape of rites de passage. But in such cultures, where things stayed more or less the same from generation to generation on the level of the collectivity, the changed identity was clearly staked out – as when an individual moved from adolescence into adulthood. In the settings of modernity, by contrast, the altered self has to be explored and constructed as part of a reflexive process of connecting personal and social change. [...] Modernity, it might be said, breaks down the protective framework of the small community and of tradition, replacing these with much larger, impersonal organisations. The individual feels bereft and alone in a world in which she or he lacks the psychological supports and the sense of security provided by more traditional settings.« (Giddens 1991: 32–33)

1.3 Identität als modernes Problem

Gemäß den skizzierten Theoriedebatten erfährt das Thema ›Identität‹ erst in der Moderne eine Konjunktur und wird als spezifisch modernes Problem empfunden. Besonders im Rahmen der gegenwärtigen sozialwissenschaftlichen Debatten wird diese Konjunktur im Zusammenhang mit gesellschaftlichen Umbruchsprozessen gesehen. In traditionalen Lebensformen hätte sich das Problem in der uns heute bekannten Form gar nicht gestellt. Als spezifisch modern kann das Thema insofern gelten, als es erst im Zusammenhang mit dem Entstehen und der Durchsetzung moderner Lebens- und Gesellschaftsformen zu einem ausdrücklichen Thema wurde. Im deutschsprachigen Raum prägte Ulrich Beck dafür den Begriff der *Individualisierung* als Kennzeichen für einen großen, noch nicht abgeschlossenen gesellschaftlich-kulturellen Umbruchsprozess. Individualisierung bezeichnet die Freisetzung der Individuen aus traditionalen oder ehemals verbindlichen Mustern der Lebensgestaltung und Lebensführung (Beck 1986: 207). Die Einzelnen würden im Zuge soziostruktureller Veränderungen aus traditionellen Lebensformen wie Familie, Nachbarschaft, Klasse, Schicht, Geschlechterrollen usw. herausgelöst. Daraus resultieren neue Anforderungen: Die Entwicklung der persönlichen Identität wird weitaus weniger durch Institutionen gestützt und gerät zu einer individuellen Aufgabe mit Projektcharakter. Ganze Lebensbereiche – von der Berufswahl bis zur Familiengründung – nehmen diesen Projektcharakter an. Sie sind temporär, revidierbar und unabschließbar.

Die Anforderung, das eigene Leben mit weitaus weniger sozialem Rückhalt zu gestalten, bewegt sich dann auch zwischen Wahlfreiheit und Zwang. Sichtbar werden diese soziostrukturellen Veränderungen auch anhand eines Wandels sozialer Beziehungen, den Anthony Giddens als Phänomen der *pure relation* beschreibt:

»Of key importance here is the emergence of the ›pure relationship‹ as prototypical of the new spheres of personal life. A pure relationship is one in which external criteria have become dissolved: the relationship exists solely for whatever rewards that relationship can deliver. In the context of the pure relationship, trust can be mobilised only by a process of mutual disclosure. Trust, in other words, can by definition no longer be anchored in criteria outside the relationship itself – such as criteria of kinship, social duty or traditional obligation. Like self-identity, with which it is closely interwined, the pure relationship has to be reflexively controlled over the long term, against the backdrop of external transitions and transformations. Pure relationships presuppose ›commitment‹, which is a particular species of trust. Commitment in turn has to be understood as a phenomenon of the internally referential system: it is a commitment to the relationship as such, as well as to the other person or persons involved. The demand for intimacy is integral to the pure relationship, as a result of the mechanisms of trust which it presumes.« (Giddens 1991: 6)

Giddens zieht hier eine Parallele zwischen dem Phänomen der *pure relation* und der Identität des Selbst in der Spätmoderne: Beide besitzen einen reflexiven Charakter. Durch den Wegfall der Reproduktions- oder Versorgungsfunktion benötigt die ›reine Beziehung‹ keine Legitimation (etwa in Form der Ehe) mehr. Vielmehr gründet die Beziehung auf dem willentlichen Entschluss der Partner, der auch ihr einziges Fundament bildet. Diese Form der Beziehung ist stets revidierbar und ihre Dauer misst sich an der Zufriedenheit der Beziehungspartner, die immer wieder hinterfragt werden kann (und muss). Instabilität und Revidierbarkeit werden zu zentralen Kennzeichen der ›reinen Beziehung‹, deren Gegenteil die Ausrichtung auf Dauerhaftigkeit darstellt. Wie Giddens festhält, übernehmen sexuelle Aktivitäten dabei vor allem die Funktion der Herstellung und Sicherung von Intimität und Vertrauen.

Identität als modernes Problem hat demnach zu tun mit dem Reflexivwerden von Lebensformen. Mit Odo Marquard könnte man dementsprechend die Konjunktur des Identitätsbegriffs als eine Konsequenz des Konkurses des traditionellen Wesensbegriffs deuten:

»[…] der Identitätsbegriff – ich wiederhole es – macht gegenwärtig seine Karriere als Ersatzbegriff für essentia und als Begriff des Ersatzpensum für Teleologie. Anders gesagt: der moderne Verlust des Wesens verlangt als sein Minimalsurrogat die Identität, und der moderne Telosschwund etabliert als Schwundtelos die Identität. Die aktuelle Konjunktur des Identitätsthemas signalisiert: wo die Menschen nicht mehr dadurch sie selbst sind, dass sie ein Wesen haben und einen Endzweck, müssen sie etwas stattdessen tun: dort muss jeder irgendwie auf anderem Wege er selber sein als ›der, der…‹, gehörend zu ›denen, die…‹; und das Erfolgswort ›Identität‹ benennt dieses jetzt scheinbar radikal orientierungslos gewordene – im übrigen jetzt nicht mehr nur Gott und nicht mehr allein ein absolutes Ich, sondern jetzt jedermann belastende – Ich-bin-der-der-ich-bin-Pensum, das sofort übergeht in ein Wir-sind-die-wir-sind-Pensum, weil die Menschen – jetzt erst recht – Allgemeinheitsidentität und Besonderheitsidentität verbinden müssen zum Versuch, irgendwie ›zugehörig‹ und irgendwie ›unverwechselbar‹ zu sein: irgendwie.« (Marquard 1979: 362)

Mit dem Telos- und Wesensschwund, den Marquard hier für die Konjunktur des Terminus Identität verantwortlich macht, verbindet sich gerade auch ein (kultureller) Imperativ nach Unverwechselbarkeit und Zugehörigkeit. Für die moderne Identitätsthematik lassen sich diesbezüglich zwei historisch-kulturell verortbare Anforderungen kennzeichnen: Einerseits das Modell der *Selbstfindung* das kulturhistorisch betrachtet für die europäische Moderne (vor allem in Rahmen des Christentums) bestimmend wurde, andererseits das Modell der *Selbsterfindung,* das vor allem auch in den neueren Identitäts- und Selbstkonzeptionen enthalten ist.[24] Während das Modell der *Selbstfindung* noch geknüpft ist an die Vorstellung eines essentiellen Selbst, erhebt das Modell der *Selbsterfindung* subjektive Identität zum Produkt einer kreativen Tätigkeit und macht das Selbst zur Projektionsfläche ästhetischen Bemühens. Dementsprechend besitzt der neuere Identitätsbegriff eine Affinität zum Ästhetischen (Marquard 1979: 365).[25] Mit der Gestalt- und Wandelbarkeit von Identität im Sinne einer kreativ-ästhetischen

---

[24] Zu betonen ist, dass es sich bei beiden um historisch und kulturell variable Modelle handelt, die möglicherweise sogar Ausdruck eines spezifischen Diskurses westlicher Industriegesellschaften sind. Undine Eberlein geht in ihrem Buch *Einzigartigkeit. Das romantische Individualitätskonzept der Moderne* (Eberlein 2000) von einer sukzessiven Ablösung des Selbstfindungsmodells durch das Selbsterfindungsmodell im 20. Jahrhunderts aus. Letzteres sei über die künstlerische Avantgarde in die Massenkultur eingedrungen und habe sich im Zuge dessen zu einem kulturellen Imperativ entwickelt. Allerdings, scheint es meiner Ansicht nach sinnvoller, von einer gegenwärtigen Präsenz beider Modelle auszugehen und darin gerade ein Spannungsfeld zu sehen, das zu Ambivalenzen in der Handlungspraxis von Subjekten führt.

[25] Odo Marquard weist insbesondere darauf hin, dass vor allem das soziologische Vokabular ästhetischer Herkunft ist: Der deutsche Titel bei Erving Goffman lautet etwa *Wir alle spielen Theater*, während sich bei George H. Mead eine Vorliebe für das Wort *play* feststellen ließe (Marquard 1979: 365).

Strategie der Aneignung wird aber auch das Problem der Authentizität virulent:

»Wer diesen Abstand vergisst und sich durch das definiert, was er vorstellt, verliert sich selbst. Denn es gibt ein Wesensplus, einen Seinsmehrwert, einen Eigentlichkeitsüberschuß des Selbst gegenüber seiner Selbstdarstellung in der Meinung der Anderen: den – so könnte man dies dieser Traditionsmeinung entsprechend nennen – den Eigentlichkeitsabstand zwischen dem Selbst und dem, was es vorstellt. Die gegenwärtig neue, durch die Sozialpsychologie inspirierte Identitätsdiskussion ist – scheint es – dadurch in Gang gekommen, dass sie von diesem Abstand Abstand nimmt: sie hat den Eigentlichkeitsabstand des Selbst zu dem, was es vorstellt, zunächst einmal verabschiedet.« (Marquard 1979: 349)

Die bisher skizzierten Positionen machen deutlich, dass der sozialwissenschaftliche Identitätsdiskurs eine praktische Relevanz besitzt, weil er empirisch verankert ist. Obwohl die begriffliche Unschärfe des Terminus Identität berechtigterweise kritisierbar ist, kann gerade in der Erfahrungsgebundenheit des sozialwissenschaftlichen Identitätsbegriffs auch die produktive Möglichkeit gesehen werden, Phänomene zu beschreiben, die der Lebensrealität von individuellen AkteurInnen eher entsprechen als logisch-begriffliche Problematisierungen. Dort wo Identität als das Problem des kontingenten Selbstverstehens, als Kohärenz- und Kontinuitätsthematik verstanden wird, die unter modernen Lebensbedingungen nur unter Anstrengungen aufrechtzuerhalten sind, rückt die Biografie und damit das autobiografische Erzählen als ein Mittel der Orientierung und Sinnstiftung in den Blick.

1.4 Biografie als Lösung des Identitätsproblems?

Im Unterschied zur Außenperspektive des (Re-)Identifizierens kommt mit der Innenperspektive der Person Identität als aktive Leistung sowie als praktische Kategorie in den Blick. Wie im Rahmen der vorangegangenen begrifflichen Differenzierungen gezeigt wurde, lassen sich die drei Aspekte des Identitätsbegriffs (Individualität, Qualifizierung, Selbigkeit) nur in begrifflich-theoretischer Perspektive klar unterscheiden. Versteht man Identität jedoch als ein Moment der Handlungspraxis, so zeigt sich, dass alle drei Aspekte aufeinander bezogen sind und dass sie praktische Kompetenzen darstellen: Identität ist dann einmal eine Individuationsleistung, eine qualitative Identitätsbestimmung oder eine Einheitsleistung. Identität als praktische Kategorie zu verstehen bedeutet, ihre Entstehung, Herstellung und Aufrechterhaltung in praktischen Bezügen (Ich-Du-Beziehung, Liebe, soziale Interaktion) verankert zu sehen. In derselben Hinsicht kennzeichnet Gernot Böhme einen praktischen Identitätsbegriff als die zweifache Aufgabe des *Selbstseins* und *Derselbe-sein* (Böhme 1996). *Derselbe-sein* als aktive Leistung des Subjekts ist nur möglich auf der Grundlage von *Selbstheit* (als Bereich der Authentizität und Autonomie, das heißt dort, wo sich eine fungierende Instanz über die Reflexion herstellt). In dieser Form – als praktisches Problem – hat Identität seine terminologische Entsprechung im Identitätsbegriff der Sozialpsychologie sowie in der Subjektivitätstheorie der Philosophie. Damit wird deutlich, dass der Gebrauch des Begriffs in den Sozialwissenschaften weniger ein logisches, sondern vielmehr ein praktisches Problem anzeigt. Konkret besteht dieses darin,

»dass dem einzelnen Menschen Identität, seine Identität, keineswegs gegeben ist, sondern aufgegeben: Identität muss geleistet werden. Und gerade als ein praktisches Problem hat Platon, dessen Philosophie sich ja bekanntlich aus praktischen Fragestellungen entwickelte, Identität, to auton, eingeführt. Es geht für den Einzelnen um die Aufgabe, selbst zu sein und stets derselbe zu sein.« (Böhme 1996: 322)

Diese Unterscheidung trifft sich mit Paul Ricœurs Differenzierung im Rahmen seiner Auseinandersetzung mit der philosophischen Identitätsdebatte. Ricœur weist darauf hin, dass am Identitätsbegriff zwei Bedeutungen zu unterscheiden seien, die in den Identitätsdebatten jedoch stets vermengt würden, obwohl sie sachlich Verschiedenes benennen: Das lateinische *ipse* entspreche dem deutschen *selbst* bzw. *Selbstheit* und meint ein *Sich-zu-sich-verhalten* das auf Reflexivität beruht. Dagegen ist das lateinische *idem* gleichbedeutend mit dem deutschen Wort *Selbigkeit* und beruht auf der Tätigkeit des Vergleichens. Die philosophische Debatte zum Problem personaler Identität habe laut Ricœur die Komplementärbedeutung der Selbstheit als eigenständiges Moment weitgehend außer Acht gelassen und sich stattdessen auf eine Vergleichslogik konzentriert. Infolgedessen wurde das Problem personaler Identität zur Suche nach einer relationalen Invarianten, die Beständigkeit in der Zeit sichern sollte. Allen diesen Ansätzen ist laut Ricœur gemeinsam, dass sie versuchen, die *Selbstheit* aus der *Selbigkeit* (die sich jedoch erst aus einem Vergleich ergibt) abzuleiten. Dabei sei aber die *Selbstheit* ein eigenständiges Moment, das – wenn überhaupt – erst die Grundlage der *Selbigkeit* liefere, so Ricœur.

Nimmt man die beiden Identitätsaspekte – *Selbstsein* und *Derselbe-sein* – als praktische Aufgaben in den Blick, so lässt sich auch ein Bezug zur Geschichte herstellen: Individualität bedeutet dann, dass jeder seine eigene Geschichte hat, die er mit niemandem teilt. Qualitative Identität betrifft dann die Frage, wie sich Menschen mit und über ihre Geschichte identifizieren, das heißt als was sie sich durch ihre Geschichte verstehen. *Selbigkeit* betrifft das Problem des in der Geschichte *mit-sich-identisch-Bleibens*. So betrachtet, wird Identität zum Titel einer verstehenden Auseinandersetzung im Medium Geschichte – konkret der eigenen Lebensgeschichte. Identität als Problem der Praxis zu verstehen bedeutet dann auch, dass uns die Gestalt oder Einheit unseres Lebens – die diachrone und synchrone Form unserer Identität – nicht schon gegeben ist, sondern aktiv geleistet bzw. immer wieder von neuem hergestellt werden muss. In dieser Perspektive rücken symbolische Mittel und Ressourcen in den Blick, mit deren Hilfe Sinn, Bedeutung, Einheit, Gestalt und Zusammenhänge gestiftet werden. So sieht etwa auch Anthony Giddens in der Biografie das reflexive Medium der Identitätsbildung in der Spätmoderne:[26]

»The reflexive project of the self, which consists in the sustaining of coherent, yet continuously revised, biographical narratives, takes place in the context of multiple choice as filtered through abstract systems.« (Giddens 1991: 5)

Biografie meint nicht den ›fertigen Lebenslauf‹ oder die ›gesamte‹ Lebensgestalt (etwa im Sinne einer Normalbiografie), sondern die gestaltende und reflexive, erzählerische Auseinandersetzung mit der eigenen Geschichte.[27] Biografie ist ein historisch-kulturelles Phänomen, dessen Form sich vor allem im Rahmen moderner Lebensverhältnisse verändert. In biografietheoretisch informierten, sozialwissenschaftlichen Konzeptionen trifft man auf Versuche, das Konzept *Biografie* als Lösung für das Identitätsproblem einzusetzen. So schlägt etwa Wolfram Fischer-Rosenthal aus der Perspektive einer sozialwissenschaftlichen Biografieforschung in seinem Artikel *Melancholie der Identität* vor, den Identitätsbegriff schlichtweg durch das Konzept *Biografie* zu ersetzen. Er sieht die Identitätsdebatten der 1970er Jahre als Endausläufer einer schon früher einsetzenden Melancholie über die Konsequenzen der Moderne: Je größer der beklagte Orientierungs- und Sinnverlust, desto

---

26 Gernot Böhme kritisiert diesbezüglich jedoch bei Giddens, dass dieser sein Konzept der Identitätsfindung mittels Biografie als Entfaltung eines Lebensstils im ästhetisch-postmodernen Sinn beschreibt, und nicht als Konsequenz einer Verzweiflung am beschädigten Leben (Böhme 1997: 337).

27 Der reflexive und auch performative Aspekt der (auto)biografischen Auseinandersetzung als Medium der Identitätskonstruktion kann auch als *doing biography* beschrieben werden (siehe Kapitel 4.3).

mehr persönliche Identität werde gefordert. Allerdings sei der Identitätsbegriff, so Fischer-Rosenthal, mittlerweile obsolet geworden, da er den veränderten Bedingungen der Identitätsbildung in der Spätmoderne nicht mehr gerecht werde, weil dieser »als prinzipiell zeitloser Begriff auf der gegenwärtigen Stufe gesellschaftlicher Entwicklung weder in der Alltagssemantik noch in den theoretischen Diskursen seine Funktionsstelle halten kann und [...] daher wissenschaftlich angemessenere, komplexere Konzepte benötigt werden« (Fischer-Rosenthal 2000: 286). Die Vorteile eines empirisch fundierten Arbeitskonzepts *Biografie* ließen sich wie folgt kennzeichnen:

»Auf der Ebene soziologischer Konzepte betrachtet liegt das Biographiekonzept im Kreuzungsbereich des Konzepts persönlicher Identität und sogenannter struktureller gesamtgesellschaftlicher Bedingungen. [...] Biographien fassen gleichzeitig gesellschaftlich gegebene und präskriptive (a), selbstbezogene im Sinne von selbst erlebten (b) und eigen-leibliche Beschreibungen (c) ex-post und orientierend zusammen. Diese Beschreibungen sind Geschichten (auch im engeren linguistischen Sinne), weil sie Zeit verarbeiten (d), in ihrer Versprachlichung Temporalstrukturen (etwa der Gesellschaftsgeschichte, des Lebenslaufs und der Generationen) produzieren und kommunizieren. [...] Am prägnantesten lässt sich der Unterschied zwischen dem Identitätskonzept und dem Biographiekonzept in der Temporaldimension aufzeigen. Während Identität vom Begriff her ein zeit-loser Gleichungsbegriff ist, in dem eine Balance behauptet ist, ist der Biographiebegriff eine lineare und zirkuläre Prozesskategorie.« (Fischer-Rosenthal 2000: 293–295)

Anhand der Überlegungen von Fischer-Rosenthal wird deutlich, inwiefern das Biografiekonzept einen Übergang vom Problem der Identität zur Narrativität ermöglicht: Identität wird zum Sich-identifizieren mit Geschichten. In temporal-diachroner Hinsicht wird die Erzählung (Emplotment) zum Modell der (Re-) figuration von Zeit. Und im Hinblick auf die Individualität stellt die je eigene Lebensgeschichte Einzigartigkeit und Einmaligkeit dar. Identität als praktische Kategorie – im Sinne eines *doing biography* – verweist von sich aus schon auf Narrativität als symbolisches Konstruktionsmedium. Geschichten stellen Zusammenhänge her und haben eine einheitsstiftende Wirkung. Im Bezug auf die Person besagt die Narrativitätsthese, dass die Einheit der Person – und mithin das Problem personaler Identität – nur sinnvoll als die Einheit einer erzählten oder erzählbaren Lebensgeschichte aufgefasst werden kann. Somit erlauben narrative Modelle gerade erst jene Momente der historisch-biografischen Konkretheit sowie der Individualität in den Begriff der personalen Identität mit einzubeziehen. Begreift man den Problemtitel ›Identität‹ als Frage der Praxis, so wäre der Umstand, dass sich eine wissenschaftliche Semantik aus empirischen Phänomenen speist und vice versa dann kein zu eliminierender Effekt mehr, sondern eine Erkenntnismöglichkeit:

»In Identitätsdiskursen sind die praktischen Probleme, die viele Menschen angehen und von denen der Begriff zeugt, selbst eingetragen. Es kommt nicht von ungefähr, dass die vielschichtige Frage und Nachfrage nach ›Identität‹ gerade in unserem Jahrhundert zu einem bedrängenden Problem geworden ist. [...] Das Phänomen der Identität ist in der Tat prekär, und zwar alltags- oder lebensweltlich und wissenschaftlich bzw. philosophisch. Die Semantik der Sozial- und Kulturwissenschaften knüpft an die symbolisch vermittelte, alltags- oder lebensweltliche Praxis an, wobei die Richtung dieses Anschlusses keineswegs unidirektional ist. [...] Die kulturelle Semantik des Phänomens ist wissenschaftlich imprägniert.« (Straub 2004: 279)

2. Identität in Geschichten

Für die Frage nach einer *Identität in Geschichten* kann die Debatte in *Poetik und Hermeneutik* aus dem Jahr 1979 noch immer als richtungsweisend gelten.[1] Ausgehend von einem Beitrag von Hermann Lübbe entfaltet sich dort eine Diskussion, die nach unterschiedlichen Aspekten einer *Identität in Geschichten* fragt. Lübbe etwa rechnet die Identität der Seite der Faktizität zu und geht davon aus, dass schon die Identitätskarte (der Personalausweis) so etwas wie eine »identitätspräsentierende Ultrakurzgeschichte« (Lübbe 1979: 655) enthalte. Subjekte ließen sich demnach über ihre Geschichte in gleicher Weise identifizieren wie über jene Identitätsmerkmale, die der Personalausweis enthält. Allerdings versteht Lübbe *Geschichte* als faktisches Geschehen, nicht als angeeignete oder autobiografisch interpretierte Geschichte. Geschichte(n) sind für ihn vorrangig durch Kontingenz gekennzeichnet, sie sind keine Handlungsabläufe oder Planrealisationen:

> »Wer einer durch seine Geschichte ist, lässt sich als Resultat seines Willens, es zu sein, nicht verständlich machen. Unsere Identität steht nicht zur Disposition unseres Willens, und es wäre deswegen auch sinnwidrig, Verantwortlichkeit für sie konstituieren zu wollen. [...] Niemand kann etwas dafür, zu sein, was er geworden ist, und zwar auch dann nicht, wenn er dazu durch das, was er besser unterlassen hätte, selbst beigetragen hat. [...] Einzig über Geschichten lässt sich sagen, wer wir und andere sind; über Historien vergegenwärtigen wir eigene und fremde Identität, und im Historismus ist diese Vergegenwärtigung explizit zur Kultur geworden. Indem Identität der Begriff unseres rechtfertigungsbedürftigen jeweiligen Andersseins ist, ist es insoweit auch nicht ein ›praktisches Erkenntnisinteresse‹, das die identitätsvergegenwärtigende Historie leitete. [...] Als Handelnde haben wir jeweils allerlei Ziele und Zwecke. Aber Geschichten sind nicht zielkonsistente Handlungen, und entsprechend ist

---

1 Der Band versammelt sowohl philosophische, sozialwissenschaftliche, historische und literaturwissenschaftliche Beiträge zum Problem der Identität und enthält vier Debatten zu den Themen *Person und Rolle, Identität und Autobiographie, Poetik und Ästhetik der Identität* und schließlich *Identität in Geschichten* (Marquard 1979).

die historische Vergegenwärtigung von Geschichten auch nicht ein Medium praktischer Zielorientierung.« (Lübbe 1979: 656–657)

Aus dem Beitrag von Lübbe und der daran anschließenden Diskussion lassen sich einige Aspekte gewinnen, die auch hier im Weiteren für die Konzeption einer *Identität in Geschichten* relevant sind. So stellt etwa auch Dieter Henrich in seiner Replik den von Lübbe verwendeten Begriff der Geschichte infrage und weist darauf hin, dass Geschichten nicht nur der Seite der Faktizität und Kontingenz zugeordnet werden können. Während Identitätsmerkmale wie etwa der Fingerabdruck oder der genetische Code einer bloßen Identifizierung im Sinne von Unverwechselbarkeit dienen, ist das Erzählen von Geschichten als Vergegenwärtigung von Identität diesem Identifizierungsakt von Merkmalen nicht gleichzusetzen (Henrich 1979: 659). Erzähle ich beispielsweise meine persönliche Lebensgeschichte, so erhebe ich damit nicht nur den Anspruch, mich von anderen durch die Besonderheiten meiner jeweiligen Geschichte zu unterscheiden, sondern dies geschieht bereits in Form einer verstehenden Auseinandersetzung und im Hinblick auf meine Individualität. Der Faktizität und Kontingenz steht ein Interesse an Besonderheit und Einzigartigkeit als Wert gegenüber, was sich vor allem daran zeigt,

»dass sich spontan der bekannte Widerstand regt, wenn Personen durch Personalnummern oder durch Finger- Sprech- oder Geruchsabdrücke öffentlich individualisiert werden sollen, welcher nicht aufkommt beim Photoportrait, das eine Interpretation aus individuellem Ausdruck erlaubt. Dieses Interesse führt dazu, die eigene Identität biografisch (sei es in individueller Biographie oder in der Geschichte des Kollektivums, dem man zugehört) nicht nur als paradigmatisch oder als verstehbar in ihrem typischen Verlauf, sondern als individuell im Sinne von einzig vergegenwärtigt zu sehen. Denn nur in der Folge der Darstellung von Begebnissen kann die individuelle Kontingenz eindrücklich und in einer Weise zur Anschauung kommen, die es erlaubt, sie freiwillig und verstehend als Inhalt der eigenen Identität zu übernehmen.« (Henrich 1979: 661)

Geschichten haben somit eine allgemeine wie auch eine individuelle Funktion. Eine Geschichte kann eine allgemeine Form der Identität darstellen – etwa in Form einer Typisierung oder Stilisierung. Auf diese Weise ermöglicht sie die Einordnung des Individuums in eine Sozietät oder ein Kollektiv. Geschichten können aber auch eine individuelle Form der Identität darstellen – die persönliche Geschichte in Form der Biografie. Beides steht einer Identitätsfeststellung in Form von rudimentären Identitätsmerkmalen entgegen. Was hier vielmehr hinzutritt, ist das Moment der Aneignung und Vergegenwärtigung im Sinne einer verstehenden Auseinandersetzung. So wird deutlich, dass mir etwa meine persönliche Lebensgeschichte nicht in Form einer reinen Faktizität zukommt, sondern gerade einer verstehenden Auseinandersetzung bedarf, die auch Fragen der Verantwortung mit einschließt und sehr wohl von praktischen Bezügen getragen ist. Der Akt der Vergegenwärtigung von Identität über Geschichten geht nicht, wie Lübbe meint, in einer bloßen Feststellung eines faktischen Lebensablaufs auf, sondern steht im Zeichen einer Vergewisserung von Identität – konkret von Kontinuität, Konstanz und Verstehbarkeit. Eine Identität, die im Bewusstsein von – und der Auseinandersetzung mit – Geschichte entsteht, ist etwas gänzlich anderes als etwas bloß Faktisches oder Kontingentes. Vielmehr ist diese Form einer geschichtlichen Identität selbst als ein Prozess und eine Bewegung zu verstehen, die stets offen ist für Revisionen:

»Geschichtsbewusstsein ist nicht eigentlich dann schon eingetreten, wenn sich eine Gegenwart in Beziehung auf ihre Vergangenheit als auf ihre Herkunft interpretiert. Es setzt voraus, dass eine Gegenwart vergangene Verhältnisse im Prinzip auch als Alternativen zu dem erfahren kann, was von ihr selbst als identitätsbildende Orientierung angenommen ist. Ein solches Bewusstsein kann nun aus Erfahrungen mit den Schwierigkeiten der Identitätsbildung selbst hervorgehen. Es wird dann zur Folge haben, dass sich Identität nicht mehr auf der ersten Stufe als spontane Integration von Handlungsarten ausbildet. Unter Bedingungen dieser neuen Erfahrung ist Identität nicht eher erreicht, ehe sie auch eine Stellung zu anderen Identitätskonzepten gewonnen hat, die als mögliche eigene verstanden worden sind. In einem solchen Identitätssinn zweiter Stufe liegt sodann auch die Aufforderung, es nicht bei ausgrenzender Verständigung über eigene Identität zu belassen, sondern die gegenwärtige Identität als Resultat eines Bildungsganges aufzufassen, in dem andere oder vergangene Identitätsentwürfe zwar nicht in Geltung gehalten, aber als verstandene und verarbeitete Lebenstendenzen in der eigenen Identität angenommen bleiben. Schon die Vergegenwärtigung des Zyklus der Lebensalter ist eine Aufforderung zu einem Identitätskonzept auf dieser zweiten Stufe.« (Henrich 1979: 662)

Die Gegenwart ist, wie Henrich hier deutlich macht, sehr wohl als ein Fundament der Vergegenwärtigung von *Identität in Geschichten* aufzufassen, worin auch praktische Bezüge sichtbar werden. Hierin zeigt sich dann auch wieder die Gegenwarts- und Praxisfunktion von Geschichten, die Lübbe abstreitet. Jedes Erzählen wie auch jede interessierte Zuwendung zur Vergangenheit hat ihr Fundament in der Gegenwart und in unterschiedlichen pragmatischen Absichten. Auf diese pragmatische Dimension macht auch Wolf-Dieter Stempel in seiner Replik auf Lübbe aufmerksam:

»[…] nicht die eigene Geschichte ist schon die Identität, die in der einen oder anderen Weise präsentiert wird, sondern die Sprechhandlung erst gestaltet sie auf der Grundlage von als bemerkenswert qualifizierten Geschichten. Dort wo sich der Erzähler in der Geschichte selbst als Subjekt darstellt, gewinnt seine Darstellung eine Dimension hinzu, verrechnet wird diese jedoch über den aktuellen Identitätsanspruch, der sich mit der Sprechhandlung selbst verbindet […] Es ist nicht eine Veranschaulichung am Faktisch-Identischen, das sich in der Biografie bereits abgelagert hätte, vielmehr bleibt sie Teil des aktuellen Geltungsanspruchs, den der Sprecher mit der Erzählhandlung als solcher im Hinblick auf eine intendierte Identitätsprojektion dem Partner gegenüber erhebt und als Zweck verfolgt.« (Stempel 1979: 673)

Identität konstituiert sich demnach nicht nur historisch, sondern zugleich pragmatisch, wie Stempel deutlich macht. Diese Kontextbedingungen der Herstellung von Identität sind gleichermaßen relevant. Keine Erzählung wird um ihrer selbst willen dargeboten, sondern folgt immer schon unterschiedlichen Ansprüchen und Zwecken. So wird deutlich, inwiefern das Erzählen selbst als eine Handlung im Sinne einer Identitätskonstitution zu verstehen ist, die über eine Selbstidentifikation im Medium eigener Geschichte hinausgeht. In dieser Perspektive kommt die *Identität in Geschichten* als Produkt einer Interaktion in den Blick, wie sie etwa auch für das narrative Interview kennzeichnend ist (vgl. Kapitel 4.2). Das Erzählen von Selbsterlebtem ist zu verstehen als eine deutende und bewertende Reorganisation eigener Erfahrungen, »die ihrerseits als notwendige Folge der Loslösung des Subjekts vom unmittelbaren Handlungsstrom, d.h. seiner Wandlung zum Erzähler, zu betrachten ist« (Stempel 1979: 672). Wenn Identität also nicht ausschließlich durch den Bezug auf die Geschichte, sondern erst im Handlungsvollzug bzw. der aktuellen Erzählsituation hergestellt wird, so ist zu unterscheiden zwischen dem historisch-biografischen Substrat (das auch von außen zugänglich ist) und dem, was vom Erzähler tatsächlich aktualisiert wird. In der Selbstdarstellung (etwa im narrativen Interview) können bestimmte biografische Vorbedingungen als relevant thematisiert werden, andere können weggelassen werden, weil ihnen im Bezug auf die aktuelle Sprech- bzw. Interaktionssituation wenig oder gar keine Bedeutung verliehen wird. Daraus folgt, dass die Vergewisserung von Identität erst in einer Bezugsetzung von aktueller Handlungssituation und Geschichte möglich ist, jedoch nicht schon durch den Bezug auf Geschichte allein. Deutlich wird damit, dass die Hinwendung zur eigenen Geschichte stets eine Form der verstehenden Hinwendung darstellt. Identität ist nicht das bloß Faktische einer Lebensgeschichte, vielmehr entsteht Identität erst aus der Aneignung des Faktischen. Eine *Identität in Geschichten* steht somit deutlich dem entgegen, was Hermann Lübbe im Blick hatte, als er die Auflistung von Merkmalen im Personalausweis mit dem Erzählen einer Geschichte gleichsetzte. Der Auflistung (wie z.B. in Form des Lebenslaufs) fehlt jene Dimension, die beim Erzählen hinzutritt – die reflexive Auseinandersetzung mit der individuellen Geschichte und Geschichtlichkeit.

2.1 Was ist eine Erzählung?

Für den Kulturpsychologen Jerome Bruner stellt das Erzählen – genauer die narrative Strukturierung – einen eigenständigen Modus des Denkens dar, den er von einem paradigmatischen (logisch-szientifischen) unterscheidet (Bruner 1990: 64). Faktische Ereignisse allein machen noch keine Geschichte, erst ein Plot schafft ein sinn- und bedeutungsstiftendes Ganzes, eine Story. Die narrative Strukturierung, das sogenannte *Emplotment*, kann als eine eigenständige diskursive Form neben anderen – wie etwa Beschreibungen oder Argumentationen – betrachtet werden. Im narrativen Modus werden Ereignisse als Bestandteile einer Geschichte gefasst, die wesentlich zur Entfaltung der Geschichte beitragen. Der Plot stiftet die Identität der Geschichte, er etabliert ein zeitliches Ganzes, indem er einzelne Elemente zueinander ins Verhältnis setzt und deren Bedeutung für Verlauf und Ausgang der Geschichte festlegt.[2]

Dass narrative Schemata nicht nur in der Literatur, sondern auch in wissenschaftlichen Erklärungen zur Anwendung kommen, hat vor allem Hayden White in seinem Buch *Metahistory* gezeigt. In seiner Analyse historiographischer Darstellungen macht er deutlich, dass die Vergangenheit (in der Arbeit des Historikers) selbst noch ein Produkt eines narrativen Emplotment

---

2 Wie Donald Polkinghorne ausführt, zeigt sich die synthetisierende und organisierende Funktion von Erzählungen auf mehreren Ebenen: Erzählungen, so Polkinghorne, »setzen Ereignisse zu einer Geschichte zusammen, indem sie (a) die Grenzen einer Zeitspanne festlegen, die den Anfang und das Ende der Geschichte bilden, (b) Kriterien für die Auswahl der Ereignisse zur Verfügung stellen, die in die Geschichte aufzunehmen sind, (c) Ereignisse zeitlich so ordnen, dass sich eine Bewegung – eine Geschichte entfaltet und in einer Konklusion ihren Höhepunkt findet, und (d) die Bedeutung, die Ereignisse im Hinblick auf ihren Beitrag zur Geschichte als einem einheitlichen Ganzen besitzen, klären oder explizieren.« (Polkinghorne 1998: 18)

darstellt (White 1991).³ Im Gegensatz zu White, der letztlich von einer bestimmten Anzahl von Plot-Typen ausgeht, meint Kenneth Gergen, dass sich für die westliche Erzählkultur drei Erzählmuster unterscheiden lassen, die jeweils unterschiedliche zeitliche Schemata oder Verläufe repräsentieren. Das Grundschema stelle die *Stabilitätserzählung* dar, die einen gleichmäßigen zeitlichen Verlauf aufweist, und deren Plot das Ziel oder Resultat der Geschichte relativ unverändert lässt. Die beiden anderen Erzählmuster weichen von diesem ab: Bei der *progressiven Erzählung* verbindet der Plot die Ereignisse derart miteinander, dass sie zu einem Aufstieg der Erzählung führen (Erfolgsgeschichte). Die *regressive Erzählung* weist demgegenüber einen nach unten gerichteten Ereignisverlauf auf. Aus diesen Grundformen, so Gergen, ließen sich komplexere Variationen wie etwa die Tragödie (als Kombination von progressiver Erzählung mit einer regressiven Erzählung) zusammensetzen (Gergen 1998: 178–179). Jede Kultur verfüge über einen Grundbestand an anerkannten Erzählmustern und Schemata, die zugleich festlegen, was als plausible Geschichte gelten darf:

»Stellen sie sich eine Fünfjährige vor, die von ihren Eltern gefragt wird, wie ihr Tag im Kindergarten war. Sie beschreibt ihren Bleistift, dann die Haare einer Freundin, dann die Schulflagge und schließlich die Wolken. Aller Wahrscheinlichkeit nach wird diese Schilderung ihre Eltern nicht zufrieden stellen. Warum? Weil die Ereignisse keinen Bezug zueinander haben; der Bericht hat weder eine Richtung noch eine Pointe, er enthält kein Drama und vermittelt kein richtiges Gefühl für einen Anfang oder ein Ende. Doch haben die Begebenheiten des Lebens keine dieser Charakteristika – Bezug der Ereignisse zueinander, Richtung, Drama und zeitliche Eingrenzung. Vielmehr sind sie in unserer Kultur Merkmale guter Geschichten, und ohne sie ist eine Geschichte entweder langweilig oder unverständlich. Wahrscheinlich wird das Mädchen mit sechs Jahren gelernt haben, seinen Tagesablauf ›richtig‹ zu beschreiben, und wenn es sechsundzwanzig ist, wird es das Gefühl haben, dass dieser Erzählcharakter der richtige sei, der für die Lebensgeschichte anzuwenden ist.« (Gergen 1996: 264)

---

3 »Die Bemühung, die unterschiedlichen historiographischen und geschichtsphilosophischen Stile als Bestandteile einer einzigen Denktradition einander zuzuordnen, bewog mich dazu, den zugrunde liegenden Bewußtseinsstand zu ermitteln, auf dem der Forscher die Begriffsstrategien zur Erklärung oder Darstellung der Daten auswählt. Dort nämlich vollzieht der Historiker einen wesentlich poetischen Akt, der das historische Feld präfiguriert und den Bereich konstituiert, in dem er die besonderen Theorien entwickelt, die zeigen sollen, ›was wirklich geschehen ist‹. […] Für die narrative Strukturierung (emplotment) stehen die Archetypen Romanze, Komödie, Tragödie und Satire zur Verfügung.« (White 1991: 10–11)

Kulturelle Schemata geben vor, was innerhalb einer Kultur als erzählenswert gilt und sichern damit die soziale Anerkennung des Erzählten. Diese Rückbindung des Erzählens an kulturelle Schemata zeigt sich selbst dort noch, wo etwa versucht wird, bewusst mit bestimmten narrativen Konventionen zu brechen. So stellen besonders die neueren Formen des literarischen Erzählens eine kritische Auseinandersetzung mit der narrativen Tradition dar, dennoch bleiben sie mit dieser in Verbindung. Besonders die (post-)modernen Formen des Erzählens verweisen noch auf das, wovon sie sich abzuheben versuchen: die lineare Erzählung. Gegenüber der klassisch-modernen Fortschritts- und Entwicklungsgeschichte spricht sich das postmoderne Erzählen für kleine, fragmentierte, anti-narrative Darstellungsformen aus, die dem Titel ›Erzählung‹ nicht mehr gerecht würden.[4] Die Techniken der erzählerischen Zertrümmerung, die sich einer linearen Logik klassischer Erzählmuster zu widersetzen versuchen, sind dabei vielfältig.[5] Ihre Grundlage bildet die Einsicht der Moderne und Postmoderne, dass die klassische lineare Erzählform unzeitgemäß sei, da sie den realen Erfahrungen von Zeit nicht mehr entspreche. Daran zeigt sich umso deutlicher, inwiefern Erzählkonventionen

---

4 Auch Ricœur zeigt diesbezüglich im zweiten Band von *Zeit und Erzählung* anhand literarischer Beispiele, inwiefern die moderne Literatur als ein bewusster Bruch mit den klassischen Bauformen des Erzählens zu verstehen sei: »Die Probleme, die die Kunst des Abschließens des narrativen Werkes aufgibt, bilden in dieser Hinsicht einen ausgezeichneten Prüfstein. Da die Kompositionsparadigmen in der okzidentalen Tradition zugleich Paradigmen des Abschließens sind, darf man erwarten, dass die eventuelle Erschöpfung der Paradigmen an der Schwierigkeit ablesbar wird, das Werk abzuschließen. Es ist umso legitimer, die beiden Probleme miteinander zu verknüpfen, als das einzige formale Merkmal, das von dem aristotelischen Begriff des *mythos* bewahrt werden muss [...] das Kriterium der Einheit und der Vollständigkeit ist. Bekanntlich ist der *mythos* die Nachahmung einer einheitlichen und vollständigen Handlung. Nun ist aber eine Handlung einheitlich und vollständig, wenn sie einen Anfang, eine Mitte und ein Ende hat, also wenn der Anfang die Mitte anbahnt, wenn die Mitte – mit Schicksalswende und Wiedererkennen – zum Ende führt und das Ende die Mitte zum Abschluss bringt. Dann triumphiert die Konfiguration über die Episode, die Konsonanz über die Dissonanz. Es ist daher legitim, als Symptom des Endes der Tradition der Fabelkomposition das Aufgeben des Kriteriums der Vollständigkeit und damit die bewusste Absicht, das Werk nicht abzuschließen, zu betrachten.« (Ricœur 1989: 35–36)

5 Müller-Funk führt dazu folgende Liste an: »Montage, Fragment, medias in res, open end, Auflösung der Handlung in Selbstreflexion und Selbstreferenz, Bewusstseinsstrom, unvermittelter Zeitsprung und Zeitraffer.« (Müller-Funk 2008: 29) Weitere Merkmale sind: Anfang und Ende werden nur noch formal erfüllt, Plotstrukturen mit Klimax/Antiklimax werden destruiert und die Souveränität des Autors/Erzählers wird zum Problem.

und Schemata als zeit- und kulturabhängige Formen zu verstehen sind, die einem historischen Wandel unterliegen.⁶

Im Hinblick auf die unterschiedlichen Formen und Funktionen der Erzählung bzw. des Erzählens lassen sich mit Kenneth Gergen einige Merkmale von Erzählungen anführen (vgl. Gergen 1998: 171ff). Erzählungen zeichnen sich aus durch die Einführung eines werthaltigen, valorativen Endpunktes; die Auswahl von Ereignissen, die für den Endpunkt relevant sind; eine bestimmte Ordnung der Ereignisse; die Stabilität der Identität des Protagonisten; kausale Verknüpfungen und schließlich durch Begrenzungszeichen (Anfang und Ende). Konkreter formuliert, meint das erste Merkmal den Umstand, dass sich Erzählungen immer auf ein Ziel hinbewegen: Ein bestimmter Zustand soll erreicht oder vermieden werden. Dabei etabliert eine Erzählung immer schon einen werthaltigen Rahmen, indem sie sich auf einen Endpunkt zubewegt, der erwünscht oder unerwünscht ist. In den meisten Erzählungen treten Gegenspieler auf, die den Protagonisten am Erreichen seines Ziels hindern und die dazu beitragen, dass die Geschichte in bestimmter Weise zu Ende geht: Wird das Ziel verfehlt, endet die Geschichte tragisch. Kann der Protagonist seine Gegenspieler überwinden und das Ziel erreichen, folgt ein *happy end*. Der Endpunkt einer Geschichte oder das Erzählziel bestimmen die Auswahl von Ereignissen. Nicht alles ist im Hinblick auf den Endpunkt einer Erzählung gleich relevant, sondern nur jene Ereignisse, die in einem Bezug zum Ziel stehen, können verständlich in eine Geschichte integriert werden. In einer Erzählung werden die für das Ziel relevanten Ereignisse nicht nur thematisch organisiert, sondern auch zeitlich miteinander verknüpft. Erzählungen etablieren durch die Anordnung von Ereignissen eine zeitliche Ordnung. Eine der wohl gängigsten temporalen

---

6 So nimmt etwa auch Paul Ricœur im Hinblick auf die These vom Erzählverlust bei Walther Benjamin eine etwas differenziertere Diagnose vor: Statt von einem Verlust, spricht er von einer Transformation der Erzählung. Es verschwinde also weder der erzählende Mensch (homo narrator), noch die Erzählung als solche, sondern vielmehr sei, wenn überhaupt, so von einer Transformation der Erzählfunktion auszugehen: »Es ist also nicht auszuschließen, dass die Metamorphose der Fabel einmal auf eine Grenze trifft, jenseits derer man das Formprinzip der zeitlichen Konfiguration, das aus der älteren eine einheitliche und vollständige Geschichte macht, nicht mehr erkennen kann. Und doch... Und doch... Vielleicht muss man trotz allem dem Konsonanzbedürfnis vertrauen, das noch heute die Lesererwartung bestimmt, und daran glauben, dass neue Erzählformen, die wir noch nicht benennen können, im Entstehen begriffen sind, die davon zeugen werden, dass sich die Erzählfunktion wandelt, jedoch nicht sterben kann. Denn wir haben keine Vorstellung von einer Kultur, in der man nicht mehr wüsste, was Erzählen heißt.« (Ricœur 1989: 50)

Darstellungen ist die lineare zeitliche Abfolge etwa im Unterschied zu einer zyklischen Darstellung. So stellt etwa das Geschichtenmuster *Karriere* ein lineares Muster dar, während z.b. das Muster *Reproduktion* eher eine zyklische Zeitordnung symbolisiert (siehe dazu Kapitel 6.2). Als ein weiteres Kriterium plausibler Erzählungen lässt sich die ›Stabilität einer Identität‹ anführen. Dies betrifft die Erwartungshaltung bezüglich der Identität des Protagonisten einer Geschichte: Eine Geschichte wirkt dann plausibler, wenn der Protagonist eine dauerhafte und kohärente Identität aufweist, und beispielsweise nicht schlagartig vom Helden zum Bösewicht wird. Plausibel wäre ein solcher Wandel der Identität nur, wenn die Erzählung eine spezifische Erklärung dafür liefern kann bzw. wenn der Identitätswandel selbst das Thema der Geschichte darstellt. Dies ist beispielsweise bei Konversionserzählungen der Fall, in denen der Wandel der persönlichen Identität in Form einer Bekehrung den Plot der Geschichte darstellt (vgl. Kofler 2007). Dennoch, so Gergen, toleriere die wohlgeformte Erzählung »schwerlich proteische Persönlichkeiten« (Gergen 1998: 175). Schließlich liefern Erzählungen über die Verknüpfung von Ereignissen auch Erklärungen. Ereignisse werden dadurch erst in einen Zusammenhang gebracht. Anders als etwa die kausale Erklärung über Ursachen, liefern Erzählungen Gründe (Alheit 2007). Während Erklärungen eher auf eine Begründung durch Ursachen zielen, geben Erzählungen Gründe für Ereignisfolgen an und liefern sinnstiftende Erklärungen. Die kohärenzstiftende Funktion von Geschichten liegt, genauer gesagt, in deren konfigurativer Kraft (Emplotment) – also der Eigenschaft, disparate zeitliche und inhaltliche Elemente zu einer Gestalt zusammenbinden zu können. Erzählungen sind demnach symbolische Konstruktionen, die disparaten Ereignissen und Erfahrungen eine sinnhafte und ordnende Passform geben:

»Eine Erzählung besteht aus einer einzigartigen Sequenz von Ereignissen, mentalen Zuständen und Geschehnissen mit Menschen als Charakteren oder Akteuren. Das sind ihre Konstituenten. Diese Konstituenten sind aber noch sozusagen ohne Leben und ohne eigene Bedeutung. Sie gewinnen ihre Bedeutung erst aus ihrer Einordnung in die Gesamtkonfiguration der Sequenz als ganzer, aus der Handlungsstruktur (Plot bzw. Fabula).« (Bruner 1997: 60)

In gleicher Weise stellen Anfang und Ende Markierungen dar, die erst durch das Erzählen etabliert werden. Das Leben selbst, wie auch Erfahrungen und Ereignisse, sind nicht von sich aus schon als Einheiten strukturiert. Erst die Erzählung setzt die narrativen Begrenzungszeichen einer Geschichte, dadurch dass sie einen Beginn und ein Ende hat.

2.2 Narrativität und die Philosophie der Geschichten

»The point of departure of the new narrative interest in the human sciences seems to be the ›discovery‹ in the 1980s that the story form, both oral or written, constitutes a fundamental linguistic, psychological, cultural, and philosophical framework for our attempts to come to terms with the nature and conditions of our existence. It is the intimate merging of these frameworks of interpretation that serves to understand and create the meanings we find in our forms of life. As far as human affairs are concerned, it is above all through narrative that we make sense of wider, more differentiated, and more complex texts and contexts of our experience. It is essentially this notion that has been both generalized and broadened as well as specified in a wide spectrum of inquiries that include studies on the ways we organize our memories, intentions, life histories and ideas of our ›selves‹ or ›personal identities‹ in narrative patterns.« (Brockmeier/Harré 2001: 40)

In den letzten Jahrzehnten begannen unterschiedlichste Disziplinen sich den vielfältigen Funktionen und Aspekten des Erzählens zu widmen. Diese Auseinandersetzungen haben zur Entwicklung von Erzähltheorien beigetragen, die weit über die Grenzen der Literaturwissenschaften hinausgehen und sowohl mündliche als auch schriftliche Erzählungen, Wissenschaften, Bilder, Filme, Alltagserzählungen u.a.m. umfassen. Trotz dieser Erweiterung finden Bezüge zwischen den einzelnen Disziplinen nur zögerlich statt.[7] Zudem unterlag die Narratologie in den letzten Jahrzehnten selbst einem theoretischen Wandel, im Zuge dessen von der Repräsentation durch die Erzählung Abstand genommen, und demgegenüber Konzepte der Mehrstimmigkeit (Polyphonie), der Offenheit und Performanz von Narrativen favorisiert wurden.[8]

In der deutschsprachigen Philosophie hat als erster Wilhelm Schapp seine These vom *In-Geschichten-verstrickt-sein* vorgebracht (Schapp 1953). Er kennzeichnet die Existenzweise des Menschen als grundlegend narrativ. Schapp folgend, sind wir immer schon Teil von Geschichten, noch bevor wir uns zu diesen in Beziehung setzen können. Sinnentwürfe sind dem Menschen nicht vollständig zugänglich, die Welt erscheint schon in narrativen Zusammenhängen, hinter die nicht zurückgegangen werden kann. Ge-

---

[7] So zumindest auch die Einschätzung bei Neumann/Nünning/Pettersson (2008: 12) und Brockmeier/Carbaugh (2001: 3).

[8] Brockmeier/Carbaugh (2001) geben hierzu im Rahmen ihrer Einleitung zum Sammelband *Narrative and identity* einen guten Überblick vom Strukturalismus hin zum Poststrukturalismus und aktuellen Forschungsansätzen.

schichten bilden ein Medium der Selbst- und Welterkenntnis und stellen das unhintergehbare Fundament der Lebenswelt dar.⁹ Mit dieser Bestimmung einer selbst- und weltkonstitutiven Bedeutung des Narrativen werden eindeutig die Grenzen der Erzählung als einer literarischen Gattung überschritten. Es sind vor allem die Bezüge zur Zeitlichkeit und Geschichtlichkeit des Menschen, die eine philosophische Thematisierung der Erzählung erfordern.

Im Rahmen einer Philosophie der Narrativität lassen sich diesbezüglich unterschiedliche Positionen differenzieren. Hier sind vor allem praktische von formalen Zugängen zur Erzählung zu unterscheiden. Praktische Konzeptionen von Narrativität gehen davon aus, dass Personen Identität gewinnen, indem sie ihr Leben ganz oder teilweise erzählen können oder müssen. In formaler Hinsicht interessiert weniger die Praxis des Erzählens bzw. des Erzählenkönnens als vielmehr der Nachweis, dass die Lebensführung von Personen insgesamt formal als Erzählung verstanden werden kann. Die Erzählung wird zum Modell der Lebensführung und einer ethischen Ausrichtung derselben.¹⁰ Philosophische Positionen zur Narrativität sehen in der Erzählung einen grundlegenden Erfahrungs- und Gestaltungsmodus menschlicher Existenz. Innerhalb der philosophischen Narrativitätsdebatte finden sich jedoch auch Positionen, die der Erzählung einen geringeren Stellenwert beimessen. Unter dem Begriff der *Pränarrativität* wird etwa diskutiert, ob schon das menschliche Handeln in seinen Grundzügen narrativ vorstrukturiert ist, oder ob es sich bei der Erzählung um eine nachträgliche ästhetische Überformung handelt.¹¹ Diesbezüglich unterscheiden Hayden White und Louis O. Mink streng zwischen Kunst und Leben, und sehen in der Erzählung einen nachträglichen ästhetischen Akt (White 1981 und Mink 1978). Erleben und Handeln besäßen demnach noch keine narrative Strukturiertheit, sondern die Erzählung überformt, strukturiert und ordnet Erleben und Handeln im Nachhinein. Während bei den Vertretern der dualistischen Position der Begriff der Narrativität auf explizite, erzählte Geschichten beschränkt bleibt, gehen die Gegner davon aus, dass bereits in Lebensvollzügen und Handlungen Geschichten ansatzweise ausgeformt werden. Der Be-

---

9 Wilhelm Schapp konzipiert seinen Ansatz als Gegenparadigma zur naturwissenschaftlichen Erkenntnisweise. Geschichten stellen für ihn eine Art Ur-Phänomen dar, hinter das nicht zurückgegangen werden kann (vgl. Schapp 1953).
10 Vgl. dazu auch die Bezugnahmen bei Dieter Thomä (Thomä 2007) sowie bei Christine Kramer (Kramer 2001).
11 Für eine übersichtliche Darstellung dieser Debatte zwischen Paul Ricœur und Hayden White siehe auch den Sammelband *Metageschichte. Hayden White und Paul Ricœur* (Stückrath/Zbinden 1997).

griff der Narrativität wird dabei gerade nicht für explizite Erzählungen reserviert, sondern als eine Art vorsprachliches Organisationsprinzip des Erlebens und Handelns verstanden. Narrativität ist in dieser Deutung keine ästhetische Kategorie, sondern eine praktische Kategorie. In seiner Einschätzung dieser Kontroverse hält Norbert Meuter fest, dass sich der Begriff der Handlung als ebenso grundlegend erweist wie der Begriff der Geschichte, wenn man bedenkt, dass Handlungen nicht isoliert vom Kontext ihres Auftretens betrachtet werden können. Versteht man Handeln etwa als das Verfolgen eines Projekts, so ist zu sehen, dass auch hier schon komplexe Einheitsleistungen vollzogen werden müssen, die Ähnlichkeiten zur Struktur einer Geschichte annehmen (Meuter 2004: 142). Die konkurrierenden Positionen lassen sich im Versuch einer Differenzierung auch als *schwache* und *starke* Narrativitätsthesen kennzeichnen (Teichert 2000a: 205). Die schwache Narrativitätsthese geht davon aus, dass wir Erzählungen (bloß) benutzen, um uns selbst zu beschreiben. Die starke Narrativitätsthese sieht in Geschichten ein Medium der Selbstkonstitution. In der Perspektive einer starken Narrativitätsthese kann Paul Ricœurs Ausarbeitung einer Hermeneutik des Selbst als umfangreicher Versuch gelten, die Theorie der Erzählung auf die Problematik des Selbst und dessen Identität anzuwenden.[12] In seiner dreibändigen Untersuchung *Zeit und Erzählung* sowie in *Das Selbst als ein Anderer* kennzeichnet Ricœur die Figuration menschlicher Zeiterfahrung als das Grundmoment der Erzählung und konzipiert einen philosophischen Begriff der

---

12 Die Einschätzung von Ricœurs Beitrag zu einer Theorie der Narrativität könnte nicht unterschiedlicher sein. Während Ricœurs Position einerseits mehrfach gewürdigt wird (Meuter 2004: 143) behaupten andere, sein Beitrag wäre unerheblich für die Theoriedebatte. Wolfgang Müller-Funk etwa ist der Meinung, *Zeit und Erzählung* nehme eine Sonderstellung in der Theorielandschaft ein, da die Untersuchung kaum rezipiert wurde und nur wenig Resonanz fand. Ricœur vertrete keine hermeneutische Avantgarde-Position, sondern stehe eher in einer Linie mit Gadamer, Heidegger und Freud. Die Erzählung selbst werde dabei zum Joker gegen das strukturalistische Paradigma und dessen Befund des verschwundenen Subjekts (Müller-Funk 2008: 70). Auch Christine Kramer weist in ihrer Untersuchung *Lebensgeschichte, Authentizität und Zeit* darauf hin, dass sich im angloamerikanischen Raum bereits ab den 1980er Jahren eine Debatte um das Konzept der Narrativität entwickelt hat, die gar nicht auf Ricœur Bezug nahm. Diese nahm ihren Ausgang von Alsdair MacIntyres *After Virtue* (1981) und sei von Richard Rorty, Martha Nussbaum und Charles Taylor fortgesetzt worden. Da Ricœurs Untersuchung *Zeit und Erzählung* nur wenig zu einer narrativen Perspektive auf das Problem der Person und der Ethik beigetragen habe, sah sich dieser angeblich 1990 dazu genötigt, diese Bezugnahme mit seinem Buch *Das Selbst als ein Anderer* nachzuholen (Kramer 2001: 10ff).

Narrativität, der weit über die Erzählung als literarisches Genre hinaus geht. Dabei stellt Ricœur fest,

»[...] dass zwischen dem Erzählen einer Geschichte und dem zeitlichen Charakter der menschlichen Erfahrung eine Korrelation besteht, die nicht rein zufällig ist, sondern eine Form der Notwendigkeit darstellt, die an keine bestimmte Kultur gebunden ist. Mit anderen Worten: dass die Zeit in dem Maße zur menschlichen wird, in dem sie sich nach einem Modus des Narrativen gestaltet, und dass die Erzählung ihren vollen Sinn erlangt, wenn sie eine Bedingung der zeitlichen Existenz wird.« (Ricœur 1988: 87)

Menschliche Zeit ist, im Sinne von Ricœur, nur zugänglich als konfigurierte Zeit, die in narrative Strukturen eingebettet wird. Die Erzählung verleiht der Zeit eine Passform, ohne jedoch die Dissonanz der Zeit vollständig aufheben zu können.[13] Im Zentrum steht die Theorie der dreifachen *mimesis*, die Ricœur ausgehend von Aristoteles entwickelt.[14] *Mimesis* bedeutet Nachahmung und Aristoteles bestimmte in seiner Poetik die Fabel als *mimesis* einer Handlung (Aristoteles, *Poetik* 1447b–1448a). Diese mimetische Funktion, die Aristoteles anhand der Dichtung thematisierte, weitet Ricœur insofern aus, als er die der Erzählung vorausliegende Lebenswelt des Handelns, wie auch die ihr nachfolgende Dimension der Rezeption, miteinbezieht. Auf diese Weise liefert er eine umfassende Theorie des Erzählens, die gegenüber dem Gegensatz von Kunst und Leben eine Vermittlung bietet und den mimetischen Prozess als umfassenden Kulturprozess denkt:

»Danach ist die Komposition einer expliziten Geschichte (mimesis II) zwar immer eine schöpferische Leistung, die eine neue und eigenständige Perspektive auf die Wirklichkeit erzeugt, die dabei jedoch stets auch an etwas, was diesem Prozess vorausliegt, anschließen muss. Jede Geschichte verweist auf ein Vorher. Diese Verwei-

---

13 Ricœurs Überlegungen nehmen ihren Ausgang von der Aporetik der Zeit in den *Confessiones* von Augustinus: »Ich betrachte die Fabeln, die wir erfinden, als das bevorzugte Mittel, durch das wir unsere wirre, formlose, a limine stumme Erfahrung neu konfigurieren: ›Was ist nun die Zeit?‹ fragt Augustinus. ›Wenn mir niemand die Frage stellt, so weiß ich es; wenn mir jemand die Frage stellt und ich es erklären will, weiß ich es nicht mehr.‹ Die Referenzfunktion der Fabel besteht in der Fähigkeit der Fiktion, diese Zeiterfahrung, die den Aporien der philosophischen Spekulation ausgesetzt ist, neu zu gestalten.« (Ricœur 1988: 10)

14 Ricœurs Begriff der *mimesis* geht insofern über die aristotelische Bestimmung hinaus, als darunter keine Form der passiven Imitation verstanden wird. Das Verfassen einer (narrativen) Repräsentation (der Zeiterfahrung) ist bei Ricœur ein aktiver Prozess, der etwas vom Ausgangsmaterial unterschiedenes kreiert. Aus diesem Grund spricht er von *quasi-Dingen* und dem *als-ob* um die transformative Funktion der Sprache zu markieren (vgl. Ricœur 1988).

sung (mimesis I) zielt auf die öffentliche Lebenswelt des Handelns – und diese ist von sich aus bereits in Ansätzen narrativ organisiert. Aufgrund seiner symbolischen und zeitlichen Aspekte besitzt lebensweltliches Handeln eine pränarrative Struktur. Auf der anderen Seite findet die explizite Geschichte auch erst in der Aufnahme durch einen Rezipienten ihr eigentliches Ziel (mimesis III). Die Rezeption wird durch die prinzipielle Offenheit der expliziten Erzählungen möglich. Diese enthalten – wie genau und konkret sie auch immer erzählen – keine wirklichen individuellen Ereignisse, sondern lediglich schematisierte Ansichten, die vom Rezipienten zu konkretisieren sind. Die drei Formen der mimesis schließen sich insgesamt zur zeitlichen Einheit eines kreisförmigen, aber sich ständig weiter entwickelnden Kulturprozesses: über die Rezeption tritt die explizit narrative Konfiguration wieder in die Lebenswelt des erlebenden und handelnden Rezipienten ein und kann die hier pränarrativ angelegten Strukturen fortführen und stabilisieren, aber auch variieren. Eine solchermaßen neu und anders refigurierte Lebenswelt stellt dann wiederum die anschlussfähige Grundlage der nächsten expliziten Konfiguration dar. Eine Erzählung ist demnach stets eine Vermittlung zwischen gewöhnlichen kulturellen Standards und außergewöhnlichen Abweichungen von diesen Standards, ein komplexes Zusammenspiel von Tradition und Innovation.« (Meuter 2004: 143)

Während Ricœurs Theorie der dreifachen Mimesis eine umfassende narrative Hermeneutik bereitstellt, die über die theoretischen Debatten zum ontologischen Status der Erzählung weit hinausgeht, stellt die darin enthaltene Konzeption der Erzählung eine Lösung für das Problem der Zeit bereit. Erst das Erzählen leiste nach Ricœur eine Integration von kosmologischer Weltzeit und phänomenologischer Zeiterfahrung. Damit wird auch die Problematik personaler Identität berührt und eine Konzeption des Selbst möglich, die Veränderung in der Zeit in die Vorstellung von Identität zu integrieren vermag:

»We belong to the cosmological time insofar as we are born, grow, and die. In that sense the beginnings, middles, and ends of life are given and immutable. However, we employ another, phenomenological, sense of ›beginning‹, ›middle‹ and ›end‹, which refers to the stages of actions. On Ricœur's view, the continuity and coherence of a person's life turns on the integration of these two orders of time. Ricœur argues that the resources for this kind of integration are found, not in philosophy, but in literature, in the textual strategies of narrative.« (Atkins 2006: 220)

In seiner zweiten großen Untersuchung *Das Selbst als ein Anderer* (1990) arbeitet Ricœur die identitätstheoretischen und ethischen Aspekte der Narrativität aus und argumentiert, dass das Selbst im literarischen Sinne ›fiktiv‹ sei, insofern dieses den produktiven Effekten der Einbildungskraft – und damit einem ständigen Prozess der Interpretation – unterworfen ist. Sein

2.3 Das Konzept der narrativen Identität

»Self-narration [...] is what first raises our temporal existence out of the closets of memorial traces and routine and unthematic activity, constituting thereby a self as its implied subject. This self is, then, the implied subject of a narrated history. Stated another way, in order to be we must be as something or someone, and this someone that we take ourselves to be is the character delineated in our personal narratives. The unity of the self, where such a unity exists, is exhibited as an identity in difference, which is all a temporal character can be.« (Kerby 1991: 109)

Unter dem Titel einer *narrativen Identität* rückt das Erzählen als eine Form der Selbstvergewisserung des Menschen in den Blick: Erzählen wird zur ausgezeichneten Möglichkeit, Zeit erzählbar zu machen und Identität zu stiften. Auf die Frage *Wer bin ich?* zu antworten, heißt »die Geschichte eines Lebens zu erzählen« (Ricœur 1991: 395). Die Einheit des menschlichen Lebens muss als die Einheit einer Geschichte verstanden werden. Diese Überzeugung bildet den Einheitspunkt aller narrativen Ansätze zum Problem personaler Identität (Meuter 1993: 245). Es ist die gestaltgebende Funktion der Erzählung, die in einem direkten Zusammenhang mit der Identität steht. Sofern persönliche Identität auf der Vorstellung von Einheit und Gleichheit beruht, wird diese Vorstellung durch die Erzählung aufrecht erhalten. Erzählen ist ein Feststellen von Zeit angesichts der heterogenen, ungeordneten Ereignisse des Lebens. Auf diese Weise sichert die Erzählung die *Identität des Nicht-Identischen*. Durch temporale und thematische Verknüpfungen liefert das Erzählen auch Erklärungen für Veränderungen: So kann sich eine Person etwa mithilfe einer Erzählung von ihrem früheren Selbst distanzieren, indem sie einen Identitätswandel darstellt oder sie kann sich eine narrative Kontinuität in Form einer Entwicklungsgeschichte geben. Die Herstellung von Identität liegt in der konfigurativen Kraft der Erzählung begründet, weshalb diese auch von Ricœur als eine »Synthese des Heterogenen« bezeichnet wurde (Ricœur 2003: 116).[15]

Narrative Theorien betonen vor allem den relationalen Charakter einer Identität, die nicht im Inneren der Person verankert ist, sondern sich erst in den vielfältigen Bezügen – etwa einem Geflecht aus Geschichten – herstellt:

»[...] identity is not within us because it exists only as narrative. By this I mean two things: that the only way to explain who we are is to tell our own story, to select key events which characterise us and organise them according to the formal principles of narrative – to externalise ourselves as if talking of someone else, and for the purposes of self-representation; but also that we learn how to self-narrate from the outside, from other stories, and particularly through the process of identification with other characters. This gives narration at large the potential to teach us how to conceive of ourselves, what to make of our inner life and how to organise it.« (Currie 1998: 17)

Identität und Selbst werden im Unterschied zu den meisten theoretischen Debatten rund um das Identitätsproblem innerhalb einer narrativen Theorie anders konzipiert. Erst die Poetik der Erzählung leistet, so zumindest die philosophische Position von Ricœur, einen Beitrag zur Problematik des Selbst:

»Das Selbst erkennt sich nicht unmittelbar, sondern nur indirekt über den Umweg über verschiedene kulturelle Zeichen. [...] Die narrative Vermittlung unterstreicht so den bemerkenswerten Charakter der Selbsterkenntnis als einer Selbstauslegung. Die Aneignung der Identität der fiktiven Figur durch den Leser ist das bevorzugte Vehikel dieser Auslegung. Ihr spezifischer Beitrag besteht im Gestaltcharakter der Erzählfigur, der bewirkt, dass das Selbst, erzählerisch interpretiert, sich als ein eben-

---

15 Seine Definition der Erzählung als einer »Synthese des Heterogenen« erläutert Ricœur folgendermaßen: »Was im Leben einfacher Zufall wäre, ohne erkenntlichen Zusammenhang mit irgendwelcher Notwendigkeit, ja Wahrscheinlichkeit, trägt in der Erzählung zum Fortschreiten der Handlung bei. [...] Zu diesem Zweck habe ich vorgeschlagen, die für jede narrative Komposition charakteristische diskordante Konkordanz mit dem Begriff der Synthese des Heterogenen zu definieren. Ich versuche auf diese Weise Rechenschaft zu geben über die verschiedenen Vermittlungen, welche die Verknüpfung der Handlung bewirkt: Vermittlung zwischen der Vielfalt der Ereignisse und der zeitlichen Einheit der erzählten Geschichte; Vermittlung zwischen den disparaten Komponenten der Handlung – Absichten, Ursachen und Zufälle – und dem Zusammenhang der Geschichte; Vermittlung schließlich zwischen der reinen Aufeinanderfolge und der Einheit der zeitlichen Form, die unter Umständen die Chronologie durcheinanderbringen, ja sogar außer Kraft setzen kann. Meiner Meinung nach verdeutlichen diese vielfältigen Dialektiken den bereits im tragischen Modell des Aristoteles gegebenen Widerstreit zwischen der episodenhaften Verstreuung der Erzählung und dem Vereinheitlichungsvermögen, das durch den Gestaltungsakt, der die *Poiesis* selbst ist, entfaltet wird.« (Ricoeur 2003: 116–117)

falls figuriertes Ich erweist, ein Ich, das sich so oder so figuriert. […] Wenn der Weg über die Figuration des Selbst unumgänglich ist, so impliziert dieser, dass das Selbst sich in einer Konstruktion objektiviert, jener Konstruktion, die einige das Ich nennen.« (Ricoeur 2005: 222)

Das Ich wird erst zu einem identifizierbaren Ich, indem es sich eine Geschichte gibt, das heißt dadurch, dass es zum Protagonisten einer Geschichte wird. Seine Identität erhält es in Form einer Erzählung, durch die es für ein Gegenüber kenntlich wird. Durch den konfigurativen Aspekt besitzen das Erzählen und mithin auch die erzählten Geschichten eine identitätsbezogene Funktion. In einer narrativen Perspektive wird das Ich also erst mit und in seinen Geschichten hervorgebracht und erweist sich als ein Produkt fortgesetzter, jedoch zunehmend auch wechselhafter Sinnzuschreibungen. Die Form der Identität ergibt sich aus der narrativen Konfiguration – letztlich also aus der Form der Erzählung. Ähnlich wie die Figur innerhalb einer Geschichte, erfährt sich auch das Selbst zeit seines Lebens als ein durch Geschichten Gestaltetes: In der Interaktion mit Texten und Erzählungen – im Sinne von versteh- und lesbaren Sinngestalten und Seinsmöglichkeiten – vermag es seine Existenz zu erhellen und zu verändern.

Die genuine Leistung des Begriffs der *narrativen Identität* liegt in seiner Vermittlung der beiden Bedeutungsmomente von Identität: Permanenz und Veränderung. Schon der Begriff der *Lebensgeschichte* impliziert eine Verbindung von Permanenz und Veränderung, die erst in Form der Erzählung darstellbar wird:

»Die eigentliche Schwierigkeit betrifft deren Verknüpfungsmodus, das, was Wilhelm Dilthey den ›Zusammenhang des Lebens‹ nannte. Die Aporie besteht darin, dass die Reflexion es mit einem Begriff der Identität zu tun hat, der die beiden Bedeutungen des Wortes vermischt: die Identität des Selbst und die Identität des Gleichen. Identisch, in diesem zweiten Sinne, bedeutet, wie wir bereits erwähnten, äußerst ähnlich, gleichartig. Wie aber könnte das Selbst höchst ähnlich bleiben, wenn nicht irgendein unveränderlicher Kern in ihm sich der zeitlichen Veränderung entzöge? Nun widerspricht aber die gesamte menschliche Erfahrung dieser Unveränderlichkeit eines personalen Kerns. Nichts in der inneren Erfahrung entgeht der Veränderung. Die Antinomie scheint zugleich unausweichlich und unlösbar. Insofern unausweichlich, als die Verwendung desselben Namens zur Bezeichnung einer Person, von ihrer Geburt bis zu ihrem Tode, die Existenz eines solchen unwandelbaren Kerns zu implizieren scheint. Die Erfahrung der körperlichen und geistigen Veränderung jedoch widerspricht einer solchen Selbigkeit. Die Antinomie ist nicht nur unausweichlich, sie scheint auch unlösbar zu sein, so wie sie gestellt ist, nämlich anhand von Kategorien, die in Bezug auf den Begriff eines Zusammenhangs des Lebens unangemessen sind.« (Ricœur 2003: 113–114)

Gerade anhand des Begriffs der *Lebensgeschichte* zeigt sich ein dialektisches Wechselspiel zweier Identitätsmodelle, die sich sowohl überlagern als auch auseinander treten können.[16] Das Modell der *Selbstheit* (*ipse*) steht für die symbolisch leere Instanz, für das temporal-reflexive Selbstverhältnis, das die Grundlage der Person bildet. Dem gegenüber steht das Modell der *Gleichheit* (*idem*) im Sinne qualitativer Identitätszuschreibungen. Das Rätsel, wie wir uns als Personen zeit unseres Lebens als dieselben und doch zugleich als veränderlich verstehen können, findet in dieser Unterscheidung eine mögliche Antwort: Nur innerhalb eines Selbstverhältnisses konstituiert sich ein dauerndes Individuum, das sich zugleich zu seinen wechselnden Bezügen in der Zeit ins Verhältnis setzen kann. Die symbolische leere Instanz des *ipse* wird erst im Prozess der Aneignung einer Geschichte zu einem *idem*. Das bedeutet zugleich, dass das Ich erst im Vollzug des Erzählens erschaffen und figuriert wird, indem es sich eine Geschichte gibt: »Sich eine Figur durch Identifikation aneignen bedeutet, sich selbst dem Spiel imaginativer Variationen unterwerfen, die so zu imaginativen Variationen des Selbst werden« (Ricoeur 1989: 222–223). Damit ist die narrative Identität aber keine stabile oder bruchlose Identität, sondern immer situiert, perspektivisch, dynamisch und bedeutungsoffen. Erzählen bewegt sich gleichermaßen zwischen Selbsterfindung und Selbstfindung und bleibt an kulturelle, narrative Schemata rückgebunden.

Ein narratives Modell des Selbst steht für ein hermeneutisches und dezentriertes Selbst, das sich immer wieder erneuern lässt und auf keinen Wesensbestand mehr festgeschrieben ist. Das Selbst wird zum »Zentrum erzählerischer Schwerkraft« (Dennett 1992) und konstituiert sich erst in narrativen Bezügen. Daniel C. Dennett vergleicht das Selbst deshalb mit dem physikalischen Modell des Gravitationszentrums. Als Modell ist das Gravitationszentrum nicht mehr als ein Abstraktum, ein Modell zur Erklärung bestimmter Sachverhalte. Seinen Status erhält das Gravitationszentrum als Modell

---

16 Ricœur dienen vor allem literarische Vorlagen als Beispiele für die Dialektik von *Selbstheit* und *Gleichheit* als Modell der Identität: »Die zeitgenössischen Theaterstücke und Romane sind zu wahren Laboratorien geworden, die Denkexperimente entwickeln, in denen die narrative Identität der Figuren unzähligen imaginativen Variationen unterworfen wird. Zwischen der stabilen Identität der Helden der naiven Erzählungen und dem Identitätsverlust derjenigen gewisser moderner Romane sind alle Zwischenstufen erforscht worden.« (Ricoeur 1989: 216)

nur in Bezug auf seinen Beitrag zur Erklärung von Phänomenen. Als Modell ist es selbst jedoch weder sicht- noch messbar. Folglich wäre es unsinnig, zu fragen, ob das Gravitationszentrum eine Identität besitzt oder wo es zu lokalisieren wäre. In Analogie dazu lässt sich das Selbst für Dennett als ein abstraktes Objekt bzw. als eine theoretische Fiktion kennzeichnen. Wie das Gravitationszentrum dient auch das Selbst als Modell zur Beschreibung und Erklärung bestimmter Phänomene:

»It turns out to be a theoretically perspicuous to organize the interpretation around a central abstraction: Each person has a self (in addition to a center of gravitiy). In fact we have to posit selves for ourselves as well.« (Dennett 1992: 105)

Auch in einer narrativen Perspektive ist das Selbst kein Substrat der Person, verschlossen in ihrem Innersten. Vielmehr konstituiert und zeigt sich ein Selbst erst in seinen Handlungsbezügen – etwa im autobiografischen Erzählen:

»That is, it does seem that we are virtuoso novelists, who find ourselves engaged in all sorts of behaviour, more or less unified, but sometimes disunified, and we always put the best ›faces‹ on it we can. We try to make all of our material cohere into a single good story. And that story is our autobiography. The chief fictional character at the center of that autobiography is one's self. And if you still want to know what the self really is, you are making a category mistake.« (Dennett 1992: 114).

Folgt man diesen Überlegungen, so wird einmal mehr deutlich, inwiefern das erzählte Selbst an seine narrativen Herstellungsbedingungen gebunden bleibt. In gleicher Weise ist die autobiografische Erzählung ein Produkt relationaler Bezüge und entsteht gerade nicht in der isolierten Auseinandersetzung einer Person mit sich. Allein die Formen des autobiografischen Erzählens, wie die Autobiografie selbst, sind kulturell-historisch variable Weisen der Selbstdarstellung. Im Fall der Darstellung des eigenen Lebens bestimmt nicht zuletzt ein autobiografischer Diskurs darüber, auf welche Art und Weise eine plausible und verständliche Lebensgeschichte zu präsentieren ist.[17] In gleicher Weise finden wir uns selbst in den Geschichten anderer vor, ohne dass wir darüber frei verfügen könnten. Gerade dieser Umstand nötigt zu

---

17 So verdeutlicht auch Kenneth Gergen die diskursive Gebundenheit der erzählerischen Darstellung: »Sie können jemandem sagen, dass jeder dritte Tag ihres Lebens die Hölle war, während die dazwischenliegenden das Paradies waren, aber es ist nicht wahrscheinlich, dass ein Zuhörer ihnen dies glaubte. Wir sind allgemein darauf vorbereitet, nur die Lebensgeschichten als ›wahr‹ zu akzeptieren, die mit den existierenden Konventionen übereinstimmen.« (Gergen 1996: 265)

einer differenzierten Sichtweise, die auch der Dimension der Passivität einer narrativen Identität gerecht werden könnte. Deutlich wird, dass die Identität einer Person selbst auf der Ebene der Erzählung nur partiell als frei gewählt und gestaltbar zu verstehen ist.

2.4 Autobiografisches Erzählen und die Konstruktion des Selbst

Die philosophische Konzeption einer narrativen Identität erweist sich als fruchtbarer Hintergrund für empirische Fragestellungen, wie sie auch in der vorliegenden Untersuchung autobiografischer Selbsterzählungen anvisiert werden (siehe Kapitel 5). In einer empirischen Fragerichtung interessiert neben den theoretischen Aspekten der Selbstkonstitution in Geschichten vor allem die Tatsächlichkeit des Erzählens: Das Sprechen-über-sich-selbst in der autobiografischen Darstellung wird zum Ort der Selbstkonstruktion.[18] Damit verändert sich gleichfalls der Status der Autobiografie, die nun nicht mehr als eine Repräsentation des Selbst verstanden werden darf, sondern als eine kulturelle Praxis der Herstellung von Identität in den Blick rückt.[19] Das

---

18 Empirische Ansätze wie beispielsweise die narrative Psychologie versuchen aus den literarischen Techniken Erkenntnisse über die psychischen Mechanismen der Identitätsbildung abzuleiten. Zentral hierfür sind etwa die Arbeiten von Theodore R. Sarbin (Sarbin 1986) und Jerome Bruner (Bruner 1997). Sie nehmen Anleihen bei literarischen Erzählungen, widmen sich in gleicher Weise aber auch mündlichen Lebenserzählungen. Leider ist bei Paul Ricœur eine spezifische Bezugnahme auf das autobiografische Erzählen nicht in dem Ausmaß gegeben, wie bei den sozialpsychologischen Theoretikern. Zwar erweist sich seine Philosophie der Erzählung als überaus fruchtbar für die empirische Untersuchung von narrativen Identitätskonstruktionen, allerdings widmet sich Ricœur selbst vorwiegend der Geschichtsschreibung und der Literatur und nimmt in *Zeit und Erzählung* nur an einer Stelle auf die Autobiografie Bezug. Wie jedoch auch andere Autoren bemerken, stelle dies ein zentrales Versäumnis dar, da sich seine Überlegungen in ausgezeichneter Weise für eine Theorie der Autobiografie jenseits einer Antinomie von Wahrheit versus Fiktion eignen würden (vgl. Popkin 2005: 33).

19 »Vielmehr ist erst das Schreiben der (Auto-)Biographie und das Erzählen der Lebensgeschichte für das Selbst konstitutiv. Das Individuum er-schreibt und erzählt sich eine subjektive Identität. Daraus lassen sich zwei Folgerungen ableiten, die einander nur scheinbar widersprechen. Erstens wird das Selbst einer rückhaltlosen Textualisierung unterzogen. Es existiert nicht jenseits der Texte und der Erzählungen, in denen es zur Darstellung gelangt. Das Selbst ist ein Produkt der literarischen Repräsentationstechniken – spezifischer Formen der Narrativierung und der Fiktionalisierung, bestimmter rhetorischer Verfahrens-

heißt, das Schema Autobiografie und seine textuellen Strategien verhelfen erst zu einer Selbstdarstellung und sie liefern gleichzeitig eine Heuristik für die Untersuchung der narrativen Her- und Darstellung von Identität:

»A narrator in the here and now, takes upon himself or herself the task of describing the progress of a protagonist in the there and then, one who happens to share his name. He must by convention bring that protagonist from the past into the present in such a way that the protagonist and the narrator eventually fuse and become one person with a shared consciousness. Now, in order to bring a protagonist from the there and then to the point where the original protagonist becomes the present narrator, one needs a theory of growth or at least of transformation.« (Bruner 2001: 27)

Mit dem Hinweis auf eine Vorstellung von Entwicklung und Veränderung, als notwendige Vorbedingung jeder autobiografischen Erzählung, ist die Ebene der Sinn- und Bedeutungsgebung angesprochen. Der Konstruktcharakter autobiografischen Erzählens liegt gerade in dieser Funktion der Neustiftung von Zusammenhängen, der Selektion von erzählenswerten Ereignissen aus der aktuellen Position des Sprechers. Dies berührt dann auch die Frage nach dem Wahrheitsgehalt autobiografischer Erzählungen. Jedoch ist dabei eine einfache Logik von wahr/falsch nur wenig hilfreich. Die Sinndimension einer autobiografischen Erzählung erschließt sich erst über die Kontextbedingungen ihres Entstehens sowie der damit verbunden Absichten des Erzählers. So lässt sich auch die Ich-Perspektive des Erzählers – etwa in Form einer Selbsttheorie über sein persönliches Leben – nur schwerlich durch Verifikation oder Falsifikation einholen:

---

weisen -, die in den Texten appliziert werden. Es ist durch und durch literarisch. Zweitens stellt die (Auto-)Biografie, eben weil sie für das Selbst konstitutiv ist, stets auch mehr als bloße Literatur dar. Die (Auto-)Biografie gewinnt eine pragmatische Dimension. Genauer: Sie gewinnt diese Dimension zurück. Nachdem die Forschung sich lange Zeit auf die literarische Autobiographie im engeren Sinne – auf die kanonischen Texte von Augustinus über Rousseau und Goethe bis hin zu Sartre und Nabokov – konzentriert hat, beginnt sie nun, sich für die kulturelle und gesellschaftliche Funktion von Selbsterzählungen und Selbstdarstellungen jeder Art zu interessieren, ob sie nun in schriftlicher oder mündlicher, musikalischer oder bildlicher Form vorliegen. Anders formuliert: Sie interessiert sich nicht für die (Auto-)Biographie (als Genre), sondern für das (Auto-)Biographische (als kulturelle Praxis), das auch dort in Erscheinung tritt, wo noch nicht oder nicht mehr geschrieben wird. Die literarischen und rhetorischen Strategien der Selbstfingierung finden vielmehr im Gesamtbereich der Kultur ihre Anwendung. […] Folgt man den neueren kulturwissenschaftlichen Forschungsansätzen, so ist auch die (Auto-)Biographie als ein konstitutiver symbolischer Akt aufzufassen, der das allererst hervorbringt, wovon er spricht.« (Moser/Nelles 2006: 8–9)

»Strictly speaking, such ›checking‹ is guided not by ordinary verification but by a criterion of verisimilitude, lifelikeness. That is to say, ›the story of my life‹ [...] is not composed of a set of testable propositions in the usual sense, but is composed as narrative. And this imposes constraints that have as much to do with the requirements of narrative as they have to do with what ›happened‹ to one, or what one remembers as having happened. [...] The interpretation and its later metaphoric use is a narrative invention that provides continuity both with the recived facts and with the autobiographer's conception (or invention) of his ›life‹. But it must also fit the requirements of narrative as a form of organizing experience.« (Bruner 2001: 28)

Zugleich muss dann aber auch jene Vorstellung hinterfragt werden, die besagt, das autobiografische Erzählen ermögliche immer nur eine nachträgliche Identität, insofern es sich um einen rückwärtsgerichteten Blick auf das vergangene Leben handle. Bedenkt man, dass die Autobiografie stets aus einer bestimmten Jetzt-Perspektive heraus, und im Hinblick auf eine antizipierte Zukunft (prospektiv) gestaltet wird, so erweist sie sich gerade nicht als ein bloßes retrospektives Projekt. Dieser Zukunftsaspekt zeigt sich etwa anhand von Lebensplänen, die man als narrative Scripts bezeichnen könnte, weil sie das Handeln in einer Perspektive auf die Zukunft orientieren. Daran zeigt sich vor allem, dass Erzählungen niemals abbilden, sondern stets auch etwas aktiv herstellen. Erinnerungsakte und Erzählanlässe sind konstruktive Akte: Die Vergangenheit ›verändert‹ sich stets im Licht von Gegenwart und Zukunft – das heißt je nach Standort von dem aus der autobiografische Blick erfolgt. Insofern ist die (Selbst-)erzählung gar keine Dokumentation der Vergangenheit, sondern immer auch eine aktive Konstruktion. Daraus folgt, dass es keine singuläre oder wahre Erzählung des eigenen Lebens geben kann, sondern immer nur notwendig perspektivische und vorläufige Erzählungen.

Wie Jerome Bruner festhält, erfüllt das autobiografische Erzählen zwei grundlegende Funktionen: Einerseits ordnen sich die ErzählerInnen in einen kulturellen und sozialen Kanon ein, dadurch dass sie sich und ihre Erlebnisse als typisch oder charakteristisch darstellen. Andererseits erzeugt das autobiografische Erzählen auch Individualität im Sinne von Einzigartigkeit: »To assure individuality (and I am speaking of western culture only), we focus upon what, in the light of some folk psychology, is exeptional (and, therefore, worthy of telling) in our lives« (Bruner 2001: 30). Die Weisen der Selbstdarstellung im autobiografischen Erzählen sind somit als ein Ineinander von tradierten, kanonischen Erzählmustern und individueller Aneignung zu verstehen. Die Entstehung jener uns heute geläufigen Form der Autobiografie hängt historisch mit dem Entstehen bestimmter Vorstellungen von Ich und

Individualität zusammen. Ihr ursprünglicher Status als Medium der Authentizität und Selbsterkenntnis erweist sich als spezifisch europäisch-modernes Kulturphänomen.

Wenn das autobiografische Erzählen nicht mehr als Repräsentation eines gelebten Lebens verstanden wird, sondern als aktive, sprach- und situationsgebundene Konstruktion, so lässt sich auch die narrative Identität als eine Konstruktion des Subjekts in Auseinandersetzung mit sich und seiner umgebenden Kultur kennzeichnen. In dieser Hinsicht können subjektive Selbsterzählungen als bedeutsame Quellen für die Frage nach den Grenzen und Möglichkeiten gegenwärtiger Identitätsbildungsprozesse in den Blick genommen werden (siehe Kapitel 5). Narrative Identität wird dann zu einem empirischen Phänomen, dessen Untersuchung methodische Unterstützung aus den gängigen Ansätzen der Biografie- und Narrationsforschung erfahren kann (siehe Kapitel 4).

3. Selbsterzählungen über Liebe als Orte von Identitätskonstruktionen?

3.1 Liebe als Erzählung

In einer Tageszeitung vom Juli 2009 findet sich folgender Bericht:

»London – Zehn Jahre war er verschollen, dann führte ein Liebesbrief ein Paar doch noch zusammen: Steve Smith und Carmen Ruiz-Perez hatten einander vor 17 Jahren kennen gelernt, als sie einen Sprachkurs in England machte. Das Paar trennte sich später allerdings wieder und verlor sich jahrelang aus den Augen. Schließlich schrieb Smith einen Brief an die Adresse der Mutter seiner großen Liebe in Spanien. Das Schreiben wurde auf einem Kaminsims zwischengelagert, rutschte dahinter – und war weg. Erst zehn Jahre später entdeckten Bauarbeiter bei Renovierungen den Brief hinter dem Kamin – und schickten ihn an Ruiz-Perez, die mittlerweile in Frankreich lebte. Sie konnte ihr Glück zunächst nicht fassen. ›Ich habe Steve nicht sofort angerufen, weil ich so nervös war. Es war zehn Jahre her, dass er den Brief geschrieben hat, und ich wusste nicht, was er denkt‹, sagte sie der Zeitung *Herald Express*. Doch beim Wiedersehen am Flughafen ›sind wir uns in die Arme geflogen‹, erzählte Smith, ›innerhalb von 30 Sekunden haben wir uns geküsst‹. Am Freitag gaben sich die beiden 42-Jährigen in Brixham in Südwestengland das Jawort.«[1]

Die hier erzählte Geschichte ist nicht neu: Zwei Menschen begegnen einander, sie lernen sich kennen, entscheiden sich dafür ein Paar zu werden und zusammen zu leben. Was macht die Geschichte von Steve und Carmen, die sich wohl unzählige Male schon ereignet hat und ereignen wird, erzählbar? Was ist daran erzählenswert, so dass sie sogar eine Nachrichtenmeldung abgibt? Heute, wo die technischen Mittel der Kommunikation uns im Bruchteil von Sekunden mit allem und jedem am anderen Ende des Globus verbinden, erweckt diese Geschichte möglicherweise den Eindruck, als hätte sie sich in längst vergangener Zeit ereignet. Vielleicht hätte ein einfacher Anruf oder eine zweistündige Flugreise den Lauf der Dinge beschleunigt? Was wäre dann aber noch erzählenswert? Es ist leicht zu erkennen, dass die Darstellung

---

[1] Quelle: http://derstandard.at/20. Juli 2009, 14:22

dem Muster romantischer Liebesgeschichten folgt. Da ist zum Einen das Motiv der schwärmerischen Sehnsucht, der Brief als Herzensschrift, die Vorstellung des ›Füreinander-bestimmt-seins‹ zweier Menschen, der Zufall, der zum Schicksal wird (die Renovierungsarbeiten, die den Brief zutage fördern) und schließlich die Heirat als Happy End. Der Brief wird zum zentralen Protagonisten der Geschichte. Ihm wird die entscheidende Rolle für den Verlauf der Ereignisse zugesprochen: Er konserviert die Liebe für einen Zeitraum von 10 Jahren und er ist es, der das Paar letztlich wieder vereint. Sein Verschwinden und sein zufälliges Auftauchen bilden den dramatischen Höhepunkt der Geschichte. Die starke Raffung und schnelle zeitliche Abfolge von Ereignissen (Wiedersehen am Flughafen/in die Arme geflogen/innerhalb von 30 Sekunden geküsst/Heirat kurz darauf) verstärken den dramatischen Effekt. Mit diesen Merkmalen und der Form der Darstellung der Ereignisse entspricht die Geschichte dem, was als Ideal einer romantischen Liebesgeschichte gelten darf. Als solche besitzt sie einen einfachen Plot, der sich relativ kurz zusammenfassen lässt: Zwei Personen (meistens Mann und Frau) lernen einander kennen, sie stoßen auf Hindernisse, sie verlieren einander vorübergehend (der Liebesbrief verschwindet hinter dem Kamin), schließlich gewinnt der eine den anderen (meistens der Mann die Frau) zurück und beide leben glücklich bis ans Ende ihrer Tage. Das zumindest sind jene dramaturgischen Elemente, die es braucht, um romantische Liebesgeschichten zu fabrizieren. Das Erzählmuster symbolisiert das kulturelle Leitbild romantischer Liebe, welches in unzähligen literarischen und filmischen Darstellungen der Liebe aufgegriffen wird. Daraus lässt sich folgern, dass sowohl die Praxis wie auch die Erzählbarkeit der Liebe stets an kulturelle Konventionen gebunden bleiben. In seinem Buch *Menschliche Kommunikation* bringt Paul Watzlawick ein amüsantes und anschauliches Beispiel für solche kulturelle Konventionen der Liebe. Über die unterschiedlichen Verhaltensweisen beim Kennenlernen von Amerikanern und Engländerinnen während des 2. Weltkriegs stellt er fest:

»Während z. B. das Küssen in Amerika relativ früh kommt, tritt es im typischen Paarungsverhalten der Engländer relativ spät auf. Praktisch bedeutete dies, dass eine Engländerin, die von ihrem amerikanischen Soldaten geküsst wurde, sich nicht nur um einen Großteil des für sie intuitiv ›richtigen‹ Paarungsverhaltens betrogen fühlte, sondern zu entscheiden hatte, ob sie die Beziehung an diesem Punkt abbrechen oder sich dem Partner sexuell hingeben sollte. Entschied sie sich für die letztere Alternative, so fand sich der Amerikaner einem Verhalten gegenüber, das für ihn durchaus nicht in dieses Frühstadium der Beziehung passte und nur als schamlos zu bezeichnen war. Die Lösung eines solchen Beziehungskonflikts durch die beiden Partner selbst ist natürlich deswegen praktisch unmöglich, weil derartige kulturbedingte Verhaltensformen und -abläufe meist völlig außerbewusst sind.« (Watzlawick 1969: 20)

Wie die Verhaltensweisen und Praktiken der Liebe, folgen auch die erzählerischen Darstellungen von Liebe kulturellen Konventionen – genauer: Liebe wird in unterschiedlichen Erzählmustern darstellbar und dargestellt. So ist auch das romantische Narrativ ein Beispiel für ein Erzählmuster der Liebe in der westlichen Kultur. Die Idealform der romantischen Liebesgeschichte kann als ein – wenn auch das populärste – Beispiel dafür gelten, dass Liebe in narrative Konventionen eingebettet ist.[2] Betrachtet man das idealisierte Narrativ der romantischen Liebe genauer, so wird deutlich, dass die Geschichte gerade dort endet, wo ein Leben als Paar erst beginnen würde. Die Geschichte repräsentiert somit nur eine bestimmte Phase der Liebe, genauer den Zustand der Verliebtheit. Es geht um leidenschaftliche Gefühle, um Erregung und eine Intensität des Erlebens – allesamt Merkmale, die bestimmten Zuständen, wie jenem der Verliebtheit, zugeschrieben werden können. Das romantische Narrativ der Liebe erzählt also gerade nicht vom Alltag einer Beziehung, vom Leben zu zweit. Es thematisiert nur die Anfangsphase der Paarwerdung, die Hindernisse des Zusammenkommens, um die Protagonisten daraufhin ins offene ›Danach‹ zu entlassen. Das Narrativ entlässt uns sozusagen mit dem Satz ›und sie lebten glücklich bis ans Ende ihrer Tage‹. Das glückliche Ende, die Paarwerdung, rundet die Geschichte zwar ab, jedoch ist sie wohl kaum eine Darstellung dessen, was wir als eine realistische Form der Liebe bezeichnen würden.[3] Das romantische Narrativ be-

---

[2] Auch Eva Illouz weist darauf hin, dass die Erfahrung und Kommunikation romantischer Liebe in narrative Konventionen eingebettet ist. Sie nennt dafür folgende Beispiele: »Etwa die erste Begegnung (›Wir begegneten uns auf einer Party, und ich mochte sie sofort‹), die Liebeserklärung (›An Weihnachten sagte er mir, dass er mich liebt‹), die Hindernisse (›Er war nicht religiös‹ oder ›Ihre Eltern mochten mich nicht besonders‹ oder ›Wir hatten wirklich keine gute sexuelle Beziehung‹), das Ergebnis der Beziehung (›Schließlich heirateten wir‹, ›Schließlich haben wir uns getrennt‹, ›Wir beschlossen eine offene Beziehung zu führen‹).« (Illouz 2007: 191)

[3] Im Rahmen einer philosophisch-begrifflichen Bestimmung von Liebe kommt auch Angelika Krebs zu einer Unterscheidung zwischen dem Zustand der Verliebtheit und reiferen Formen der Liebe. Die Darstellung romantischer Liebe in filmischen und literarischen Erzählungen charakterisiert sie dabei wie folgt: »Das emotionale und praktische Teilen des Lebens ist zwar das Ziel, aber es ist noch kaum erreicht, und es ist vor allem auch ungewiss, ob es jemals richtig erreicht wird. Umso leidenschaftlicher ringen die Verliebten um dieses Ziel. Eine solche Intensität der Gefühle, eine solche Geschwindigkeit und Leichtigkeit der Annäherung an den anderen und der Veränderung des eigenen Selbst findet man in der

schränkt die Darstellung von Liebe also auf den Zustand der Verliebtheit und den Prozess der Paarwerdung:

»It includes the initial melodrama but excludes the countless continuing details of real-life love. The story of love, in other words, leaves out love. It does not deny that love demands a protracted and possibly lifelong time together (happily ever after and premature death both point to that), but it totally ignores this. [...] We cut off the real story line before it even begins with the disingenuous phrase ›happily ever after‹. Marriage signifies the culmination of love rather than its vehicle. (Of course, weddings aren't often included. They're not usually dramatic events).« (Solomon 2006: 99)

Wie Solomon hier deutlich macht, suspendiert eine idealisierende Darstellung romantischer Liebe gerade jene Form der Liebe, die wir als realistische Darstellung ansehen würden. Die Heirat bildet den Höhepunkt der Liebe und mit ihr endet die Geschichte zugleich. Dass Liebe jedoch nicht im anfänglichen Drama der Paarwerdung aufgeht und über die Phase der Verliebtheit hinaus, sich vielmehr in unzähligen Details des Beziehungsalltags ausdrückt, blendet der romantische Plot aber aus.

Liebe stellt ein kulturelles Deutungsmuster für bestimmte Formen der Bezogenheit dar. Dementsprechend formuliert auch der Soziologe Niklas Luhmann: Liebe sei kein Gefühl, sondern »ein Kommunikationscode, nach dessen Regeln man Gefühle ausdrücken, bilden, simulieren, anderen unterstellen, leugnen und sich mit all dem auf die Konsequenzen einstellen kann, die es hat, wenn entsprechende Kommunikation realisiert wird.« (Luhmann 1982: 23) Er hält fest, dass Liebe keine natürliche Tatsache ist, keine ursprüngliche Empfindung und auch keine Entität, von der eine Wesensbestimmung zu erwarten wäre. Vielmehr ist Liebe ein diskursiver Begriff, etwas, das symbolisch (visuell, sprachlich, usw.) erzeugt wird:

»Es kann durchaus sein, dass der Durchbruch zu erster Unabhängigkeit von den Eltern, die Erregung bei ersten erfolgsunsicheren Kontakten oder bei erster Anerkennung durch Geschlechtspartner mit Hilfe eines kulturellen Klischees als Liebe interpretiert wird – und dann zu Liebe gemacht wird. Wir zwingen uns nicht, das als Selbsttäuschung über das eigentliche Gefühl zu behandeln, sondern sehen in solchen Gefühlsdeutungen mehr oder weniger weittragende Effekte kultureller Sozialisierung.« (Luhmann 2008: 11)

---

reifen Liebe kaum mehr, es sei denn, sie wird akut, zum Beispiel durch einen Dritten im Bunde, bedroht und entflammt als Eifersucht.« (Krebs 2009: 741)

Als Deutungsmuster für unterschiedliche Formen der Bezogenheit leistet Liebe einen sinnhaften Bezug auf personale Andere und die Welt. Wie sich jedoch solche idealisierten Darstellungen romantischer Liebe zu realen, alltäglichen Erfahrungen verhalten, wird anhand einzelner autobiografischer Selbsterzählungen zu untersuchen sein (siehe Kapitel 5 und Kapitel 6).

3.2 Der Liebesdiskurs: Eine Skizze

Im *Symposion*, einem paradigmatischen antiken Text zur Liebe, kleidet der Philosoph Platon die Liebe in die Form eines Mythos: Die Entstehung der Geschlechter und ihres wechselseitigen Begehrens nacheinander (*eros*) sei das Ergebnis einer göttlichen Strafe, der Spaltung vormals verbundener Wesen. Diese androgynen Ur-Dyaden in kugelförmiger Gestalt hätten den Zorn der Götter auf sich gezogen, die schließlich eine Spaltung in zwei getrennte Wesen herbeiführten. Fortan lenke die Sehnsucht nach einer Wiedervereinigung, nach dem Urzustand der Verbundenheit und Einheit, die Menschen in ihrem Begehren nacheinander:

»Als nun so die Natur in zwei Teile geschnitten war, erfasste jede Hälfte die Sehnsucht nach der Vereinigung mit der andern. [...] Seit so alter Zeit also ist das Liebesverlangen zueinander den Menschen angeboren. Es will die Urwesen wiedervereinigen und versucht, aus zweien eins zu machen und die menschliche Natur zu heilen. Jeder von uns ist also eine Art halbierte Erkennungsmarke, weil wir, wie die Schollen entzweigeschnitten, zwei aus einem Wesen geworden sind. Daher sucht jeder ewig sein Gegenstück.« (Platon, *Symposion* 191–192)

Der Mythos vom Kugelmenschen stellt eine ontologische Deutung der Liebe dar, die davon ausgeht, dass der Mensch erst durch einen bestimmten Anderen zu sich selbst finden könne. Erst die Vereinigung mit der verlorenen, passenden Hälfte führe zu erlebbarer Vollständigkeit und Glückseligkeit:

»Ich behaupte, dass unser Geschlecht nur dann glückselig wäre, wenn wir das ideale Ziel des Eros erreichen würden und jeder den zu ihm gehörigen Geliebten finden könnte, um so zur alten Natur zurückzukehren. Wenn aber dies das Beste ist, dann muss notwendigerweise von dem, was jetzt im Bereich des Möglichen liegt, das diesem Zunächstliegende das Beste sein; das besteht für uns darin, einen Geliebten zu finden, der nach unserem Wesen geartet ist.« (Platon, *Symposion* 193)

Es ist dieses Motiv der Unersetzbarkeit und Unvertretbarkeit des (geliebten) Anderen, das dann auch im romantischen Code der Liebe fortgesetzt wird. Die Romantik nimmt den Gedanken der Einswerdung, der Verschmelzung der Liebenden in sich auf und erhöht zugleich dessen Sinngehalte: Die Liebe wird zur Heilung von der in der Welt erfahrenen Zersplitterung und Orientierungslosigkeit. Das Ich findet erst in der Liebe zu sich selbst.[4] Die romantische Liebe verspricht erlebbare Ganzheit und Identität – mithin eine All-Inkludiertheit des Ich. Damit reagiert dieses Modell der Liebe, so formulieren es zumindest Soziologen, auf den Verlust der Einheit, das heißt darauf, dass die moderne Gesellschaft nicht einheitsfähig ist:

»Unter dieser Voraussetzung können evolutionär Sozialformen begünstigt werden, in denen es um die Einheit des Bewusstseins geht, und unsere These ist zunächst die, dass eine dieser begünstigten Sozialformen die Erfindung der modernen Liebe ist. Denn wenn etwas für diese Form bezeichnend ist (und ich glaube noch nicht, dass man schon sagen kann: war), dann genau die Idee, dass (zwei) Menschen füreinander exklusiv da sind und unter Einrechnung alles dessen, was der Andere an seiner Stelle ist. [...] Ich würde dies die fundamentale soziale Funktion von Sozialsystemen nennen, die seit der Romantik unter dem Titel ›Liebe‹ exerziert werden.« (Fuchs 2003: 24)

Die Liebe verspricht die vollständige Anerkennung im Sinne einer »Komplettberücksichtigung« (Fuchs 2003: 24) und verleiht so der Identität eine tiefere, existentielle Bedeutung: Nicht äußerliche Merkmale und Eigenschaften der Person, sondern die persönliche Innenwelt in ihrer Einzigartigkeit und Individualität werden zum Grund der Liebe und konstituieren die Exklusivität der Liebenden füreinander.[5] Als ein Gegenentwurf zur Kälte und

---

[4] Dieses Motiv lässt sich auch in den literarischen Vorlagen nachzeichnen. So weist etwa Elke Reinhardt-Becker in einer Literaturstudie romantischer Texte auf dieses Motiv der Sinnsuche und Selbstfindung in der Liebe hin: »Es zeigt sich deutlich, dass die Umstellung von fremdreferentieller zu selbstreferentieller Ich-Konstitution nicht immer problemlos abläuft. Die meisten romantischen Individuen erleben einen Mangel, der sich auch als Mangel an Identität offenbart. Sie erleben die Entfernung ihres Ichs von der Welt, die sich als Verlust der Verbindung zu den Produkten ihrer Arbeit, zu ihrem Handeln und Sprechen in der Gesellschaft und zu den sie umgebenden Menschen ausdrückt. Sie sind im wahrsten Sinne des Wortes zerrissen, sie fallen auseinander, sind Fragmente, erscheinen sich selbst fremd. [...] Was bleibt ist die Sehnsucht [...] nach der Ansicht vom Ganzen des Ichs, als Suche nach dem Spiegel, in dem das Ich sich erkennt oder als Wunsch nach einer verwandten Seele.« (Reinhardt-Becker 2005: 75–76)

[5] Hierin zeigt sich auch, dass die Frage der persönlichen Identität in der romantischen Liebe eine ganz andere Bedeutung hat, als etwa in manchen Identitätsdebatten. Die Liebenden sind exklusiv füreinander da und erst die Beziehung bringt die Einzigartigkeit der Perso-

Berechenbarkeit marktförmiger Beziehungen liegt in der romantischen Liebe das Versprechen auf die Heilung von der Welt. Sie soll jenen Ort angeben, an dem das Ich sich erst in einer Ganzheit erleben kann. Die Herausbildung der modernen Liebessemantik hängt somit auch eng mit der modernen Individualitätssemantik zusammen:

»Es werden, mit anderen Worten, soziale Beziehungen ermöglicht, in denen mehr individuelle, einzigartige Eigenschaften der Person oder schließlich prinzipiell alle Eigenschaften einer individuellen Person bedeutsam werden.« (Luhmann 1982: 14)

Der Andere wird um seiner selbst willen geliebt, wodurch die Liebe das Ich als Ganzes fassen soll, und gerade nicht nur als Träger von Eigenschaften oder Rollen. Liebe verspricht die Bestätigung der eigenen Individualität im Anderen und dies wechselseitig in der Exklusivität der Liebenden füreinander. Die Liebe reagiert damit auf einen gesellschaftlichen Verlust, jenen der All-Inkludiertheit des Ich: Ihre Konjunktur ist zugleich Ausdruck realer Lebensverhältnisse.[6]

Besonderheit und Unersetzbarkeit der Liebenden füreinander werden vor allem über die Herstellung einer gemeinsamen Geschichte gesichert. Die persönliche Lebensgeschichte bildet einen zentralen Kommunikationsgegenstand, der wechselseitiges Verstehen und Einfühlen ermöglicht. Schließlich besteht die Anforderung, eine gemeinsame Wir-Identität als Paar herzustellen, die als die gemeinsame Paargeschichte erzählt werden kann und der Liebe symbolischen Halt verleiht. Die Ausbildung einer kollektiven Geschichte als Paar erzeugt geradezu die Unverwechselbarkeit und Unersetzbarkeit der Liebenden füreinander. Dies bedeutet dann aber auch, dass sowohl die Etablierung, Aufrechterhaltung oder auch die Auflösung von Bindungen, an narrative Bemühungen gebunden ist. So wie das Liebespaar sich erst

---

nen wechselseitig hervor. Anders als in jenen Identitätskonzeptionen, die Identität an körperlichen Kriterien festmachen, erlaubt das Konzept der romantischen Liebe jedoch gerade keine Austauschbarkeit der Liebenden füreinander.

6 »Die Leere, Distanz und Kälte der Arbeitswelt, überhaupt des gesellschaftlichen Lebens, sind im Allgemeinen nur mit der Nähe und Wärme einer Liebesbeziehung auszuhalten, die wenn schon nicht zu erreichen, so doch wenigstens versprochen sind. Das ist einer der Gründe, warum seit Jahrzehnten ohne Unterlass über Erotik, Sexualität, Paare, Passanten, Varianten und Mutanten geredet und geschrieben wird [...] In der Tat: Nur wer die Verdrehung und Versachlichung aller Beziehungen durch Liebe oder die erst noch von ihr zu differenzierende Verliebtheit, also mehr oder weniger mit den Mitteln des Rausches, der Sucht, des Wahnsinns, außer Kraft zu setzen sucht, kann die Wirklichkeit ein wenig zum Tanzen bringen und überleben. Wer nicht illusionär verkennt, wer nicht liebt, wird krank.« (Sigusch 2005: 15–16)

durch die gemeinsame Geschichte als Paar erfährt, benötigt auch das Entlieben eigene narrative Bemühungen, die das Ich aus der kollektiven Geschichte lösen und es in eine andere Erzählung überführen (siehe Kapitel 6.3).

Der romantische Code der Liebe stellt zwar ein kulturelles Leitbild dar, jedoch gerät der damit verbundene Absolutheitsanspruch in eine Spannung zum Anspruch auf persönliche Autonomie. Die vielfache Kritik am Modell romantischer Liebe bezieht sich auf die darin implizierte Gefahr des Selbstverlusts, in der auch die Gefahr von Unterdrückung und Ausbeutung enthalten ist.[7] Dementsprechend finden sich im gegenwärtigen Liebesdiskurs durchaus Plädoyers für eine realistischere Sichtweise.[8] In der darin vielfach auch vorgetragenen Kritik am Ideal der romantischen Liebe als Grundlage von sozialen Bindungen wird ein Spannungsverhältnis sichtbar, innerhalb dessen sich die Liebe in der Gegenwart verorten lässt. In rezenten Partnerschaftsberatungsdiskursen wird etwa vor einem Zuviel an Liebe gewarnt:

»Da der zeitgenössischen Perzeption zufolge in der Beziehung zwei notwendig unterschiedliche Individualkerne – mit idiosynkratischen Bedürfnissen und Lebensgeschichten – aufeinandertreffen, muss der Beziehungsalltag als ein Raum potentieller Komplikationen und Abstimmungserfordernisse wahrgenommen werden, in dem das Risiko einer einseitigen oder beiderseitigen Beschränkung der Möglichkeiten nistet. Das Negativbild einer ›schädlichen‹ Partnerschaft ist die vermachtete Bindung, das pathologische Interaktionssystem einer ›codependence‹ – ein verbreitetes Thema der Partnerschaftsberatungsdiskurse seit den 1980er Jahren – ein mehr oder minder subtiles Abhängigkeitsverhältnis eines Partners vom Anderen (oder beider voneinander), eine psychische Fixiertheit, die den Einzelnen unfähig macht, seine ›Bedürfnisse‹ zu artikulieren. Die ›codependence‹, die in die romantische Liebesbeziehung als notwendige Bedingung eingelassen war, aber auch die bürgerliche und peer-Ehe faktisch strukturierte, erscheint nun – wie ›die Hölle eines misslungenen Lebens zu zweit‹ – als eine Bedrohung expressiver Autarkie.« (Reckwitz 2006: 537)

---

7 So weist etwa auch Angelika Krebs in ihrem Beitrag darauf hin, dass realhistorisch das Patriarchat jene Form darstellt, die eine Unterordnung (und Auslöschung) der Frau unter dem Tarnbegriff der Liebe fordert. Darum hat auch der Feminismus dieses Liebesmodell kritisiert und zurück gewiesen, weil es gerade keine gleichwertigen Subjekt-Positionen ermöglicht, d.h. die Emanzipation der Frau letztlich gerade verhindere: »Man and woman are one, and the man is the one.« (Krebs 2009: 738)

8 Vgl. den Artikel von Sabine Gaschke in DIE ZEIT online vom 17.03.2005: *Bis dass der Tod uns scheidet. Ein Plädoyer für Vernunft statt romantischer Liebe bei der Suche nach dem richtigen Mann.* Sie sieht im romantischen Liebesideal das Unheil moderner Partnerschaften und plädiert für eine Rationalisierung der Partnerwahl und des Beziehungsideals.

Diese neueren Liebescodes und Semantiken unterscheiden sich vom romantischen Code der Liebe, bleiben jedoch an diesen partiell rückgebunden bzw. sind sie als Auseinandersetzung mit diesem zu verstehen. Sie reagieren auf jene uneinlösbaren und paradoxen Anforderungen des romantischen Codes und lockern diesen zugleich. So beschreibt etwa auch Anthony Giddens eine Ablösung der romantischen Liebe durch die partnerschaftliche Liebe, die nun nicht mehr nur auf heterosexuelle Paare beschränkt ist und auf beidseitig erfüllter Sexualität aufbauen soll (Giddens 1993). In historischer Perspektive lässt sich ein Wandel an Liebesauffassungen seit den 1970er Jahren feststellen: Persönliche Beziehungen werden zum Horizont sowie zur Bedingung einer »Erfahrungspotenzierung des Ichs« (Reckwitz: 2006: 527). Hier sind es vor allem Diskurse der Persönlichkeits- und Paarberatung, die »seit den 1960er Jahren vom Modell des sozialen Subjekts auf jenes des self growth und der Vermeidung von ›codependence‹ in persönlichen Beziehungen umschalten« (Reckwitz 2006: 527). Anders als Giddens versteht Reckwitz diese Form der ›expressiven Partnerschaft‹ nicht als Ablösung der romantischen Liebe, sondern eher als hybride Neugestaltung. Dieser Code der Liebe begreift die Beziehung nun nicht mehr (wie im romantischen Modell) als exklusiv und geschlossen, sondern als eine Erlebensgemeinschaft:

»Das postmoderne Paar imitiert in dieser radikalen Ichorientierung das romantische Liebespaar; anders als dieses dechiffriert es jede Konnotation einer ›Komplettierung‹ der für sich allein unvollständigen ›Hälfte‹ des Ego durch einen komplementären, nicht-austauschbaren Alter – die damit beide lebenslang aneinander gekettet bleiben – jedoch als eine soziale Abhängigkeitsbeziehung, die nicht als Bedingung, sondern als Bedrohung seines expressiven Ichs erscheint.« (Reckwitz 2006: 536)

Damit steht die ›expressive Beziehung‹ vor der beständigen Möglichkeit des Scheiterns bzw. davor, ihre Rechtfertigung zu verlieren. Das Problem der Dauer stellt sich dann nicht mehr als die Frage, wie eine lebenslange Bindung aufrecht zu erhalten sei, sondern inwiefern sich die Bindung angesichts einer Forderung nach Individualität durch beständige Entwicklung und Selbstverwirklichung rechtfertigen lässt. Anthony Giddens kennzeichnet für die Liebe in der Spätmoderne das bereits thematisierte Phänomen der *pure relation*, eine von allen äußeren Verbindlichkeiten und Verantwortlichkeiten entbundene Zweierbeziehung, die ihren Rückhalt in sich selbst hat und ihre eigene Grundlage immer wieder erneut herstellen bzw. sich derer immer wieder neu versichern muss (Giddens 1991: 88). Da diese Form der ›reinen Beziehung‹ sich an keine konkreten Aufgaben (Ehe, Familiengründung) mehr bindet, erfordert sie eine beständige Selbstbeobachtung und Selbstbefragung:

»The pure relationsship is reflexively organised, in an open fashion, and on a continuous basis. [...] The self-examination inherent in the pure relationship clearly connected very closely to the reflexive project of the self. How am I? is an interrogation directly bound to the rewards the relationship delivers as well as to the pain it can inflict. The ›why me?‹ response of the partner is also a question relating to connections between self-identity and the demands of the pure relationship.« (Giddens 1991: 91–92)

Während Giddens in derartigen Phänomenen einen Niedergang der romantischen Liebe sieht, lässt sich der Wandel der Liebesvorstellungen jedoch auch als Doppelbewegung kennzeichnen. So geht etwa auch Karl Lenz davon aus, dass die Liebesleitbilder der Gegenwart das Ergebnis zweier widersprüchlicher Tendenzen darstellen: Sowohl eines Prozesses der Romantisierung, als auch dem einer Entromantisierung. So hätten etwa erst das »Verschwinden der Geschlechtsspezifik«, die »Dominanz des Selbstverwirklichungsmotivs« und die »Aufwertung der Kommunikation in Zweierbeziehungen« zur vollen Entfaltung des romantischen Individualitätsmotivs beigetragen; während sich gleichermaßen auch Distanzierungen zu genuin romantischen Sinngehalten in gegenwärtigen Liebesvorstellungen verzeichnen lassen (Lenz 2005: 253). In ähnlicher Form situiert sich für Eva Illouz die Liebe in der Gegenwart innerhalb eines Spannungsverhältnisses zwischen Idealisierung und Ernüchterung:

»Niemals zuvor schien romantische Liebe so unwiderruflich gefangen in den kulturellen Vorschriften, und zugleich wurde das Individuum niemals zuvor so sehr dazu ermuntert, seine romantischen Leidenschaften kreativ und spontan zum Ausdruck zu bringen. In diesem Bewusstsein, das hin- und hergerissen ist zwischen der ernüchternden Erkenntnis, dass unser Leben nur noch ein verblasster Schatten mächtiger, maschinenproduzierter Träume ist, und der Utopie individueller schöpferischer Selbsterfüllung, situiert sich die romantische Liebe in der heutigen Kultur.« (Illouz 2007: 188–189)

Die realen Erfahrungen der Liebe stehen zwar immer schon in einer unaufhebbaren Differenz zu deren idealisierter Darstellung, allerdings wirken sie heute mehr denn je, wie Illouz hier festhält, auf die Wahrnehmung zurück: Die Liebe erscheint als Übertreibung, als Fiktion, als Selbsttäuschung – ihre Realisierung wird unmöglich. Die medialen Inszenierungen der Liebe versetzen uns in die Rolle des Publikums, das sozusagen nur mehr registrieren kann, dass alles schon einmal gesagt wurde. Auch die Wissenschaften tragen zu einer Ernüchterung in Liebesdingen bei: Sie wird zum Epiphänomen chemischer Prozesse oder Hirnvorgänge bzw. zum sublimierten Geschlechtstrieb erklärt. Die modernen Technologien der virtuellen Partnerwahl konterkarieren die Forderung von Spontaneität und Einzigartigkeit in der Liebe durch die Elemente der Rationalität, der Marktlogik und eines konsumorientierten Verhaltens:

»Diese Technologien der Austauschbarkeit machen uns zu radikalen Relativisten der Liebe, die zutiefst misstrauisch gegenüber ihrer Authentizität und Dauerhaftigkeit sind, denn Liebe kann schnell wieder vorbei sein.« (Illouz 2008: 216)

3.3 Identität(en) in Bezogenheit?

Geht man davon aus, dass kulturelle Muster und Leitbilder den diskursiven Horizont subjektiver Liebes- und Beziehungsentwürfe darstellen, dann folgt daraus, dass auch unsere eigenen Vorstellungen der Liebe sowie die Gestaltung unserer Beziehungen von kulturellen und sozialen Zuschreibungen abhängig sind. Doch obwohl der Diskurs die Praxis der Subjekte orientiert, können die Subjekte in der Auseinandersetzung mit den diskursiven Vorgaben sehr wohl auch ihre individuellen Sinnmuster gestalten. Dieses Ineinander von Praxis und Diskurs als eine wechselseitige Strukturierung trifft sich mit dem relationalen Charakter des Selbst und dessen Identität:

»[…] identity is relational, meaning that it is not to be found inside a person but that it inheres in the relations between a person and others. According to this […], the explanation of a person's identity must designate the difference between that person and others: it must refer not to the inner life of the person but to the system of differences through which individuality is constructed. In other words, personal identity is not really contained in the body at all; it is structured by, or constituted by, difference.« (Currie 1998: 17)

Ein relationales Konzept von Identität bringt die sozialen Aspekte der Identitätsbildung in den Blick. Nicht in der Abgeschiedenheit mit sich, sondern erst in der Auseinandersetzung mit Anderen stellt sich Identität her:

»Self-making is powerfully affected not only by your own interpretations of yourself, but by the interpretations others offer of your version. One anomaly, of course, is that while Self is regarded (at least in Western ideology) as the most private aspect of our being, it turns out on close inspection to be highly negotiable, highly sensitive to bidding on the not so open market of one's own reference group. It becomes plain, as one observes this process of self-formation, that it is probably a mistake to conceive of Self as solo, as locked up inside one person's subjectivity, as hermetically sealed off. Rather, Self seems also to be intersubjective or ›distributed‹ in the same way that one's knowledge is distributed beyond one's head to include the friends and colleagues to whom one has access, the notes one has filed, the books one has on one's shelves.« (Bruner 2001: 34–35)

Wenn Identität ein Produkt der Interaktion und Relation ist, so stellen intime Beziehungen möglicherweise einen zentralen Ort der Konstruktion personaler Identität dar. Diese Überlegung bildete für die vorliegende Untersuchung autobiografischer Selbsterzählungen über Liebe den Ausgangspunkt. Gemäß der bisher skizzierten Aspekte ist Identität als eine zweifache Relation zu verstehen: In der Intimbeziehung ist es die Relation zwischen einem Ich und einem Du. In der (autobiografischen) Erzählung ist es die Relation zwischen individuellen Geschichten und kulturellen Erzählmustern, die eine soziale Verstrickung des Ich aufweist. Die Frage, inwiefern der Verlust sozialer Zugehörigkeiten zu erhöhten Ansprüchen an die Intimbeziehung führt, lässt sich dann möglicherweise im Rahmen der einzelnen Fallgeschichten näher beleuchten.

4. Rekonstruktion narrativer Identität(en)

4.1 Das Design der Interviewstudie

Die Einsicht in die identitätskonstitutive Bedeutung des Erzählens stellte den Ausgangspunkt für die Entscheidung dar, dem philosophischen Konzept der narrativen Identität anhand einer empirischen Untersuchung autobiografischer Erzählungen näher nachzugehen. Wenn sich, wie bereits dargelegt wurde, Geschichten als konstitutiv für das Selbst- und Weltverstehen erweisen, so gilt dies in gleicher Weise für die qualitativ-inhaltliche Dimension eines Sich-Identifizierens mit Geschichten, wie auch für die zeitlich-diachrone Dimension, der narrativen Konfiguration von Zeit und der Herstellung einer zeitübergreifenden Identität.

Diesbezüglich schien es nahe liegend, mündliche, lebensgeschichtliche Erzählungen als empirische Quellen zu nutzen bzw. diese in Form von Interviews selbst erst zu generieren. Die Entscheidung für das autobiografisch-narrative Interview als Quelle lässt sich in mehrfacher Hinsicht begründen: Erstens kann an die alltägliche Kompetenz des Erzählens angeschlossen werden, die zugleich als ein Vorgang der Her- und Darstellung von Identität gefasst werden darf. Zweitens kann das von Fritz Schütze[1] entwickelte Erhebungsinstrument des narrativen Interviews genutzt werden, das zum Grundbestand qualitativer Forschung zählt und sich mittlerweile einer zunehmenden Relevanz auch außerhalb des deutschen Sprachraums und innerhalb verschiedenster Disziplinen erfreut (vgl. Lucius-Hoene/Deppermann 2002, Glinka 2003, Küsters 2006).[2] Drittens verbindet sich damit ein Anspruch

---

[1] Die Bezugnahme auf Schütze erfolgt jedoch in eingeschränkter Weise, da hier nicht alle seine erzähltheoretischen Annahmen übernommen werden (siehe Kapitel 4.2).

[2] Brüsemeister hält fest, dass sich das narrative Interview in besonderer Weise für Fragestellungen eignet, die biografische Entscheidungen betreffen (Brüsemeister 2008: 100ff). Die Hintergrundfolie bildet dabei die soziologische *Individualisierungsthese* (vgl. Beck 1986). Der biografische Ansatz wird insofern relevant, da dieser individuelle Handlungsentschei-

der über qualitativ-empirische Forschung überhaupt eingelöst werden kann: Geht man davon aus, dass die Lebenspraxis möglicherweise ›reicher‹ und ›innovativer‹ ist als der aktuelle Stand der Theorie – so lassen sich aus einem empirischen Zugang Erweiterungen, Modifikationen oder Widerlegungen des Theoriebestandes erwarten. Dies erfordert jedoch eine offene Forschungshaltung, die nicht versucht Hypothesen am Material nur noch zu verifizieren. Weder geht es also um eine bloße empirische Überprüfung bestehenden Wissens, noch um quantitative Aussagen, sondern um das genaue Gegenteil: Ein (methodisch-geleitetes) Sich-Einlassen auf die empirische Vielfalt der Lebenspraxis von Subjekten. Aus der Arbeit mit autobiografischen Quellen ergeben sich dann aber zugleich Einschränkungen wie Möglichkeiten. Einschränkungen deshalb, weil die Tragweite der daraus zu ziehenden Folgerungen auf die Aussagekraft des Materials beschränkt bleibt. Möglichkeiten deshalb, weil ein empirischer Zugang Phänomene, Widersprüchlichkeiten und Vielfalt erschließen kann, die theoretisch vielleicht nicht augenfällig werden würden.

Die Entscheidung, das Thema Liebe als einen (möglichen) Ort der Konstruktion biografisch-narrativer Identität in den Blick zu nehmen, ging von folgenden Vorüberlegungen aus: Angesichts einer Brüchigkeit moderner Biografieverläufe, die sich auch darstellt als Wechsel von Beziehungen und Partnerschaften, von Umbrüchen und Neuanfängen, wird die Herstellung biografischer Identität wenn schon nicht zum Problem, so jedoch zur Herausforderung. Demnach stellt sich die Frage, inwiefern es den Erzähle-

---

dungen bzw. biografische Entscheidungen erklärbar macht. So kann biografische Forschung bestimmte Phänomene sichtbar und beschreibbar machen, die sich erst ausdrücklich in einer spezifischen gesellschaftlichen Ausgangslage stellen wie etwa das Problem der Sukzession, d.h. der bedingten Planbarkeit oder Kollision von Lebensverläufen (z.B. Berufskarrieren, Familiengründungen, Ehen). Ob ich als Frau etwa eine berufliche Laufbahn an erste Stelle setze oder doch davor einem möglichen Kinderwunsch folge – all dies sind Entscheidungsprobleme, die nicht (mehr) unter Rückgriff auf ein fertiges Abfolgemuster einer Normalbiografie gelöst werden können, sondern die individuelle Entscheidungen nötig werden lassen, die biografisch verankert werden müssen und somit zu einer häufigeren Revision und Umbildung biografischer Entwürfe nötigen. Von Seiten einer sozialwissenschaftlich orientierten Biografieforschung wird diesbezüglich auch oftmals argumentiert, dass dem Erzählen bzw. der (auto-)biografischen Beschäftigung gegenwärtig eine eminente Bedeutung im Hinblick auf die Sicherung von Identität zukommt. Mit der zunehmenden Individualisierung bzw. der gesellschaftlichen Differenzierung, werden die Einzelnen dazu genötigt, die daraus resultierenden Divergenzen von Lebens- und Gesellschaftsbereichen für sich biografisch zu lösen: »Biografie und Lebensgeschichte ist ein Kitt, die auseinanderdriftenden Teilwelten moderner Gesellschaften im Individuum zu verbinden« (Fuchs-Henritz 2000: 78).

rInnen gelingt, biografische Kontinuität und Kohärenz herzustellen oder ob sie darauf möglicherweise sogar verzichten. Sofern diese Frage die Gesamtstruktur einer biografischen Erzählung in den Blick nimmt, werden auf mehreren anderen Ebenen thematische Unterfragen behandelt: Hier kommt in den Blick, welche unterschiedlichen Liebesmodelle in den Selbsterzählungen verhandelt werden und in welcher Verbindung diese zu unterschiedlichen Mustern der Konstruktion von Identität stehen. Dabei geht es um verschiedene Deutungsmuster der Liebe und ein mögliches Spannungsverhältnis zwischen diesen. Gleichermaßen ermöglichen die Selbsterzählungen auch einen Einblick in unterschiedliche narrative Strategien der Herstellung von Identität: Dies betrifft sowohl die Dimension der Selbstzuschreibung von Identität, die diachrone Dimension der biografischen Identität, wie auch die Liebe als Deutungsmuster. Wenn Partnerschaften und Beziehungen schon die Forderung der Konstruktion einer gemeinsamen Wir-Identität als Paar mit sich bringen, so macht wohl auch jede Trennung ihrerseits unterschiedlichste ›Reparaturstrategien‹ erforderlich, die es erlauben, jenseits der Paargeschichte wieder eine singuläre Ich-Erzählung etablieren zu können. Aufgrund dieser Aspekte lag die Vermutung nahe, dass das Diskursfeld *Liebe* sich als prominenter Schauplatz von Identitätskonflikten, Identitätsbildungen und Verwerfungen, kurz von Identitätsfragen erweisen könnte.

Da die Forschungsfrage keinerlei Festlegung auf eine spezifische Personengruppe verlangte, wurde entgegen der Auswahl einer homogenen Erfahrungs- oder Personengruppe (wie z.B. Verheiratete, Singles, Geschiedene, Ledige, etc.), explorativ vorgegangen und auf einen maximalen Kontrast der Fälle als Vergleichsgrundlage geachtet. Diesbezüglich galt als ein zentrales Kriterium eine breite Streuung bzw. Variation sozio-kultureller Faktoren wie Alter, Geschlecht, Herkunft, Familienstand, Bildung oder Lebenssituation. Die Kontaktaufnahme mit potentiellen Gesprächspartnern erfolgte zuerst über Inserate in unterschiedlichen österreichischen Online-Jobbörsen. Dort wurde das Thema der wissenschaftlichen Studie kurz vorgestellt und um elektronische oder telefonische Bewerbungen gebeten. Die Aufforderung im Inserat, einige persönliche Eckdaten in der Bewerbung mitzuschicken erleichterte schon die Vorauswahl der Gesprächspartner. Die Online-Ausschreibung wurde insgesamt zweimal durchgeführt – zuerst relativ offen, dann mit engeren Kriterien hinsichtlich der sozio-kulturellen Faktoren. Zusätzlich wurde auch noch mit öffentlichen Aushängen bzw. nach dem Schneeballsystem gearbeitet. In der ersten Ausschreibungs- und Kontaktphase meldeten sich 25 Personen, von denen aufgrund der biografischen

Daten in der Bewerbung 12 zu längeren Erstgesprächen gebeten wurden. Vertiefende Interviews bzw. neuerliche Gesprächstermine folgten. Parallel zur Durchführung der Interviews wurde mit der Erstellung von Transkripten und deren Auswertung begonnen. Überblicksartige und skizzenhafte Gesprächsinventare ermöglichten eine relativ schnelle und organisierte Sondierung. Die daraus gewonnenen Analyseergebnisse bildeten jeweils die Ausgangsbasis für weitere Entscheidungen im Forschungsprozess. So wurden etwa im Hinblick auf die Einhaltung des Prinzips des maximalen Kontrasts weitere InterviewpartnerInnen gesucht. Dieses rekursive, methodische Vorgehen hat den Vorteil, dass Datenerhebung und Theoriebildung sich wechselseitig stützen und vorantreiben können.³

Die Gespräche fanden überwiegend an neutralen, öffentlichen Orten (Lokale, Kaffeehäuser) oder auf Einladung, in den jeweiligen Wohnungen der InterviewpartnerInnen statt. Die Wahl von Ort und Zeit wurde den einzelnen Personen überlassen. Dies sollte ihnen die Möglichkeit bieten, eigene Präferenzen zur Geltung zu bringen und ein angenehmes Setting zu schaffen. Sofern die Interviews in den Wohnungen der GesprächspartnerInnen stattfanden, wurde dies genutzt, um ›kontextuelle Daten‹ zu erheben. War dies der Fall, so zogen die einzelnen InterviewpartnerInnen oft selbst Zusatzmaterialien (z.B. Fotos, Briefe, Erinnerungsstücke) heran, um ihre Erzählungen zu untermalen. All diese visuellen Beobachtungen, ›Zusatzinformationen‹ und Eindrücke wurden in Form von skizzenhaften ›Feldprotokollen‹ festgehalten und im Zuge der Textanalyse ergänzend herangezogen. Allerdings bilden sie für den untersuchten Gegenstand und die durchgeführte Studie eine, wenn nicht unbedeutende, so doch eine untergeordnete Rolle.

Die Interviewatmosphäre erwies sich – unabhängig vom jeweiligen Ort – als überwiegend angenehm und gesprächsfördernd. Seitens der InterviewpartnerInnen bestand eine hohe Gesprächsbereitschaft. Dies stand vermutlich im Zusammenhang mit mehreren relevanten Faktoren: Einerseits hatten sich die einzelnen Personen auf Eigeninitiative für das Interview bereit erklärt und waren schon ausreichend mit der Frage- bzw. Aufgabenstellung vertraut. Andererseits lässt sich vermuten, dass das Thema Liebe und Beziehungen unabhängig von den jeweiligen Erfahrungen eine erhöhte persönliche Relevanz besitzt und darüber hinaus einen beliebten (und damit geüb-

---

3 Barney Glaser und Anselm Strauss haben dieses Vorgehen als *grounded theory* grundgelegt (vgl. Glaser/Strauss 1979).

ten) Kommunikationsgegenstand bildet. So gab auch eine Vielzahl der Personen als Motivation zur Teilnahme ein grundlegendes ›Interesse‹ an dieser Thematik an, wie auch den Wunsch die eigenen Erfahrungen und Widerfahrnisse besser verstehen zu können. Für viele InterviewpartnerInnen stand dahinter auch die Frage nach der ›Normalität‹ der eigenen Erfahrungen und deren intersubjektiver Überprüfbarkeit.[4] Eher selten fragten sie dabei jedoch nach den persönlichen Erfahrungen der Interviewerin, sondern umso öfter nach Ergebnissen aus anderen Interviews und vor allem nach ›gegengeschlechtlichen‹ Erzählungen.

Anhand von Vorüberlegungen zu Planung und Durchführung der Interviews wurde relativ schnell deutlich, dass eine entsprechende thematische Erzählaufforderung notwendig ist, um Stegreiferzählungen in einer lebensgeschichtlichen Dimensionierung zu evozieren. Klar war dabei, dass ›Identität‹ nicht als solche fungieren kann. Sofern Identität – wie die theoretischen Skizzen zur Identitätsthematik gezeigt haben – als praktisches und performatives Phänomen zu verstehen ist, das als Produkt der Erzählung erst in Erscheinung tritt und somit einen ›impliziten‹ Status hat, war ein eigener thematischer Erzählanlass notwendig, um Stegreiferzählungen zu motivieren. Zwar ist es immer möglich, nach der individuellen Lebensgeschichte zu fragen und so eine Erzählung zu motivieren, allerdings habe ich mich dafür entschieden, ein spezifischeres Thema zu wählen, das in einer lebensgeschichtlichen Perspektive anvisiert werden kann. Die Erzählaufforderung gegenüber den InterviewpartnerInnen lautete dann, von Erfahrungen mit Männern und Frauen, Partnerschaften und Beziehungen im Verlauf ihres Lebens zu erzählen. Dabei wurde vermieden, ›Liebe‹ als Deutungsmuster für Formen der Bezogenheit in der Eingangsfrage anzusprechen, da durchaus von Interesse war, ob die InterviewpartnerInnen dieses überhaupt verwenden würden.

Entsprechend einer explorativen und offenen Forschungshaltung, wurden die Forschungsfragen zu Beginn möglichst wenig einschränkend formuliert:

---

4 Zu bedenken bleibt, dass in den meisten Fällen für die InterviewpartnerInnen das Gegenteil ausschlaggebend war, sich für ein Interview zu melden. Sie betonten meist schon zu Beginn, über ganz spezifische, individuelle, außergewöhnliche oder irritierende Erfahrungen zu verfügen und fragten dann nach vergleichbaren Erzählungen im Sinne eines Normalitätsabgleichs.

- Wie gehen die Erzähler überhaupt mit der Erzählaufforderung um?
- Wie strukturieren sie ihre Erzählung und welche thematischen Schwerpunktsetzungen lassen sich identifizieren?
- Welche übergreifenden Erzählmuster leisten den Zusammenhang der autobiografischen Gesamterzählung?
- Wird Liebe als Deutungsschema aufgegriffen?
- Welche Spannungsfelder werden verhandelt?

Diese Fragen ermöglichten eine erste Sondierung des Materials und die Erstellung eines ersten Analyse- und Vergleichsrasters. In weiterer Folge wurde stärker auf die narrative Darstellung bzw. die Rolle des *Emplotment* (der Gesamterzählung) fokussiert. Die persönliche Lebensgeschichte zu erzählen bedeutet, einen roten Faden zu konstruieren, der auch einen thematischen Rahmen liefert. Das *Emplotment* stellt Sinn und Bedeutung her, denn erst durch einen spezifischen Plot werden einzelne Ereignisse organisiert und in ein thematisch-zeitliches Verhältnis zueinander gestellt. Der Plot findet sich meist schon in der so genannten Eingangserzählung und strukturiert die Gesamterzählung. Er leistet die Herstellung von Kohärenz. Allerdings ist nicht davon auszugehen, dass jede Erzählung einen deutlich identifizierbaren Plot aufweist. Ebenso können ErzählerInnen auf die Herstellung biografischer Kohärenz bewusst verzichten oder (leidvoll) daran scheitern, Kohärenz herzustellen.[5]

4.2 Das narrative Interview

Das narrative Interview gehört mittlerweile zum Standardinstrument qualitativer Forschung. Entwickelt wurde es von Fritz Schütze, der daraus zugleich ein narrationsstrukturelles[6] Analyseverfahren ableitet. Wie jedes andere Erhebungsinstrument schafft auch das narrative Interview eine spezifische, nicht-alltägliche Gesprächssituation, jedoch schließt es, im Gegensatz zu

---

5 Im Hinblick auf die unterschiedlichen Debatten zur Frage nach der kohärenzstiftenden Funktion des Erzählens ist jedoch zu bemerken, dass unter dem Begriff weder ein singulärer, identischer Lebenssinn als Zwangskorsett zu verstehen ist. Kohärenz ist zu einem gewissen Grad auch eine Notwendigkeit für Handlungsfähigkeit.

6 Auch die Bezeichnung ›Narrationsanalyse‹ wird in der Methodenliteratur verwendet, obwohl ›narrationsstruktureller Ansatz‹ treffender ist.

anderen Methoden, an die alltägliche Kompetenz des Erzählens an. Hier wie dort sind und bleiben die GesprächspartnerInnen Erzähler und Erzählerinnen. Anders jedoch als in alltäglichen Kommunikationssituationen stellt das narrative Interview eine spezifische Anforderung: Es zielt auf die Gestaltung einer lebensgeschichtlichen Stegreiferzählung. Aus den bereits erörterten allgemeinen Aspekten von Erzählungen (Kapitel 2) ergeben sich für die Durchführung und Analyse narrativer Interviews unterschiedliche Konsequenzen, die zu berücksichtigen sind und gleichsam eine Heuristik zur Auswertung bereitstellen.

Bei der Durchführung narrativer Interviews lassen sich einzelne Phasen unterscheiden (vgl. Sieder 1998: 150). Am Beginn steht die Erzählaufforderung[7], der die ErzählerInnen meistens problemlos[8] nachkommen und beginnen, die sogenannte Eingangserzählung zu präsentieren. Diese enthält in komprimierter Form schon die grundlegenden Themen einer Erzählung und bringt diese zu einem vorläufigen Endpunkt. Das Zustandekommen der Eingangserzählung beruht auf den sogenannten »Zugzwängen des Erzählens« (Schütze 1987) – vorwiegend jenen der Gestaltschließung und der Kondensierung.[9] Die Eingangserzählung bildet den ersten Anknüpfungspunkt um durch ›immanentes Nachfragen‹ detailliertere Erzählungen zu den in Kurzform präsentierten Thematiken zu evozieren. Die Phase des ›immanenten Nachfragens‹ bietet die Möglichkeit, die von den ErzählerInnen in

---

7 Diese muss bei der Durchführung von Interviews erst getestet, und gegebenenfalls modifiziert werden. Auch im Falle der vorliegenden Untersuchung war dies notwendig: In den ersten Gesprächen wurden die InterviewpartnerInnen gebeten, von ihren lebensgeschichtlichen Erfahrungen mit Partnerschaften und Beziehungen zu erzählen. Es zeigte sich jedoch schnell, dass diese Formulierung zu einschränkend war und bei den betreffenden Personen Überlegungen auslöste, welche Beziehungsformen als Partnerschaften zu definieren, und welche intimen Erfahrungen durch diese Festlegung auszugrenzen seien. Daraufhin wurde die Eingangsfrage umformuliert und in einer offeneren Form nach Erfahrungen mit Männern und Frauen, sowie intimen Beziehungen im Lebensverlauf, gefragt. Dies erwies sich als praktikabler und konnte von den GesprächspartnerInnen problemlos gelöst werden. Vermieden wurde der Begriff ›Liebe‹ als Deutungsmuster sozialer Beziehungen, da weiters von Interesse war, ob die einzelnen ErzählerInnen in ihren Erzählungen auf dieses überhaupt zurückgreifen würden.

8 Dass nicht jedes Interview gelingen muss, jedoch aus dem Misslingen sehr wohl Erkenntnisse zu ziehen sind, zeigt auch Yvonne Küsters (Küsters 2006: 66–69).

9 Schütze ist auf die »Zugzwänge des Erzählens« angeblich anhand von Interviews mit Kriegsveteranen aufmerksam geworden. Die Betonung des Zwangscharakters der Erzähldynamik rührt eventuell daher, dass Schütze es dabei vorwiegend mit Geschichten zu tun hatte, in denen es ausdrücklich um Leidensprozesse ging und dass die Erzähler darunter litten, ihre Geschichte nicht anders erzählen zu können (vgl. Schütze 1982).

der Eingangserzählung angedeuteten Erzählpotentiale zu reaktivieren. Erst nachdem diese Phase erschöpfend durchgeführt worden ist (was sich meist daran zeigt, dass die GesprächspartnerInnen keine neuen Erzählungen mehr liefern können oder wollen), kann ein ›exmanenter Nachfrageteil‹ angeschlossen werden. Hier können Themen angesprochen werden, die von den ErzählerInnen nur ansatzweise oder gar nicht aufgeworfen wurden. Am Ende des Interviews lässt sich ein sogenanntes *Reasoning* durchführen, bei dem die InterviewpartnerInnen Gelegenheit erhalten, über ihre Erfahrungen und Empfindungen bezüglich der Interviewsituation zu sprechen. Die Phase des *Reasoning* bietet den ErzählerInnen die Gelegenheit, eine Art Metaerzählung über ihre präsentierte Geschichte herzustellen, mittels derer der Erzählprozess als Ganzer nochmals überblickt werden kann (Fischer-Rosenthal/ Rosenthal 1997).

Im narrativen Interview sind die GesprächspartnerInnen, im Unterschied zu rein argumentativen oder evaluativen Erhebungsmethoden, nicht primär nur Datenlieferanten bezüglich einer interessierenden Thematik, sondern handelnde Personen, die selbst entscheiden, was und wie sie erzählen. Insofern kommen sie auch als AkteurInnen in den Blick.[10] Diese ›Entscheidungen‹ der ErzählerInnen lassen sich auch als Positionierungsleistungen verstehen, die zugleich Identitätszuweisungen darstellen:

»Positionierung kann als eine der grundlegenden Formen beschrieben werden, Identitäten in sozialen Interaktionen zu konstruieren und auszuhandeln. […] Indem ich zum Beispiel prahle oder mich demütig verhalte, bestimme ich auch die Position meiner Zuhörerin in Relation zu mir: als jemanden, der mich bewundern soll, der ich Ehrfurcht zolle, um deren Anerkennung ich werbe etc. Ebenso bestimme ich mit der Art und Weise, wie ich Andere charakterisiere oder behandle, meine eigene Position.« (Lucius-Hoehne/Deppermann 2002: 196)

Erst durch die Offenheit der Sprechsituation werden den SprecherInnen unterschiedliche Erzählhandlungen ermöglicht, die sich als Positionierungen und Identitätszuweisungen verstehen lassen. Auf diese Aspekte kann im Rahmen der Textanalyse zurückgegriffen werden:

»Analytisch können wir durch die verschiedenen Facetten und Ebenen der Positionierungsleistungen und durch die Beachtung der Frage, wie implizit oder explizit sie jeweils stattfinden, eine auf den ersten Blick homogen erscheinende Identitätskonst-

---

10 Dies wird vor allem durch eine extreme Zurückhaltung der InterviewerIn erreicht, die nur zu Beginn einen Erzählstimulus in Form einer Erzählaufforderung gibt, und sich dann als aufmerksame, teilnehmende ZuhörerIn verhält (Sieder 1998: 151).

ruktion eines Erzählers in flexible und heterogene ›Identitäten in Aktion‹ entfalten. Wir können daran nachzeichnen, wie mit diesen unterschiedlichen Identitätsfacetten im Erzählen lokale Begründungsnotwendigkeiten, interaktive Interessen, Konflikte oder Bewältigungsaufgaben bearbeitet werden. Damit kommt ein solches Analyseergebnis unserer ständig im Fluss befindlichen alltäglichen Identitätsarbeit sehr viel näher als vereinfachende Zuschreibungen summarischer Identitätsattribute.« (Lucius-Hoehne/Deppermann 2002: 212)

Positionierung wäre somit ein Beispiel für die handlungstheoretischen Implikationen des narrativen Interviews, auf die zugleich analytisch zugegriffen werden kann. In dieser Hinsicht liefert die ursprüngliche Konzeption des narrativen Interviews bei Fritz Schütze einige erzähltheoretische Implikationen, die für die Analyse anschlussfähig sind.[11] Bei einer Stegreiferzählung, wie sie das narrative Interview darstellt, handelt es sich zwar um eine relativ außergewöhnliche und nicht eingeübte Kommunikationssituation, dennoch produziert der Modus des Erzählens eine Dynamik, von der auch die InterviewpartnerInnen erfasst werden. Im Verlauf eines narrativen Interviews haben sie zu entscheiden, was und wie sie erzählen sollen, um Nachvollziehbarkeit und Verständnis beim Zuhörer sicherzustellen. Dabei entsteht eine Art Erzähldynamik: Das bedeutet beispielsweise, dass bestimmte thematische Weichen, sind sie einmal gestellt, nur mehr unter großem Erzählaufwand (oder theoretischer Anstrengung) rückgängig gemacht werden können. Außerdem kann eine biografische Entwicklung (z.B. der Weg zum Erfolg) nicht einfach behauptet werden, sondern diese muss auch an Situationsschilderungen belegt werden, um Plausibilität zu erzeugen. Beim Erzählen werden somit narrative Mechanismen in Kraft gesetzt:

»Jede Durchführung des Erzählkerns bedeutet, dass (a) soziale Einheiten, insbesondere Handlungsträger, eingeführt werden müssen, dass (b) eine Zustandsänderung dieser sozialen Einheiten beziehungsweise Handlungsträger auf der Grundlage einer Abfolge von Ereignissen dargestellt wird, dass (c) – zumindest in volldurchgeführten Erzählungen – situative Höhepunkte herausgearbeitet und die ›Zwischenräume‹ zwischen diesen situativen Höhepunkten gerafft werden und dass (d) Erzählperspektive, Thema und Moral der Geschichte nicht nur angekündigt, sondern ausgearbeitet werden, was in der Feststellung des Schicksals des/der Handlungsträger(s) kulminiert.« (Kallmeyer/Schütze 1976: 19)

---

11 Auf die erzähltheoretischen Implikationen des narrativen Interviews weist etwa auch Birgit Griese hin. Für sie ergibt sich daraus eine methodische und analytische Berechtigung, auf ein zeitaufwändiges sequenzanalytisches Vorgehen zu verzichten, und Anfangs- sowie Schlussteil einer lebensgeschichtlichen Erzählung in den Blick zu nehmen (Griese 2008).

An dieser Darstellung lassen sich die drei Zugzwänge ablesen: Erstens Detaillierung (a+b): sie sichert die Nachvollziehbarkeit für den Zuhörer; zweitens Gestaltschließung (c): eine begonnene Geschichte wird auch zu Ende gebracht; drittens Kondensierung (d): es geht um das Wesentliche der Geschichte. Die ErzählerInnen können sich diesen Prozeduren gar nicht entziehen, wenn sie sich auf den Akt des Erzählens einlassen. So ist es nur schwer möglich, in einer spontanen und unvorbereiteten Stegreiferzählung eine eigene Handlungsbeteiligung vollständig zu verbergen oder einzelne Glieder einer Ereigniskette wegzulassen ohne dadurch Inkonsistenz oder Unverständlichkeit zu produzieren (vgl. Küsters 2006: 27). Dies ist vor allem bei der Analyse narrativer Interviews zu beachten, weil sich derartige Versuche sprachlich bzw. nonverbal niederschlagen (z.B. als Sprechpausen, Zögern, thematische Brüche oder Textsortenwechsel, Schweigen oder Lücken). Zumindest müssen diese als symptomatisch gelesen werden und bedürfen einer eingehenden Interpretation. Die Zugzwänge werden in stärkerer Weise im Modus des Erzählens wirksam, obwohl sie auch die Textsorten Argumentation und Bericht strukturieren. Diese Charakteristika des Erzählens lassen sich als elementare Ordnungsprinzipien verstehen, weshalb sie von Schütze als »kognitive Figuren des autobiographischen Stegreiferzählens« bezeichnet werden (Schütze 1984). Da sie als heuristisches Werkzeug in der Analyse von Interviewtexten dienen können, soll hier noch kurz genauer auf sie eingegangen werden. Vier Ordnungsschemata lassen sich unterscheiden: Erstens braucht jede Geschichte einen oder mehrere Ereignisträger, die vorgestellt und eingeführt werden. Es handelt sich dabei um ›relevante Akteure‹ (darunter fallen der sogenannte ›Biographieträger‹, andere Personen, aber auch Gegenstände können zu ›Ereignisträgern‹ werden). Mit der Präsentation von Akteuren werden zugleich soziale Positionen markiert und Relationen hergestellt bzw. thematisiert. Das zweite wirksame Ordnungsschema ist die Verkettung von Ereignissen und Erfahrungen. Schütze hat zu diesem Punkt eine Studie vorgelegt, in der er wiederum vier spezifische Weisen der Verkettung aufzeigt, die er »Prozessstrukturen« nennt und näher als »Modi lebensgeschichtlicher Erfahrungsaufschichtung« bestimmt (Schütze 1981):

»Es gibt etwas zu verarbeiten, das sich handlungstheoretisch als konstituierte Entscheidung begreifen lässt. Spätere Versionen von Argumentationen und Bewertungen sind Zuwendungen über ein und dieselbe, einmal konstituierte Entscheidung. Damit scheint die Lebensgeschichte in einer Zangenbewegung zu stehen. Sie wird aus dem Heute heraus interpretiert, und sie besitzt aus der Vergangenheit heraus eine Bedeutung, die darauf drängt, reflektiert zu werden. Auf eine solche gleichsam eigendynamische Komponente des biografischen Verlaufs, die darauf drängt, in irgendeiner Form biografisch erfasst zu werden, ist Schütze besonders durch biografische Verlaufskurven aufmerksam geworden.« (Brüsemeister 2008: 115)

Bei den Prozessstrukturen unterscheidet Schütze folgende: Biographisches Handlungsschema, Institutionelle Ablaufmuster, Wandlungsprozesse und Verlaufskurven. Biographische Handlungsschemata beziehen sich auf die Handlungsträgerschaft, das heißt ob sich die ErzählerInnen als aktiv Handelnde darstellen. Ein institutionelles Ablaufmuster ist dann vorhanden, wenn jemand bestimmte Lebensphasen als einen gesellschaftlich erwartbaren Lebensablauf darstellt. Verlaufskurven sind Darstellungsweisen von Prozessen, in denen sich die Person handlungsohnmächtig zeigt, und mit gegebenen Bedingungen nur schwer oder gar nicht umgehen kann.[12] Wandlungsprozesse sind dargestellte (Lebens)Phasen, in denen sich die ErzählerInnen von Veränderungen und neuen Handlungsmöglichkeiten überrascht zeigen. Die von Schütze beschriebenen Prozessstrukturen können eine Erzählung sequenzieren, insofern als Prozessbeginn und Prozessende eine Unterteilung bereitstellen. Höhe- und Wendepunkte in Geschichten, die zudem besonders szenisch ausgestaltet werden können, bilden ein weiteres Schema. Darüber hinaus werden Situationen, Lebensmilieus und soziale Welten als Bedingungs- und Orientierungsrahmen für soziale Prozesse in Erzählungen mitgeliefert. Und schließlich ist als letztes die Gesamtgestalt der Lebensgeschichte als Ordnungsschema zu erwähnen. Die Idee von der Gestalthaftigkeit organisiert sozusagen jede Erzählung notwendig und gewährleistet, dass ein übergeordnetes Thema anvisiert wird. Dieses kann im Erzählprozess auch in den Hintergrund rücken, allerdings bleibt es für die Gesamterzählung zentral und strukturierend. Die Gestalt der Lebensgeschichte kann von den ErzählerInnen eigens thematisiert werden (in Form von Theoretisierungen), sie kann aber auch implizit bleiben.

Die Annahme, dass die Art und Weise, wie erzählt wird, einer tatsächlichen Ereignisabfolge korrespondiert, hat Schütze den Vorwurf der Homologie von Erzählen und Erleben eingebracht, und zu einer breiten Diskussion innerhalb der Biografieforschung geführt.[13] So nehmen Kallmeyer/Schütze

---

12 Typische Verlaufskurvenmuster finden sich beispielsweise in Erzählungen die von Drogen- und Alkoholsucht handeln und in denen der Protagonist seine Handlungsfähigkeit beinah vollständig einbüßt.

13 Es ist durchaus strittig, ob Schütze tatsächlich der Vorwurf einer Homologie von Erzähltem und Erlebtem gemacht werden kann. Gabriele Rosenthal ist etwa der Meinung, dass dieser Vorwurf nicht haltbar ist: »Schützes Analysen zeigen die Korrespondenz der Erzähl-

etwa an, »dass das Erzählen eigenerlebter Geschichten, sofern diese nur wirklich erzählt werden, den roten Faden der zeitlichen und kausalen Verkettung stattgefundener Ereignisse in ihrer jeweiligen Beziehung zum Geschichten- und Handlungsträger in der Darstellung einhalten muss, und insofern die existentiellen Bedingungen und Orientierungen des aktuellen Handlungssystems in wichtigen Teildimensionen (abgesehen von der Schicht aktueller Situationsdefinitionen) reproduziert« (Kallmeyer/Schütze 1976: 39). Stegreiferzählungen weisen dementsprechend eine eigene Sequenzierung im Sinne einer bestimmten Abfolge von Textsorten, thematischen Feldern usw., auf. Diese Darstellungsabfolge sei laut Schütze zwar nicht unbedingt identisch mit der Sequenzabfolge erlebter Ereignisse, aber sie verweise auf diese:

»Ich für meinen Teil möchte erklären, dass mich die biographischen Deutungsmuster und Interpretationen des Biographieträgers nur im Zusammenhang seiner rekonstruierten Lebensgeschichte interessieren und nicht jenseits dieser. Zwar ist es richtig, dass eben diese Lebensgeschichte von den Deutungsmustern und Interpretationen des Biographieträgers entscheidend geprägt ist – aber eben diesen Zusammenhang gilt es aufzudecken. Und hierzu ist die grundsätzliche heuristische Ausgangsfrage von Nutzen: ›Was hat sich in soziologisch interessierenden Lebensgeschichten faktisch ereignet?‹ Die Fragestellung ›Wie deutet der Biographieträger seine Lebensgeschichte?‹ ist meines Erachtens erst dann zufrieden stellend zu klären, wenn der Forscher die interpretierenden theoretischen Anstrengungen des Biographieträgers in den Zusammenhang faktischer Prozessabläufe seines Lebens einbetten kann. Erst dann können auch Feststellungen getroffen werden wie: ›Der Biographieträger folgt einer illusionären Lebensorientierung.‹; ›Er täuscht sich über sich selbst.‹; ›Er hat sich eine wirkungsvolle Rechtfertigungsgeschichte zurechtgelegt.‹; ›Er hat ein falsches Bewusstsein hinsichtlich seiner faktischen Lebenslage.‹; usw.« (Schütze 1983: 284)

Auch Brüsemeister schlägt hinsichtlich der Frage nach dem Verhältnis von erlebter und erzählter Lebensgeschichte einen differenzierten Standpunkt vor. Er geht davon aus, dass

»die Erzählebene von einer lebensgeschichtlichen Situationsabfolge lebt, die zwar in ihrer Darstellungslogik, nicht aber in ihrer Handlungslogik verändert werden kann. In der Handlungsrichtung gab es nur eine ganz bestimmte Abfolge von Handlungsintentionen, die in Entscheidungen einflossen, Situationen, in denen diese Intentio-

---

strukturen mit den Erlebensstrukturen, der Strukturen der Erfahrungsaufschichtung mit denen des Erzähllaufbaus, was keineswegs eine Homologie von Erzähltem und Erlebtem impliziert.« (Rosenthal 1995: 17) Sie selbst spricht sich gegen die dualistische Konzeption von erlebter und erzählter Lebensgeschichte aus und schlägt demgegenüber ein integrierendes, gestalttheoretisches Konzept vor.

nen verwirklicht wurden sowie Konsequenzen dieser Umsetzungsversuche.« (Brüsemeister 2008: 146)

Kritische Stimmen würden, so Brüsemeister, übersehen, dass in der Analyse eines Interviews gerade die Relation zwischen den dargestellten Handlungen und der Darstellung als solcher interessiert (aufgrund derer sich auch erst ein Wechsel der Deutungen im Laufe der Zeit herstellt). Auch wenn die Einschätzungen von Schützes Position zu dieser Frage auseinandergehen, so scheint für ihn zumindest klar zu sein, dass zwischen einer vergangenen Handlungsverstrickung des Biographieträgers, seiner retrospektiven Gestaltung derselben und seiner bewertenden Stellungnahme bzw. Deutung wohl zu unterscheiden ist. Immerhin schlagen sich diese unterschiedlichen Ebenen auch sichtbar in Form von unterschiedlichen Textsorten nieder: Während Selbsterlebtes eher in Form einer reanimierten Erzählung dargestellt wird, werden (Selbst)Deutungen in Form von Berichten oder Argumentationen präsentiert. Und es liegt auf der Hand, dass sich Deutungen ein- und desselben Ereignisses im Laufe der Zeit verändern können:

»Bedeutungen eines lebensgeschichtlichen Ereignisses verändern sich also im biografischen Verlauf, zum Teil gravierend, und genau dies wird im Interview explizit dargestellt. Die Pointe von Schützes Argumentation besteht darin, dass gerade die spätere interpretative Verarbeitung des Geschehens faktische Erfahrungsstrukturen des Erzählers in der damaligen Situation zusätzlich konturiert.« (Brüsemeister 2008: 114)

Die heuristische Differenz zwischen den Eigentheorien der ErzählerInnen (Deutungsmuster) und der erzählten Geschichte (Handlungsmuster) führt bei Schütze in der Textanalyse zu einer primären Einklammerung und Eliminierung aller nicht-narrativen Passagen. Diese werden erst in einem weiteren Analyseschritt zur Überprüfung der Erstinterpretation kontrastiv herangezogen:

»Im biografischen Verlauf ist der Gesprächspartner zudem gleichsam zum Theoretiker seiner selbst geworden, indem er Deutungsmuster entwirft, die sich auf Handlungsmuster beziehen. Und er tut dies in einer doppelten Zeitlogik. Zum einen berichtet er, was er zu den verschiedenen Handlungszeitpunkten jeweils dachte; dem Zuhörer werden verschiedene Handlungsentscheidungen mit dazugehörigen Deutungsmustern geschildert. [...] Zum anderen werden im Interview gleichsam Endpunkte der Erzählung sichtbar; berührt ist der Erzähler in seiner heutigen Verfassung. Es geht darum, was die Ereignisse aus ihm gemacht haben und wie sie sich in seinen aktuellen Selbstdeutungen zeigen.« (Brüsemeister 2008: 106)

Die Unterscheidung zwischen einer Logik der Darstellung und einer Logik der Handlung erweist sich für die Auswertung narrativer Interviews als besonders geeignet und bildet ein wichtiges Moment des Analyseprozesses, wie im Folgenden gezeigt werden soll.

4.3 Materialanalyse und Auswertung

»Es gibt also nicht die Analyse eines Gesprächs, sondern immer nur eine Analyse unter einer Fragestellung und in Hinblick auf bestimmte Interessen. Die Fragestellung bestimmt schließlich auch mit, was bei der Datenaufbereitung notiert wird und welche Phänomene man im Transkript wiedergibt. Begreift man die Formulierung einer Fragestellung, die den Zugang zu wesentlichen, gar neu zu erkennenden Gegenstandsstrukturen eröffnet, als ein wichtiges Forschungsresultat, dann verliert das skizzierte Spannungsverhältnis zwischen Authentizität und Strukturierung etwas von seiner scheinbaren Auswegslosigkeit. In der Tat ist die Gesprächsanalyse durch ein spiralförmiges Verhältnis von Gegenstandskonstitution und Gegenstandsanalyse gekennzeichnet: Im Verlauf des Forschungsprozesses verändern sich die Fragen und Vorannahmen, mit denen man dem Untersuchungsmaterial begegnet (= Gegenstandskonstitution), durch dessen Analyse – veränderte Fragen zu stellen zeugt von einem Erkenntnisgewinn. Die Entwicklung der Forschungsfrage geht mit der Produktion von Ergebnissen Hand in Hand. Es empfiehlt sich daher, die ersten Forschungsfragen offen, vage und schlicht zu formulieren; d.h.: sie nicht auf voraussetzungsvollen Theorien aufzubauen, möglichst wenige Vorannahmen in sie einfließen zu lassen und vor allem sich der Vorannahmen, die zugrunde liegen, soweit als möglich bewusst zu sein und sie flüssig und kritisierbar zu halten. Die Spezifikation der Untersuchungsfragen schreitet dann als Resultat der Auseinandersetzung mit dem Untersuchungsmaterial voran.« (Deppermann 2001: 20)

Wirft man auch nur einen kurzen Blick in die umfangreiche Methodenliteratur, die sich mit der Erhebung und Auswertung qualitativer Daten – insbesondere narrativer Interviews – beschäftigt, mag man schnell den Überblick verlieren. Verstärkt wird diese Wahrnehmung zudem durch den Umstand, dass für ein- und dasselbe methodische Verfahren unterschiedliche Bezeichnungen kursieren. Zur Auswertung narrativer Interviews steht ein relativ großes Repertoire an Analysemethoden zur Verfügung. Dabei gilt der narrationsstrukturelle Ansatz von Fritz Schütze neben der *objektiven Hermeneutik*[14] nach Ulrich Oevermann und verschiedenen psychoanalytischen Ansätzen[15] als ein zentraler methodischer Ansatz innerhalb der Biografieforschung. Die einzelnen Ansätze unterscheiden sich hinsichtlich ihrer erkenntnistheoretischen Grundlagen, sind jedoch durchaus kombinierbar. Gemeinsam ist ihnen, dass sie sich für Biografien interessieren und im Hinblick auf eine allgemeine Fragestellung Fallrekonstruktionen durchführen. Somit sind all diese Verfahren einem interpretativen Paradigma zuzurechnen, in deren Zentrum »die Analyse der sozialen Wirklichkeit als einer von handelnden Subjekten sinnhaft konstruierten und intersubjektiv vermittelten Wirklichkeit« (Griese/Griesehop 2007: 25) steht. Diese Ansätze arbeiten mit dem narrativen Interview als Instrument, weil sie davon ausgehen, dass Narrativität ein fundamentales Ordnungsprinzip menschlichen Erlebens und Handelns bildet (Lucius-Hoene/Deppermann 1998: 109). Allerdings stehen hinter den jeweiligen Konzepten durchaus unterschiedliche Wirk-

---

14 Die *objektive* oder *strukturale Hermeneutik* begreift die lebensgeschichtliche Erzählung grundlegend als Text, der unterschiedliche Ebenen aufweist: Eine Textoberfläche wird von einer tiefenstrukturellen Bedeutungsebene unterschieden: »Der gesellschaftlich-kulturelle Hintergrund, der im Prinzip kulturell eingespielte Normalitätsvorstellungen generiert, wird in jeder menschlichen Handlung als latente – sprich: als nicht offenkundige – objektive soziale Sinnstruktur wirksam. Objektive Strukturen sozialer Differenzierung, wie beispielsweise institutionalisierte Verhaltensweisen (Rollenverhalten in Beziehungen, Familie oder Beruf), entwicklungstypische Verhaltensmuster (Kindheit, Jugend, Erwachsenenalter) oder milieuspezifisch geprägte Strukturmuster zeitigen Effekte, die dem Menschen nicht ohne weiteres zugänglich bzw. bewusst sind.« (Griese/Griesehop 2007: 32) Die *objektive Hermeneutik* setzt bei der grundlegenden Differenz von objektiven Möglichkeiten und wirklichen bzw. tatsächlichen Verläufen an. In der Analyse geht es dann darum, die Ebene der manifesten, realisierten Sinnstrukturen und die Ebene der objektiven Sinnstrukturen zu kontrastieren. Dies wird sequenzanalytisch durchgeführt (durch Unterteilung in sehr kleine Sequenzen bzw. Textabschnitte und Paraphrasierung bzw. weiterer Frageebenen). Die Besonderheit des Falles d.h. seine spezifische ›Eigenlogik‹ wird aus der Differenz von objektiven Möglichkeiten und wirklichen Verläufen ersichtlich. Dabei wird (auch unter Rückgriff auf das theoretische Wissen des Forschers) eine Art Normalitätsfolie entwickelt, vor der dann die Besonderheiten des Falles sichtbar werden sollen. Damit bleibt dieses Verfahren jedoch fallimmanent. Eine Fallrekonstruktion ist dann beendet, wenn sich in der Folge nur mehr bestätigende Sequenzen finden lassen (eine widersprüchliche Sequenz würde zur Fortsetzung der Interpretation führen).
15 Die psychoanalytischen Rekonstruktionsverfahren gehen davon aus, dass negative (frühkindliche) Interaktionserfahrungen unbewusst verdrängt werden, aber ihre Wirkungen dennoch im aktuellen Erleben und Verhalten entfalten können. Auch hier ist der Text eine Art Oberflächenphänomen dem verborgene Strukturen und Inhalte zugrunde liegen, die es zu erschließen gilt.

lichkeitsauffassungen. In dieser Hinsicht halten auch Griese/Griesehop fest, dass etwa der narrationsstrukturelle Ansatz von Schütze kognitionswissenschaftliche, identitäts- und erzähltheoretische Perspektiven verschränkt, während sich die *objektive Hermeneutik* eher auf die soziale Strukturiertheit menschlichen Handelns bezieht (Griese/Griesehop 2007: 37).

In der Forschungspraxis hat sich mittlerweile eine eklektizistische Haltung gegenüber den unterschiedlichen methodischen Ansätzen etabliert. Dies entspricht vor allem der Einsicht, dass die Methodik in Abhängigkeit vom jeweiligen Forschungsgegenstand und der Forschungsfragestellung zu entwickeln – bzw. gegebenenfalls zu modifizieren – ist. Auch im Falle der vorliegenden Untersuchung war es mehrmals notwendig, die Auswertungsmethodik anzupassen und zu modifizieren. Obwohl zu Beginn der Studie ein sequenzanalytisches Vorgehen unter Rückgriff auf die *objektive Hermeneutik* Oevermanns geplant war, zeigte sich dieses jedoch bald als ungeeignet und nicht praktikabel. Einerseits stellt die Sequenzanalyse ein enorm zeitaufwendiges Verfahren dar, andererseits wurde bald deutlich, das die der objektiven Hermeneutik zugrunde liegende Wirklichkeitsauffassung im Rahmen dieser Untersuchung nicht von Belang ist. Stattdessen wurden Anleihen gemacht bei einem Ansatz, der sich mittlerweile in der Biografieforschung etabliert hat und der von einem Interesse an lebensgeschichtlicher Erfahrungsaufschichtung absieht. Dieser Ansatz fokussiert ausschließlich auf die textuellen Strategien der Selbsterzählung, wodurch Fragen zum ontologischen Status von Selbsterzählungen eingeklammert werden können (Griese 2006: 22). Auch in der vorliegenden Untersuchung erfolgt eine Beschränkung auf die performative und diskursive Ebene der erzählerischen Selbstdarstellung im narrativen Interview. Die Erzählung, die im narrativen Interview zustande kommt, wird als aktuelle Konstruktion von Welt und Ich in der erzählerischen Darstellung verstanden. Die Frage nach der Validität narrativer Interviews im Sinne eines Rekkurierens auf eine außerhalb der Erzählung existente ›Realität‹ stellt sich nicht mehr. Vielmehr sind narrative Interviews als Protokolle von Interaktionen (zwischen Zuhörer und Sprecher), als Protokolle einer narrativen Selbsterzeugung für ein Gegenüber, zu verstehen. Dementsprechend erweist sich das Interview als solches, sowie sein Zustandekommen, in mehrfacher Hinsicht als konstruiert: Die Gesprächssituation, die Auswahl der InterviewpartnerInnen, das Setting, die Transkription und die Analyse – all dies sind Faktoren, die den Untersuchungsgegenstand erst konstituieren.¹⁶

In gleicher Weise ist das biografisch-narrative Interview als ein Prozess der Her- und Darstellung von Identität zu verstehen (Lucius-Hoehne/Deppermann 2002: 10). Identität wird zum ›diskursiven Effekt‹ der Selbsterzählung und erscheint als ein sprachliches und relationales Konstrukt das in spezifischen Situationen ›hergestellt‹ wird, und in dieser Perspektive als Performanz gefasst werden kann. Die Frage nach dem ontologischen Status ist im Hinblick auf die Identität einzuklammern: Wenn die Vorstellung von einem der Person zugrundeliegenden personalen Wesenskern aufgegeben wird, so stellt sich etwa auch das Problem der Authentizität in anderer Form dar. Ob eine Geschichte als authentisch, glaubhaft oder verlässlich akzeptiert wird, hängt vielmehr von Erzählkonventionen und sozialen Erwartungshaltungen ab, nicht von der Übereinstimmung des Dargestellten mit vergangenen Ereignissen. So ist etwa auch das Erzählschema ›Bekenntnis‹ ein Beispiel für eine soziokulturelle Konvention der Herstellung von Authentizität und die Verwendung eines solchen narrativen Schemas lässt sich folglich als eine narrative ›Authentifizierungsstrategie‹ kennzeichnen. Die rückhaltlose Ehrlichkeit mit der etwa Jean-Jaques Rousseau seine Autobiografie beginnt, dient in gleicher Weise der Herstellung von Authentizität.¹⁷

---

16 Neuere Ansätze verweisen in Form einer kritischen Auseinandersetzung mit älteren Analysemethoden auf diese konstruktiven Aspekte des Forschungsprozesses: So wird etwa auch gegenüber Oevermanns Konzept der Sequenzanalyse mehrfach die Kritik vorgebracht, dass es gerade die konstruktivistischen Aspekte am Analyseprozess methodisch nicht berücksichtige. Schon die Definition einer Sequenz bzw. die Entscheidung für bestimmte Textpassagen sei ein konstruktiver Akt (Flick 2000: 188).

17 »Ich beginne ein Unternehmen, welches beispiellos dasteht und bei dem ich keinen Nachahmer finden werde. Ich will der Welt einen Menschen in seiner ganzen Naturwahrheit zeigen, und dieser Mensch werde ich selber sein. Ich allein. Ich verstehe in meinem Herzen zu lesen und kenne die Menschen. Meine Natur ist von der aller, die ich gesehen habe, verschieden; ich wage sogar zu glauben, nicht wie ein einziges von allen menschlichen Wesen geschaffen zu sein. Bin ich auch nicht besser, so bin ich doch anders. Ob die Natur recht oder unrecht gethan hat, die Form, in der sie mich gegossen, zu zerbrechen, darüber wird man sich erst ein Urtheil bilden können, wenn man mich gelesen hat. Möge die Posaune des jüngsten Gerichtes ertönen, wann sie will, ich werde mit diesem Buche in der Hand vor dem Richterstuhle des Allmächtigen erscheinen. Ich werde laut sagen: Hier ist, was ich gethan, was ich gedacht, was ich gewesen. Mit demselben Freimuthe habe ich das Gute und das Schlechte erzählt. Ich habe nichts Unrechtes verschwiegen, nichts Gutes übertrieben, und wenn ich mir etwa irgend eine unschuldige Ausschmückung habe zu Schulden kommen lassen, so muß man das meiner Gedächtnisschwäche zu Gute halten, um deren willen ich gezwungen war, hier und da eine Lücke auszufüllen. Ich habe als wahr

Gemäß dieser erzähltheoretischen Prämissen, lässt sich die Erzählung, die im narrativen Interview zustande kommt, schon in einem ersten Analyseschritt grobstrukturell auf ihren Aufbau hin untersuchen. Dabei kommt dem Anfang sowie dem Ende – insbesondere der sogenannten Eingangserzählung – ein Hauptaugenmerk zu, sofern angenommen werden kann, dass dort die zentralen Themen der Selbsterzählung in komprimierter Form präsentiert, und zu einem vorläufigen Abschluss (Gestaltschließung) gebracht werden. Insofern als das narrative Interview das Erzählen einer Geschichte evoziert, kommt Anfang und Ende eine spezifische Bedeutung zu.[18] Die Anfangssequenz enthält meist schon in geraffter Form das Rahmenthema der Gesamterzählung. Anfang und Ende stehen in einem Bedeutungszusammenhang, da die Erzählung auf ein Ende hin organisiert wird, das mit dem selbstgesetzten Anfang in Beziehung steht. Hierbei wird die These von der Gestalthaftigkeit der Erzählung wirksam: Schon zu Beginn einer Erzählung werden zentrale Weichen gestellt für den Erzählverlauf bzw. den Aufbau der Geschichte, die gleichzeitig bestimmen, zu welchem Ende die Erzählung kommt. Weiters kann herausgearbeitet werden, auf welche Weise unterschiedliche Themenblöcke im Erzählverlauf aneinander geknüpft und gereiht werden. Gleichzeitig können Kernstellen im Interview identifiziert und einer Feinanalyse unterzogen werden. Dabei ist stets deren Bezug zur Gesamtstruktur zu hinterfragen und auf Abweichungen oder Problematisierungen zu achten. Im Rahmen einer Feinanalyse können mehrere Frage- und

---

das voraussetzen können, was meines Wissens wahr sein konnte, nie jedoch das, von dessen Unwahrheit ich überzeugt war. Ich habe mich so dargestellt, wie ich war, verächtlich und niedrig, wann ich es gewesen; gut, edelmüthig, groß, wann ich es gewesen: ich habe mein Inneres enthüllt, wie du selbst, o ewiges Wesen, es gesehen hast. Versammle um mich die unzählbare Schaar meiner Mitmenschen, damit sie meine Bekenntnisse hören, über meine Schwächen seufzen, über meine Schändlichkeiten erröten. Möge dann jeder von ihnen seinerseits zu den Füßen deines Thrones sein Herz mit dem gleichen Freimuth enthüllen, und schwerlich wird dann auch nur ein einziger wagen, zu dir zu sprechen: Ich war besser als jener Mensch!« (Rousseau *Bekenntnisse, 1*). Vgl. dazu: Manfred Schneider *Die erkaltete Herzensschrift. Der autobiografische Text im 20. Jahrhundert* (Schneider 1986: 33).

18 Diese spezifische Bedeutung dessen, wie eine Erzählung eröffnet wird, für ihren weiteren Verlauf, sowie der Umstand, dass die relativ kurze Eingangserzählung thematisch schon in sich geschlossen ist und eine Art Miniatur der lebensgeschichtlichen Gesamterzählung darstellen kann, ist empirisch belegbar. Überlegungen zu Anfang und Ende in Erzählungen finden sich bei Frank Kermode *The sense of an ending* (Kermode 1967) sowie Jens Brockmeier *From the end to the beginning. Retrospective teleology in autobiography* (Brockmeier 2001).

Bedeutungsebenen an den Text angelegt werden.[19] Auf diese Weise ist es möglich sich einen ersten Eindruck über die Gestalt, Schwerpunktsetzung und Performanz einer Erzählung zu verschaffen. Weiters können bestimmte Plot-Strukturen identifiziert werden, die den Gesamtaufbau der Darstellung strukturieren. Entgegen einem sequenzanalytischen Vorgehen, ist es auf diese Weise möglich, zentrale Textstrukturen schon auf einer textuellen Makroebene zu erschließen. Ein solches Vorgehen muss dann auch nicht etwa theoretisches Wissen während der Textinterpretation ausklammern oder jene Textpassagen eliminieren, die nicht narrativ strukturiert sind. Vielmehr ist davon auszugehen, dass sich gerade in argumentativen und theoretisierenden Passagen des Interviews zentrale Aspekte finden lassen, die für den Interpretationsprozess wertvoll sind.[20]

4.4 Fallstrukturen, Sampling und Fallvergleich

Narrative Interviews bieten zwei systematische Vergleichsdimensionen: Erstens jene aus den Daten selbst stammende Relation von Handlungsweisen und biografischen Deutungsmustern, die eine auf den einzelnen Fall be-

---

19 Bei den Bedeutungsebenen und Fragestellungen an den Erzähltext kann zwischen einer manifesten und einer latenten Sinnebene unterschieden werden. Mögliche Fragen sind: Was will mir der Erzähler sagen, was teilt er mir mit? Oder: Was erfahre ich daraus über das Gesagte hinaus? Auf der semantischen Ebene interessieren vor allem sprachliche Auffälligkeiten und besondere semantische Phänomene im Text. Schließlich kann auf im Text enthaltene Spuren von Diskursen und Ideologien geachtet werden und die Haltung des Erzählers genauer einer Analyse unterzogen werden. Möglich sind vor allem auch Hypothesenbildungen über alternative Ereignis- oder Handlungsverläufe, um die spezifische Konstruktion der einzelnen Erzählung sichtbar werden zu lassen. (vgl. dazu auch Sieder 1998: 161ff)

20 Fritz Schütze hat ein sechsstufiges Analyseverfahren entworfen, das sich folgendermaßen aufbaut: 1. formale Textanalyse (Erzählungen vs. Deutungen: alle nicht-narrativen Teile werden zunächst eliminiert/ausgeblendet); 2. strukturell-inhaltliche Beschreibung der narrativen Passagen innerhalb ihrer eigenen Rahmung; 3. analytische Abstraktion: Herausbeiten der »biografischen Gesamtformung« durch Relationierung der einzelnen Teile. Rekonstruktion der Abfolge von Prozessstrukturen bis hin zur gegenwärtig aktuellen Prozessstruktur; 4. Wissensanalyse: Bezugnahme auf die vorher ausgeklammerten argumentativen Passagen, in denen sich Eigentheorien ausdrücken und Vergleich dieser mit der rekonstruierten ›Erfahrungsaufschichtung‹; 5. Kontrastiver Vergleich mit anderen Fällen: Hier kann entweder nach dem maximalen oder minimalen Prinzip vorgegangen werden – oder beides; 6. Konstruktion eines theoretischen Modells. (Schütze 1983: 286)

schränkte Tiefenanalyse erlaubt. Zweitens die Schärfung dieser fallimmanenten Dimension im Vergleich mit anderen Fällen, sowie die daraus abzuleitenden Theoretisierungen im Hinblick auf eine umfassende Fragestellung (Brüsemeister 2008: 148). Die Vergleichbarkeit der einzelnen Interviews kann auf der Grundlage maximaler Variation gesichert werden. So wurde in der vorliegenden Untersuchung schon bei der Auswahl der InterviewpartnerInnen und der ersten Kontaktnahme auf einen maximalen Kontrast hinsichtlich soziobiografischer Daten geachtet. Die weitere Auswahl von InterviewpartnerInnen wurde nach der Analyse mehrerer Probeinterviews anhand erster Vergleichsergebnisse durchgeführt. Während der fortlaufenden Interviewphase wurden die ersten durchgeführten Interviews transkribiert und ausgewertet, was wiederum die Basis für weitere Forschungsentscheidungen bildete. Auf diese Weise zeigten sich Fallstrukturen einzelner Interviews, die wiederum einem Vergleich unterzogen werden konnten. Fallstrukturen erschließen sich aus der jeweiligen Eigenlogik der Darstellung im Interview. Aus der heuristischen Differenz zwischen Handeln und Darstellen folgt, dass die Eigentheorien der ErzählerInnen im Analyseprozess stets mit den erzählten Handlungen zu kontrastieren sind. Erst so können Differenzen, Widersprüche oder Deckungen zwischen Selbstbild und Handeln wahrgenommen werden. Ein Selbstentwurf ist nur dann plausibel, wenn er auch anhand von Handlungssituationen entsprechend dargestellt werden kann.[21]

»Der Clou des Verfahrens liegt darin, zwei Datentypen miteinander zu vergleichen. Zunächst arbeitet man heraus, wie der Betreffende in den vergangenen Situationen, die für ihn eine lebensgeschichtliche Bedeutung besitzen, handelte, sich z.B. kurzfristig zu einer kaufmännischen Ausbildung entschloss. Dabei interessiert an dieser Stelle noch nicht, wie der Befragte selbst seine Handlungen einschätzte (z.B. ›Das war für mich damals eine Notentscheidung‹). Man klammert seine Deutungsmuster, Bewertungen und Argumentationen ein, um nur Verläufe von Handlungsentscheidungen zu untersuchen, was in der Erzählung sachhaltig dargestellt wird. Erst im zweiten Schritt kommen Deutungsmuster, Argumentationen und Bewertungen hinzu, die der Befragte seinen Darstellungen von Handlungsverläufen angefügt hat. Insgesamt müssen die ForscherInnen überlegen, welcher Art die Handlungen sind (die der Informant mit Hilfe von Erzählungen beschrieben hat); sie untersuchen Situationen ihres Zustandekommens sowie Konsequenzen. Anschließend vergleichen

---

21 Dieser Punkt erfährt besondere Brisanz in jenen Fällen, wo ErzählerInnen eine biografische Transformation ihrer persönlichen Identität thematisieren. Auch für Schütze stellen Identität und Veränderung in Stegreiferzählungen exemplarische Beispiele für die Differenz von Handlungsmustern und Deutungsmustern dar. Der Wandel muss anhand von Handlungssituationen plausibel gemacht werden (Schütze 2001).

sie, ob der Interviewte zu anderen oder den gleichen Konsequenzen bezüglich seiner Handlungen gekommen ist. Auf der Basis ›sachhaltig‹ charakterisierter Handlungen als internen, aus Daten stammenden Vergleichsmitteln lässt sich beurteilen, ob der Erzähler in Deutungsmustern Konsequenzen seiner Handlungsweisen beschönigt, verschleiert oder realistisch darstellt.« (Brüsemeister 2008: 122)

Bei der Erarbeitung von Fallstrukturen, ist ein Vorgehen notwendig, das sich zwischen Analyse und Datenerhebung bewegt: Jede entdeckte Fallstruktur dient gleichzeitig als neuer Ausgangspunkt und Orientierung für weitere Forschungsentscheidungen. So kann etwa das Prinzip der maximalen Differenz dazu dienen, ausgehend vom bereits analysierten Fall nach weiteren GesprächspartnerInnen zu suchen, die in theoretischer Hinsicht mögliche neue, und anders geartete Fälle repräsentieren können. Auf diese Weise entsteht ein theoretisches *Sample* (Glaser/Strauss 1979: 92ff). Die einzelnen Fallanalysen und die daraus resultierenden, theoretischen Überlegungen bezüglich möglicher anderer Fälle, differenzieren und verfeinern fortschreitend das Verstehen des untersuchten Zusammenhangs oder Gegenstandes (Sieder 1998: 157). Die Auswahl der zu untersuchenden Fälle liegt bei diesem methodischen Vorgehen dem Forschungsprozess nicht voraus, sondern bildet sein konstitutives Moment. Datenerhebung und Analyse werden auf diese Weise im Sinne einer *grounded theory*, das heißt von einer sich sukzessiv entwickelnden Theorie, gesteuert und kontrolliert (vgl. Glaser/Strauss 1979). Die Entwicklung einer gegenstandsbezogenen Theorie beruht im Gegensatz zu induktiven oder deduktiven Methoden der Theoriegewinnung vorwiegend auf einer erkenntniserweiternden, abduktiven Forschungslogik (Pierce 1976). Die Abduktion erfordert zusätzlich ein rekursives Vorgehen: Die einzelnen Forschungsschritte können nicht getrennt voneinander durchgeführt werden, sondern müssen abwechselnd und mehrmals durchlaufen werden. Deshalb erfolgte die Auswertung des gesamten Materialkorpus auf mehreren Ebenen und im Zuge mehrerer Schritte. Der Abschluss der Analyse lässt sich erst im Hinblick darauf begründen, ob das Material im Bezug auf die Forschungsfrage hinreichende Antworten bietet. Dies umso mehr, als die qualitative Forschung keine statistische Repräsentativität anstrebt und von daher auch keine Anzahl zu untersuchender Fälle angeben kann. Die Aussagekraft der Ergebnisse begründet sich gerade nicht in der Anzahl der Fälle, sondern in deren Beitrag zur Fragestellung. Notwendigerweise erfordert eine qualitative Studie durch ihre detaillierte und akribische Analyse die Eingrenzung auf ein kleines *Sample*. Die quantitative Beschränkung wird durch die qualitative Erweiterung aufgewogen. Insofern dient das *Sample* nicht als Beleg für die Verallgemeinbarkeit von Aussagen qua zahlenmäßiger Häufigkeit, sondern es wird am individuellen Fall das Allgemeine sichtbar. Diesbezüglich lässt sich von einer »exemplarischen Erkenntnis« sprechen (Kannonier-Finster/Ziegler 1998). Die exemplarischen Fallgeschichten stellen auf einer theoretischen Ebene Muster dar, denen unterschiedliche Referenzfälle aus dem Interviewkorpus zugeordnet werden können. Als Beispiele bleiben sie zwar individuell, zeit- und milieuspezifisch verankert, jedoch verweisen sie auf einen allgemeinen, theoretischen Zusammenhang. Auch im Rahmen der vorliegenden Untersuchung wurde auf eine strenge Typenbildung verzichtet. Die Darstellung folgt unterschiedlichen Konstruktionsmustern narrativer Identität, allerdings wurde eine offene Rekonstruktionsweise verfolgt, die sich gegenüber heterogenen Lesarten nicht verschließt.[22] Die Dokumentation der Ergebnisse erfolgt im Rahmen dieser Untersuchung in zweifacher Hinsicht: Exemplarische Fallgeschichten gewähren Einblick in unterschiedliche Konstruktionsmuster narrativer Identität im Zusammenhang mit unterschiedlichen Liebeskonzepten (siehe Kapitel 5). Eine Synthese von beschreibender Darstellung und theoretischer Reflexion erlaubt es, sowohl an der Erzählung, wie auch an deren Interpretation teilzuhaben. Daraus ergibt sich eine doppelte Funktion: Einerseits bietet sich dadurch die Möglichkeit, den Interpretationsprozess über weite Strecken nachvollziehen zu können. Andererseits gelingt es eher, dem ursprünglichen Aufbau der Erzählung gerecht zu werden. In die Falldarstellungen fließen Zitate aus den Interviewprotokollen ein. Auf diese Weise kommen die Subjekte in ihrem Eigenleben zur Sprache – auch wenn sie durch die theoretisch-erläuternde Perspektive hinsichtlich ihrer allgemeinen Merkmale präsentiert werden.

Erst eine Darstellung in Form von Fallgeschichten erlaubt es, die von den InterviewpartnerInnen gesetzten thematischen Übergänge und Verknüpfungen aufzuweisen, und diese als Momente einer übergreifenden biografischen Identitätskonstruktion zu identifizieren. Dabei wird sowohl auf die narrativen Aspekte in Form einer Identifizierung von kulturellen Erzählmustern als Ressourcen der Selbstdarstellung; als auch auf Erzählstrategien und die Thematisierung von Liebe, eingegangen. Auf diese Weise können unterschiedlichste Spannungsfelder sichtbar gemacht werden. Die Falldarstellungen bleiben jedoch noch in der Nähe zu den einzelnen Interviews – erst in einem anschließenden Vergleich (Kapitel 6) erfolgt eine Diskussion der Ergebnisse im Hinblick auf die Ausgangsfragestellung.

---

22 Vgl. zur Typenbildung in der rekonstruktiven Analyse narrativer Interviews auch die Ausführungen bei Fischer-Rosenthal/Rosenthal (1997) und Wohlrab-Sahr (1994).

5. Geschichten von der Liebe

Die folgenden Fallgeschichten dokumentieren sechs exemplarische Selbsterzählungen, die jeweils für unterschiedliche Konstruktionsmuster narrativer Identität stehen. Wenn die Liebe – und mit ihr jede Form der Bezogenheit – eine Herausforderung an die persönliche Identität darstellt, so lautet die hier interessierende Frage: Wie wird von den Einzelnen das Problem der Identität verhandelt? Jede einzelne Selbsterzählung stellt sich dar als Bezugnahme auf die Liebe als biografische Erfahrung. In der Perspektive einer phänomenologisch orientierten Forschungshaltung wird dabei kein normatives Theoriemodell veranschlagt, sondern danach gefragt, welche Perspektiven sich auf das Thema Identität im Kontext von Liebe und Biografie eröffnen. In gleicher Weise erhebt die Auswahl und Darstellung der Fallgeschichten keinerlei Anspruch auf Vollständigkeit, allerdings kann so das Phänomen narrativer Identität anhand einer Bandbreite von Bezügen sichtbar gemacht werden.[1] Die im Erzählverlauf präsentierte Identität ist, worauf schon mehrfach hingewiesen wurde, als ein Prozess zu betrachten, der gegenüber Revisionen und Umdeutungen offen ist. So zeigen sich in den Erzählungen Spuren und Verweisungen auf bereits vollzogene Umdeutungs- und Konstruktionsprozesse. Die erzählerische Konstruktion von Identität ist aber auch der spezifischen Erzählsituation des narrativen Interviews geschuldet und bleibt an diese rückgebunden. Aus diesem Grund beschränken sich Interpretation und Analyse auf die textuelle Ebene der Identitätsdarstellung. Ausgangs- und

---

1 »Eine Phänomenologie der Identität zu betreiben heißt dementsprechend, eine Analytik (der Kontexte) der Selbstbeschreibungen vorzulegen, indem Gewinne und Verluste der diversen Identitätskonzeptionen bilanziert, deren Verschiebungen und Transformationen skizziert, Bedingungen und Implikationen offen gelegt und normative Ansprüche zurückgewiesen werden. Eine Phänomenologie der Identität spricht nicht im Namen des wahren prinzipiellen Ichs. Sie stellt lediglich den Versuch dar, die Strukturen und Binnenlogiken der diversen Identitätskonstruktionen zu eruieren. Es geht also nicht darum, die Identität zu entdecken, sondern sie, so gut es geht, zu elaborieren, indem man ihre Sinndimensionen expliziert.« (Zirfas/Jörissen 2007: 15)

Bezugspunkt bleibt die Interviewsituation und die erzählte Geschichte als Antwort und Ausdruck dessen, wie die befragten Personen mit der Erzählaufforderung umgehen. Die Erzählaufforderung aktiviert zwar mit dem Verweis auf die gesamtbiografische Gestaltung des Themas gewisse Biografiemuster, allerdings richtet sich das Erkenntnisinteresse auf den unterschiedlichen Umgang mit der Aufforderung zum Erzählen, sowie auf differente, jedoch vergleichbare Weisen der Konstruktion narrativer Identität.

5.1 Fallgeschichte Andrea: True Romance – Eine Apologie der Liebe

»Ich war früher natürlich schon öfters verliebt, obwohl ich nie das Glück// Ich habe noch nie eine Beziehung gehabt. Ich war verliebt und das ist aber nie wirklich weit gegangen. Aber bei allen diesen Männern in die ich verliebt war, habe ich trotzdem innerlich immer gespürt, eigentlich ist es das nicht. Irgendwie habe ich innerlich immer gespürt: Nein, eigentlich ist es das nicht. Und bei Michael war ich zum ersten Mal verliebt. Die Liebe ist erwidert worden und ich habe diesen Stachel in mir nicht gehabt. Es war alles harmonisch und es hat für mich, für mein Inneres, alles gepasst, was vorher noch nie gepasst hat. Und ich habe da sehr viel Bedeutung, oder sehr viel Wert, hineingelegt. Für mich ist Liebe irgendwie das Ziel// Oder nicht das Ziel, aber das Schönste, das einem eigentlich passieren kann im Leben. Diese ganze vollständige Liebe, wo man keine Zweifel hat. Und irgendwie war das für mich so: Ich habe überhaupt keinen Zweifel gehabt, an uns.«[2] (15)[3]

Andrea, eine 27-jährige Kunststudentin, berichtet in ihrer Selbsterzählung von der Geschichte ihrer aktuellen Paarbeziehung. Gemeinsam mit ihrem Partner Michael lebt sie in der oberösterreichischen Stadt Linz, wo sie auch ihr Studium absolviert. Eine Heirat steht kurz bevor. Dieser Umstand erklärt möglicherweise die starke Fokussierung der Erzählung auf die Geschichte der Paarwerdung und die Vernachlässigung anderer Aspekte der Lebensgeschichte. Andrea erzählt eine romantische Geschichte der Liebe. Sie stilisiert ihren zukünftigen Ehemann Michael zur ersten und einzigen Liebe ihres

---

[2] Aus Gründen der Lesbarkeit wurden bei sämtlichen Interviewzitaten die Transkriptionszeichen weitgehend entfernt. Das Zeichen // markiert unvollendete Sätze. Die Interviews wurden hinsichtlich Personennamen, Zeit, Ort und biografischen Eckdaten verändert, um eine Anonymisierung der interviewten Personen zu gewährleisten.

[3] Die Zahl bezieht sich auf die Seitenangaben im jeweiligen Interviewtranskript, das sich im Besitz der Autorin befindet.

Lebens. Mehr noch, es geht in ihrer Erzählung um eine Verteidigung der Liebe als zentrales Deutungsmuster: Die Liebe siegt über Hindernisse und begründet in schicksalshafter Form die gemeinsame Zukunft der Liebenden. Der Geschichte von Andrea fehlt es dabei nicht an Dramatik: Michael ist Priester und absolviert ein Auslandsjahr in Österreich, als er Andrea kennenlernt. Die verbotene Liaison wird von Michaels Vorgesetzten entdeckt, woraufhin man ihn in seinen rumänischen Heimatort zurückschickt. Nach einem längeren Zeitraum der Trennung entschließt er sich jedoch, zu Andrea zurückzukehren und seinen Beruf aufzugeben. Damit verliert Michael sowohl seine materielle Lebensgrundlage als auch den Rückhalt seitens seiner Herkunftsfamilie. Diese nicht revidierbare Entscheidung in Verbindung mit den großen Verlusten, die er für die Beziehung mit Andrea in Kauf nimmt, hinterläßt auch noch in der Selbsterzählung ihre Spuren. Die Erzählung von Andrea gerät zu einer Art Rechtfertigungsgeschichte des eigenen Handelns, in der das mögliche Scheitern oder Gelingen der Liebe auf dem Spiel steht. Der Liebe kommt eine besondere Rolle zu: Sie wird zum eigentlichen Agens der Geschichte und zur Handlungsgrundlage der Protagonisten. Ihr wird nicht nur – wie das vorangehende Zitat zeigt – eine zentrale Bedeutung im Leben zugewiesen, sondern eine zweifelsfreie und erwiderte Liebe liefert gerade jene Letztbegründung, die das eigene Handeln zu rechtfertigen vermag – selbst wenn dieses gegen Konventionen und Normen verstößt. Das Narrativ der romantischen Liebe mystifiziert und verschleiert dabei konsequent Entscheidung und Kalkül.

(K)eine Liebe auf den ersten Blick

»Ich habe durch Zufall dort in diesem Haus gewohnt. Und ich habe ihn dort kennengelernt als: Das ist der Priester. Wir haben uns gesiezt. Am Anfang habe ich mir nur gedacht: Ein junger Mensch eigentlich, der sehr alt wirkt. Weil er natürlich Priester ist, immer schwarz angezogen, sein Kolar, also den weißen Kragen, immer hat und sehr strebsam, das hat man immer gemerkt. Naja, und wir haben uns ganz selten am Gang getroffen, weil wir im selben Haus gewohnt haben. Und irgendwann, habe ich gesagt// Oder, er kam dann// Ich habe mich halt so angeboten, mit ihm Englisch zu lernen oder Aufgaben zu machen. Und er kam dann, und er kam dann immer öfter, und er kam dann irgendwann täglich, zu mir. Und wirklich, er konnte kein Wort Englisch. Und wir haben uns halt gesiezt. Ich weiß nicht warum ich auf das so viel Wert lege. Ja schon irgendwie weil: Das war nicht so die Liebe auf den ersten Blick!« (1)

Diese Interviewpassage ist Teil der Eingangserzählung, in der Andrea davon berichtet, wie sie ihren heutigen Lebenspartner kennengelernt hat. Schon hier stellt sie den ›Zufall‹ in den Vordergrund: Das Wohnhaus wird zum Schauplatz einer beginnenden Liebesgeschichte. Aus seltenen Begegnungen werden regelmäßige Treffen – wobei die Erzählerin in der Kennzeichnung ihrer persönlichen Handlungsträgerschaft schwankt: »Und irgendwann habe ich gesagt// Oder er kam dann// Ich habe mich halt so angeboten.« Gleichzeitig distanziert sich die Erzählerin von möglichen Motiven auf einer sprachlichen Ebene wie etwa durch die Formulierung »gesiezt«, aber auch auf der Wahrnehmungsebene: »Ein junger Mensch der sehr alt wirkt [...] immer schwarz angezogen [...] sehr strebsam.« Diese Distanznahme betrifft auch das naheliegende Narrativ der ›Liebe auf den ersten Blick‹. Dieses wäre als Gründungsmoment einer großen, zweifelsfreien Liebe (siehe Eingangszitat) erwartbar, wird jedoch ausdrücklich abgelehnt. Auch in einer Folgepassage bezieht sich die Erzählerin nochmals darauf:

> »Das muss ich jetzt noch einmal sagen, weil ich glaube, dass das ungewöhnlich ist. Weil ich glaube, dass das bei den meisten Leuten alles viel schneller geht, und bei uns ist alles sehr langsam gegangen. Was ich aber im Nachhinein gesehen toll finde. Das hat ja monatelang gedauert bis wir uns geküsst haben. Das war nicht so schnell. Das war alles so langsam und behutsam und alles so ganz langsam. Das war keine Liebe auf den ersten Blick. Das war von Anfang an keine körperliche Sache. Also die anderen Leute in die ich verliebt war, da siehst du jemanden an und denkst dir: ›Ach ja‹ und dann stellst du dir// Und dann hast du schon alles im Kopf und denkst dir nur, dass dich der körperlich voll anzieht oder so. Und das war bei uns überhaupt nicht so. Also für den Michael vielleicht ein bisschen mehr als für mich, diese körperliche Anziehung. Für mich anfangs überhaupt nicht. Wie gesagt, du musst dir das vorstellen! Sechs Monate reden, reden, reden, dann über ein Jahr zusammen. Das war schon ein bisschen ungewöhnlich.« (11)

Wie deutlich wird, stellt das Narrativ der ›Liebe auf den ersten Blick‹ auch einen Code für sexuelle Anziehung und Leidenschaft dar, der von der Erzählerin jedoch abgelehnt wird. Die ausdrückliche Ablehnung dieser Deutung mag einerseits im Zusammenhang mit einer Sündenthematik stehen und der verbotenen Grenzüberschreitung, die sich hier schon abzeichnet, oder aber ein Misstrauen gegenüber der Dauerhaftigkeit der Leidenschaften ausdrücken. Die Erzählerin führt aber auch im Weiteren eine Differenzierung zwischen geistiger und sinnlich-körperlicher Liebe ein, die sie hier schon andeutet: »Wie gesagt, du musst dir das vorstellen! Sechs Monate reden, reden, reden, dann über ein Jahr zusammen.« Die geistig-intellektuelle Auseinandersetzung der Liebenden vertieft die Beziehung, lässt Liebe langsam entstehen und verleiht ihr Dauerhaftigkeit:

»Am Anfang haben wir nicht viel reden können, weil er der Sprache nicht mächtig war und dann plötzlich aber war das schon soweit, dass er seine Predigten selber geschrieben hat. Und dann kam er bitte wöchentlich so Freitag oder Samstag zu mir mit der Predigt. Das war immer eine Seite, wo natürlich ein Kapitel aus dem Evangelium abgehandelt wird, und ich persönlich bin nicht sehr religiös, obwohl ich mich schon dafür interessiere. Ich glaube, in der Bibel stecken viele Gleichnisse und Sachen, die mich einfach interessieren, obwohl ich jetzt nicht so stark daran glaube oder so. Und dann haben wir über Monate lang wöchentlich eines von diesen Evangelien da durchgekaut, und ich natürlich bin einfach nicht religiös und auch nicht so sozialisiert gewesen und hab dann immer ein wenig angeeckt vielleicht. Und ich habe gesagt: ›Was und wie und glaubst du das? Ich sehe das ganz anders! Also für mich schaut das ganz anders aus! Also was du da geschrieben hast, das verstehe ich nicht!‹ Ja, und wie gesagt, die Evangelien behandeln im Prinzip Liebe, Tod und Teufel. Die behandeln irgendwie alle Themen des Lebens oder alle Bereiche. Und plötzlich haben wir uns durch diese Themen und durch die Auseinandersetzung, die wir damit gehabt haben, so gut gekannt, dass dann einfach dieses Verliebtsein, das war dann plötzlich da und das war dann so stark, weil ich mir gedacht habe: Ich kenne keinen Menschen so gut wie den Michael. Und er bei mir wahrscheinlich auch. Aber natürlich ist dann gleich die Angst dazugekommen: Um Gottes Willen, der ist Priester! Und was passiert jetzt mit uns?« (2)

Zuneigung und Liebe entstehen langsam und sukzessive aus einer intensiven geistig-intellektuellen Auseinandersetzung, wie sie anhand des gemeinsamen Lernens, Debattierens und Diskutierens dargestellt werden. Der Austausch über existentielle Themen (»Liebe, Tod und Teufel«) stellt Nähe her. Der darin enthaltene Gegensatz zwischen geistiger und sinnlicher Liebe wird plastisch: Liebe, die von Dauer sein soll, ist kodifiziert als geistig-intellektueller Nähe und Freundschaft. Ihr Gegenteil ist die sinnliche Attraktion, die von der Erzählerin als ›Liebe auf den ersten Blick‹ kodifiziert wird und von der sie sich ausdrücklich distanziert. Letztere – so die darin enthaltene Überzeugung – liefere kein ausreichendes Fundament dauerhafter Liebe. Auffällig ist auch der langsame Erzählrhythmus der wiederum Dauerhaftigkeit symbolisiert: Stabile Partnerschaften entwickeln sich langsam, nicht abrupt. Gemeinsame Interessen, geistiger Austausch und Kommunikation gelten als Grundlagen einer Liebe, die erst später um sinnlich-sexuelle Aspekte ergänzt wird. Auch in den weiteren Erzählpassagen werden Motive sichtbar, die zu einer genuin romantischen Liebeskonzeption gehören und der Andrea in ihrer Darstellung folgt: Liebe erscheint als eine fremde Kraft, derer sich die

Liebenden nicht erwehren können. Es agieren letztlich keine Subjekte mehr, sondern die Liebe kann nur mehr festgestellt werden, sie ist eine Kraft, die die Liebenden überkommt. In dieser Hinsicht ist sie etwas Metaphysisches, das sich der Willenskraft des Einzelnen entzieht. Zugleich soll die romantische Liebe frei von jedem Kalkül, jeder Berechnung sein: Andrea stützt diese Deutung durch die Schilderung ihrer anfänglichen Abneigung gegenüber dem späteren Geliebten. Alle diese Merkmale symbolisieren Dauer, Stabilität und Zukünftigkeit: Liebe, die nicht auf den vergänglichen Attraktionen der Sinnenwelt gründe, sei – so lautet zumindest die Logik der Erzählung – ewig währende Liebe. Das romantische Liebeskonzept stellt darüber hinaus gerade auch die Möglichkeit bereit, sich partiell von der Verantwortlichkeit für das eigene Handeln freizusprechen: Romantische Liebe, die wie hier, als fremde Macht gedeutet wird, der die Liebenden hilflos ausgeliefert sind, erfüllt eine nicht unerhebliche Rechtfertigungsfunktion. Vor allem angesichts des Verbots, das in Bezug auf diese Liaison besteht.

Eine geheime, verbotene Liebe

Der Umstand, dass die Liebesbeziehung von Andrea und Michael gegen das Zölibat verstößt und schließlich reale Konsequenzen zeitigt, trägt nicht unerheblich zur Dramatik der Geschichte bei. Wie in jeder großen Liebesgeschichte sind es die Hindernisse – bzw. deren Überwindung – die die Größe der Liebe beweisen. Die Entscheidung über Recht oder Unrecht dieser Verbindung liegt allerdings nicht allein bei den Akteuren. Michael ist als geweihter Priester den Gesetzen der katholischen Kirche verpflichtet und ein Verstoß, so müsste man meinen, träfe vor allem ihn. Doch auch Andrea, die zwar wiederholt ihre A-Religiosität betont, kann sich einer Gewissensprüfung nicht entziehen. Allerdings ist es die Deutungsinstanz in Form der katholischen Kirche, die einerseits die Rolle des großen Gegenspielers annimmt, und die es andererseits Michael und Andrea erschwert, die eigenen Handlungskonsequenzen abzuschätzen. Der daraus resultierende Konflikt wird in der Erzählung immer wieder von Neuem greifbar: Verbot, Ohnmacht, Furcht, Widerstand und Entschlossenheit greifen ineinander:

»Ich muss sagen, ich wollte mich ja am Anfang überhaupt nicht in ihn verlieben. Und da habe ich zu ihm gesagt: ›Du, weißt du eigentlich, ich bin ja schon so lange unglücklich verliebt in diesen Thomas.‹ Das hat natürlich nicht gestimmt, aber für mich war zu diesem Zeitpunkt schon etwas da von Verliebtsein oder von Hingezogensein. Und ich wollte das aber eigentlich gar nicht, oder ich habe mich einfach gefürchtet! Ich meine, das ist ein Priester und irgendwie war ich mir auch über seine Gefühle nicht im Klaren. Es war einfach so, weil die Situation so eigenartig war. Priester, Frau, und dann kommt immer dazu: Die Frau ist immer die Verführerin, die Eva, die böse, böse Eva. Irgendwann war der Zug dann aber abgefahren. Und komischerweise wollten wir immer schon, dass das nie jemand mitkriegt, weil wir wahrscheinlich beide schon gewusst haben, dass wir verliebt sind und uns das aber nicht eingestehen wollten und konnten. Und irgendwann waren wir uns dann schon so nah und einfach so verliebt. Und irgendwann war dann der erste Kuss und dann waren wir zusammen. Teilweise haben wir es verdrängt, dieses Verhältnis: Priester-Frau oder Priester einfach. Das haben wir verdrängt. Aber irgendwann ist dann diese katholische Komponente gekommen, die sagt: Machen wir da jetzt etwas Schlechtes? Nach dem ersten Kuss habe ich ihn so ganz erschrocken angeschaut und habe gesagt: ›Dürfen wir das überhaupt?‹ Und das war ganz eigen, weil da kommt dann dieses vom Katholischen heraus, was ich ja auch irgendwie in mir drinnen habe: Ist das jetzt eine Sünde? Einen Priester verführen? Von Verführung zwar weit weg natürlich, aber irgendwie dieses: Was ist das jetzt? Er hat ein Gelübde geschworen: Ohne Familie und ohne Frau und ohne Sex! Also das war ganz schlimm. Und der Michael der hat das aber für sich so gehandhabt, dass er gesagt hat: ›Wenn ich jemanden liebe, dann darf ich das.‹ Wenn die Gefühle echt sind, ja? Also er hat gewusst, eigentlich darf er nicht, oder er soll einfach nicht. Er soll einfach nicht. Das war lange eigentlich Thema dieses: Nicht Dürfen, nicht Sollen, nicht Wollen und doch immer wieder nicht anders können einfach.« (10–11)

Wie schon in der Distanzierung vom Narrativ der ›Liebe auf den ersten Blick‹, versucht die Erzählerin auch im Folgenden ihre Beteiligung am Verlauf der Ereignisse zurückzuweisen. Das Verbot, das auf der Liaison lastet, führt im Erzählverlauf immer wieder zu Rechtfertigungsversuchen. Zugleich verdeutlicht diese Interviewpassage noch einmal die Konfliktsituation sowie die darin auftretenden Deutungshorizonte. Es zeigen sich bewusste Abwehr (Negierung) und Entschlossenheit ebenso wie Ohnmacht und Verbot. Das Problem der Verantwortlichkeit für das eigene Handeln im Hinblick auf eine übermächtige Deutungsinstanz wird am Text greifbar. Dabei wird das diffuse und unterdrückte Verbot im Zuge seiner körperlichen Überschreitung in Form eines Kusses zum offenen Konflikt: Die Erzählerin muss sich nun auch gegenüber den Gesetzen der katholischen Kirche verantworten, auch wenn sie nicht aktiv an diesem Glaubenssystem partizipiert. Die religiösen Gebote werden als im Innersten der Person verankert gedacht. Sie sind dort »drinnen«, auch wenn man sich nicht zum katholischen Glauben bekennt. Was in einer aufgeklärten, säkularisierten Welt noch als religiöser Restbestand – hier als »das Katholische« – vernehmbar ist, gleicht einem bloßen Reflex. Es ist also keine religiös motivierte Grundhaltung, die der Erzählerin die Sünden-Vermutung nahe legt, sondern es sprechen hier die religiös überformten Gewissensanteile, die einen letzten Rest von katholischer Erziehung oder Sozialisation wirksam werden lassen. Trotzdem – und dies bleibt der rote Faden in der Analyse – muss sich Andrea verantworten, sie kann die Frage nicht ungelöst lassen. Zwar wird sie sich dafür weder der christlichen Rhetorik, noch religiöser Glaubenssätze bedienen, doch sie muss, um ihre Position verstehbar zu machen und ihre Handlungen zu rechtfertigen, auf ein anderes Deutungssystem zurückgreifen.

Die Lösung des Konflikts wird erst dadurch möglich – wie im Weiteren gezeigt werden soll – dass an die Stelle des kirchlichen Gesetzes das Deutungsmuster der romantischen Liebe tritt, und die Identität des Geliebten von Andrea um-erzählt wird. Die Liebe erhält in der Erzählung die Rolle eines Deutungssystems, dass sich gegenüber den Gesetzen der katholischen Kirche zu behaupten vermag. Konkret handelt es sich um eine spezifische Deutung der Liebe: Einer (über-)mächtigen und unabwendbaren Schicksalsmacht. Ihr Auftreten geschieht unwillentlich und wird als ein nicht steuerbarer Prozess beschrieben. Auf diese Weise wird einem unaufhaltsamen Prozess das Wort geredet, bei dem sogar die Abwehr zum impliziten Beweis für die Unaufhaltsamkeit und Übermacht einer nicht-intentionalen, übergeordneten Macht des Schicksals wird.

Die in der Erzählung präsentierte (romantische) Form der Liebe enthält mit all ihren Konnotaten wie Irrationalität, Gefühlsbetontheit, Unberechenbarkeit u.a. nicht zuletzt auch die Funktion einer Rechtfertigung. Sofern der hier zur Geltung gebrachte Liebestypus immer auch als Antwort auf einen Urteilsspruch gelesen werden kann, bietet er den Akteuren die Möglichkeit, sich von ihrer Eigenverantwortung zumindest partiell loszusprechen: Der Ereignisverlauf ist – so will es die Erzählung – ein unaufhaltsamer Prozess, den die Beteiligten nur noch registrieren, in den sie aber nicht mehr eingreifen können. Dies wird umso plausibler, zieht man die Sündenthematik, von der hier auch die Rede ist, hinzu. Dem Bild der sündhaften Frau, der ›Verführerin‹ kann – so scheint es – nur eine Form der Liebe etwas entgegensetzen, die frei von körperlichem Verlangen, rein und unschuldig ist. Das verweist auch wieder auf die schon erwähnte Differenzierung zwischen geistiger und sinnlicher Liebe, die die Erzählung durchzieht. Dem Motiv der Verführerin setzt Andrea dann auch ein anderes Bild entgegen, das zugleich für eine reine und unschuldige Liebe steht:

»Wir waren wie kleine Kinder und wir haben ein wenig ausprobiert wo die Grenzen sind. Und wir haben uns viel Zeit gelassen und einander recht gern gehabt. Aber wir sind ganz unbeholfen gewesen und haben überhaupt nicht gewusst, wie das jetzt funktioniert oder wie man das jetzt anfängt oder keine Ahnung.« (17)

Die unschuldigen Kinder werden zum Sinnbild einer reinen und sündenfreien Liebe: Dem Kind kann noch kein vollständiges Unrechtsbewusstsein zugesprochen werden – es »probiert« und lernt in diesem spielerischen Umgang erst die moralisch-ethischen Grenzen kennen. Behutsamkeit und Vorsicht, die darin zum Ausdruck kommen, werden wiederum zu Belegen für eine innige und dauerhafte Beziehung, die so vor dem Gesetz rechtfertigbar wird. All das wird in der Erzählung spätestens zu dem Zeitpunkt virulent, als das abstrakte Gesetz förmlich körperlich wird und in Gestalt menschlicher Gegenspieler auftritt. Die Beziehung zwischen Andrea und Michael bleibt nicht unbemerkt und stößt auf offenen Widerstand. Sie hat reale Konsequenzen.

Glaubenskampf und Säkularisierungsprojekt

Trotz der Geheimhaltung der Liebesbeziehung wird Michael aufgrund eines anonymen Briefes von seinem Vorgesetzten zur Rede gestellt und gezwungen, die als Freundschaft deklarierte Beziehung zu Andrea zu beenden. Zwei Monate später schickt man ihn zurück nach Rumänien, wo er einer kleinen Gemeinde zugewiesen wird. Die Liebenden können oder wollen dem zunehmenden Druck nicht mehr standhalten und beugen sich schließlich:

»Dann haben wir uns entschlossen uns zu trennen. Wir haben einfach gesehen, es gibt keinen Weg für uns. Er ist Priester, er war ganz jung und hat praktisch für sich selbst keinen anderen Weg gesehen. Und ich war mitten im Studium und wir haben beide weder Geld noch viel Lebenserfahrung gehabt. Und überhaupt haben wir dann gesagt, wir trennen uns, weil wir gesehen haben, es hat keinen Sinn.« (4)

Es könnte das tragische Ende einer Geschichte sein, in der die äußeren Umstände eine Liebe verhindern. Die Trennung der Liebenden ist vollzogen. Michael ist nach Rumänien zurückgekehrt um dort seinen Beruf auszuüben. Andrea setzt ihr Studium fort, ist jedoch zutiefst unglücklich und versucht schließlich, Michael umzustimmen und ihn zurückzuerobern. Im Gegensatz zur vorangegangenen Prozesshaftigkeit der Ereignisse gewinnt Andrea als Protagonistin nun einen größeren Handlungsspielraum (agency) und beginnt, im Namen der göttlichen Liebe einen Kampf gegen die katholische

Kirche zu führen. Damit setzt sie ein aufklärerisches Projekt der Befreiung aus der Unmündigkeit in Szene und rechtfertigt dieses im Namen der Liebe:

»Mein Argument war immer: ›Die Kirche ist dir wichtiger als ich! Wieso hast du so viel Angst?‹ Ich wollte einfach, dass er dieser Liebe mehr Wert geben soll. Ich war einfach wirklich böse und habe gesagt: ›Wie hast du mich nur verlassen können? Wie hast du das nur zustande gebracht?‹ Also ich bin überhaupt so: Wenn ich mich für etwas entscheide, dann ganz. Und dann lege ich da alles hinein, mich selbst da hinein. Und dann plötzlich, wenn du verliebt bist, und du siehst und weißt, das ist alles so harmonisch und so gut, und dann geht aber der Andere weg, dann fängst du natürlich zum Denken an: ›Liebt er mich oder liebt er mich nicht? Hat der sich nur eine schöne Zeit auf meine Kosten gemacht?‹ Da waren dann alle diese irren Gedanken und einfach eine irrsinnige Wut und auch dieses Nicht-verstehen: Wieso ist diese blöde Kirche mit ihrer männerdominierten Welt wichtiger als ich? Ich bin schließlich ein Mensch zum Angreifen und Gott ist eine Fiktion! Da ist es wirklich ans Eingemachte gegangen.« (15)

Die Trennung hinterlässt bei Andrea eine Unsicherheit im Hinblick auf die Bewertung dessen, was geschehen ist. Trotz dieser Unsicherheit und der Unabwägbarkeit einer Beziehung, die nicht nur fatale Konsequenzen, sondern auch hohe emotionale Kosten nach sich zog, beginnt Andrea wieder Kontakt zu Michael aufzunehmen und versucht ihn zurückzugewinnen. Die Ressourcen ihres Handelns bezieht sie dabei einerseits aus der Hoffnung, damit die einzig wahre Liebe ihres Lebens realisieren zu können; andererseits aus der Überzeugung, dass Michael erst in einer Abkehr vom Priestertum zur Entfaltung seiner wahren Identität finden könne. In ihrer Darstellung der darauf folgenden Ereignisse etabliert sie eine Dichotomie zweier disparater Welten: Einerseits die Welt des Glaubens, die als starr, dogmatisch und unlebendig gekennzeichnet wird. Andererseits die städtisch-urbane Lebenswelt der Erzählerin, die sie als lebendig, multioptional und spannend darstellt. Gegenüber den strengen Hierarchien und Ordnungen einer streng gläubigen Gesellschaft – der Michael entstammt – entwirft Andrea eine Erzählung der Befreiung, die ihren Rückhalt im westlichen Individualismus hat. Individualität und Selbstbestimmtheit werden zu unzweifelhaften Werten, die das eigene Handeln plausibel machen. Es geht um eine Befreiungsaktion im Namen dieser Werte. Andrea entwirft für sich die Rolle der Kritikerin, Lehrerin und Erzieherin. Dem blinden Glauben und den religiösen Lehrsätzen stellt sie ein westlich-aufgeklärtes Vernunftkonzept entgegen. Die kirchlichen Lehr- und Glaubenssätze versteht sie, ganz in aufgeklärter Manier, als bloße Denkmöglichkeiten. Mit spielerischem Ernst versucht Andrea die religiösen Glaubenssätze ihres Geliebten zu unterlaufen und ihn zu einer kritischen Haltung zu erziehen. Eine ihrer Strategien wird die Provokation. Diese setzt sie jedoch nicht nur in intellektuellen Auseinandersetzungen ein, sondern Andrea wird zu Michaels Beraterin was Aussehen, freie Meinungsäußerung und westliche Lebenshaltung betrifft. Sie genießt es geradezu, der Haltung des blinden Gehorsams mit aufgeklärter Vernunft zu begegnen. Gedanklich wie äußerlich beginnt sie, Michael das Spiel mit der Veränderung zu lehren, dessen Erfolg sie rückblickend folgendermaßen bilanziert:

»Also der Michael hat sich mit mir sehr verändert. Er ist von einem grauen Menschen zu einem recht bunten Vogel geworden. Er hat das einfach zugelassen. Er hat es zugelassen und mich da miteinbezogen. Ihm hat es einfach gefallen, dass da jemand ist der ihn einfach so// Manchmal bin ich mir ein wenig vorgekommen wie sein Coach.« (16)

In dieser adaptierten Rolle des »Coach« wird es für Andrea zum erklärten Ziel, für und mit Michael ein anderes Leben zu imaginieren – oder genauer, Michael von den Freiheiten und dem Wert einer individuellen, glaubensfreien Lebenshaltung zu überzeugen. Das Befreiungsprojekt lässt nicht lange auf sich warten, der Keim des Individualismus beginnt sozusagen in Michael zu sprießen. Er selbst agiert nun in der Erzählung von Andrea als Agent westlich-aufgeklärter Vernunft. Sie stilisiert ihn zum Rebell gegenüber einer überkommenen Ordnung: Michael übt schließlich offene Kritik an der Organisation der Pfarre wie auch an unterschiedlichen kirchlichen Traditionen. Er kämpft im Auftrag von Andrea. Dabei wird er gegenüber ihrer Kritik immer aufmerksamer, vor allem weil er nach der Trennung selbst mit seinem Berufsverständnis zu kämpfen hat. Er beginnt unzufrieden zu werden und Vieles, was zuvor als unhinterfragte Tatsache galt, in Frage zu stellen. In ihrer Erzählung thematisiert Andrea diese ›innere‹ Veränderung von Michael, an der sie selbst ursächlich beteiligt ist. Auf diese Weise wird ein Ablösungsprozess in Gang gesetzt, der eine aufgeklärt-westliche Liebesbeziehung ermöglichen soll.

Doch bevor dies geschehen kann, muss Andrea noch einen adäquaten Tausch erzielen. Was hat sie einer Berufung, einem Glauben, einer Lebenshaltung entgegenzusetzen? Was ist das Pfand, das sie ihrem Geliebten anbieten kann, der doch alles für sie auf's Spiel setzen soll? Die getroffene Feststellung: »Ich bin schließlich ein Mensch zum Angreifen und Gott ist eine Fiktion« (15) ist dabei ein Versprechen, das eine immense Tragweite haben wird. Gott wird zur Fiktion erklärt, an dessen Stelle ein anderer Wert treten soll. Dem Ungreifbaren wird die Realität eines körperlichen Wesens gegenübergestellt. Die sinnliche Welt, der angreifbare Mensch, tritt an die Stelle einer Fiktion des Glaubens. Eine Selbstsetzung des Subjekts? Als könne man den Menschen aus seiner Glaubenshaltung wie aus einer Hülle herauslösen, kennzeichnet die Erzählerin die Religiosität als bloßes Attribut, von dem sich der Geliebte lösen solle. Die Forderung ist natürlich systemimmanent logisch: Andrea strebt ›geregelte Verhältnisse‹ an – sie will eine »normale Beziehung«. Allerdings muss sie mit ihrer Kritik an den Dogmen der katholischen Kirche nicht gegen Windmühlen ankämpfen: Michael beginnt selbst und wohl unter dem Eindruck ihres Einflusses manches in Frage zu stellen und löst sich aus einer scheinbar unhinterfragten Selbstverständlichkeit. Er meint nun, dass er in seiner Rolle als Priester bloß zu funktionieren habe – jede andere Form von persönlichem Engagement werde missbilligt. Demgegenüber bietet ihm Andrea an, ihn als den Menschen, der er ist, anzunehmen. Während der Priesterberuf die Anpassung an eine Funktion oder Rolle fordert, die für Michael nicht mehr selbstverständlich ist, fordert die Liebesbeziehung mit Andrea gerade das Gegenteil – Individualität. Die irritierenden Erfahrungen, die Michael nun in seinem Berufsalltag macht, dienen in der Erzählung nur noch als Beleg für Andreas Ansichten über die katholische Kirche. Diese sei oberflächlich, unmenschlich und verlogen. Damit wird einer Authentizität das Wort geredet, die nach Überzeugung der Erzählerin nur abseits der Einordnung des Einzelnen in ein hierarchisches System zu erreichen ist.

Lieferten bei der Trennung der Liebenden vielfältige Barrieren noch plausible Gründe für die Trennungsentscheidung, so erweist sich all dies nur Monate später zwar als Schwierigkeit, jedoch nicht mehr als unüberwindbares Hindernis:

»Und eines Tages habe ich diesen Brief bekommen, in dem steht: ›Ich habe mich jetzt entschieden, ich will mit dir sein. Ich gebe meinen Beruf auf.‹ Und dann habe ich wochenlang noch Angst gehabt, dass das ein Ausrutscher war diese Aussage. Dass das einfach in dem Moment war und dass er sich das wieder anders überlegt. Aber dann war es klar: Wir sind zusammen und dann haben wir geschaut: Wie fangen wir unser Leben an? Und nach einem Jahr hat er vollkommen mit der Kirche gebrochen eigentlich.« (9)

Die Ausgangsbedingungen für die Beziehung sind zu diesem Zeitpunkt zwar annähernd dieselben als davor (materielle Unsicherheit, fehlende familiäre Unterstützung, zu wenig Lebenserfahrung usw.), aber sie können nun eher vernachlässigt werden, weil sie einer anderen, einer höheren Bedeutung gegenübergestellt werden. Die Liebe zweier Menschen – das letztlich unkalkulierbarste Moment – wird zum Motiv der Akteure. Und das fatalistische Bekenntnis: »Wir haben gewusst, dass wir nicht voneinander loskommen« ist dann nur mehr ein nicht-erklärungsbedürftiger Zusatz. Inwiefern das Liebesversprechen jedoch mit der besonderen Last der Verantwortung bezahlt werden muss, wird sich noch zeigen.

Apologie der Liebe

Andrea gewinnt den Kampf um den Geliebten. Michael legt sein Priesteramt zurück und verläßt seine Heimat um mit ihr gemeinsam leben zu können. Sie wird solange für den gemeinsamen Lebensunterhalt sorgen, bis Michael eine neue Berufsausbildung absolviert hat. Wie schwer das Opfer wiegt, das Michael für die Beziehung mit Andrea erbrachte, ist in der Erzählung greifbar und ruft erneut eine narrative Rechtfertigung des Handelns auf den Plan, die zu einer Apologie der Liebe gerät:

»Damals haben wir einen Hass gehabt auf Gott! Einerseits schickt er einem den Menschen, den man so lange sucht und andererseits nimmt er der dann einem auch wieder weg! Und da haben wir dann einen Konflikt geführt mit diesem: Gut oder schlecht? Sünde oder keine Sünde? Aber in der Bibel steht: Gott ist die Liebe. Und irgendwie haben wir das// Oder, dass der Michael diese Beziehung mit mir gehabt hat, das hat er sich selber so gerechtfertigt, dass Gott eben die Liebe ist. Und wenn es die Liebe ist, dann kann es ja eigentlich nichts Schlechtes sein, weil dann ist das ja wieder Gott, ja? Oder, in einer Liebe, da steckt etwas Göttliches und die kann nicht so schlecht sein oder nicht so falsch sein! Es kann im Prinzip keine Sünde sein.« (12)

Der andere Mensch wird als eine göttliche Sendung vorgestellt, jemand der »geschickt« wurde – im Sinne eines Schicksals. Die göttliche Botschaft ist jedoch widersprüchlich: Sie ist nicht nur Gebot, Zustimmung und glückliche Fügung, sondern zugleich Verbot und Sünde. Eine Paradoxie ohne Lösung. Dass Michael, der durch seine Profession nicht nur der weltlichen Gerichtsbarkeit untersteht, die Antwort finden muss, erscheint beinahe zwingend. Die Absolution der Liebesbeziehung wird daraufhin auch mit einer Auslegung erreicht, die beide annehmen können und die darüber hinaus so stark zu sein scheint, dass sie sich über jedes menschliche Urteil erhebt. Das göttliche Urteil, das zuvor der Beziehung entgegenstand, wird umgedeutet und ins Gegenteil verkehrt. Gott (oder das Verbot) wird durch die Liebe ersetzt – sie wird als die höhere Macht angesetzt, die Deutungshoheit erhält. So ergibt sich eine Tautologie: Gott ist die Liebe, die Liebe ist gut, also ist Liebe keine Sünde, sondern Gottes Gebot. Das Verbot wird in ein

Gebot verkehrt: Die Liebe nimmt göttliche Züge an und wird in den Stand einer überwältigenden Kraft erhoben. Auf diese Weise wird sie jeglicher Sünde enthoben und gegen die weltliche Verurteilung immunisiert. Die so erreichte Interpretation betrifft nun nicht nur das Konzept Liebe, sondern bindet die konkrete Partnerschaft von Andrea und Michael in das gottgewollte Schicksal mit ein. Von dieser selbst erzeugten Deutung her wollen sie ihre Absolution beziehen.

Eine ganz normale Beziehung?

Nach der Rückkehr von Michael lebt das Paar in einer kleinen gemeinsamen Wohnung. Andrea sichert mit ihrer Berufstätigkeit eine knappe finanzielle Grundlage. Eine Heirat ist geplant. Michael hat um seine Befreiung aus dem Priesteramt angesucht und eine neue Berufsausbildung begonnen. Beide zelebrieren die lang ersehnte Freiheit, ohne Geheimnisse und Versteckspiele ihre Beziehung leben zu können. Jedoch werden nun auch die Kosten dieser Liebe deutlich: Beide haben den Kontakt zu ihren Herkunftsfamilien abgebrochen. Ohne Unterstützung von außen erweist sich die finanzielle, materielle Lebenssituation des Paares als schwierig. Die Partnerschaft erhält durch den Wegfall des familiären Netzwerks einen spezifischen Status, den Andrea wie folgt beschreibt:

> »Das hört sich vielleicht total blöd an, aber der Michael ist mehr als mein Partner. Er ist auch ein bisschen meine Mutter und mein Vater. Ich glaube, wenn es ein ganz normales junges Paar ist, das eine ganz normale Familie hat und wo alles ganz normal ist, dann kann das der Partner sein, an den man Ansprüche stellt die eine Partnerschaft betreffen. Aber bei uns kommt da auch noch so eine große Verantwortung dazu, die wir füreinander haben. Wir haben uns füreinander entschieden, wir wissen was das für uns beide heißt. Also dafür, dass wir uns füreinander entschieden haben, haben wir auf viele andere Sachen verzichtet.« (13)

Die Erzählerin verhandelt ihre selbsterlebte Form der Paarbeziehung gegen ein bestimmtes Konzept von ›Normalbeziehungen‹. Bei letzteren seien die Partner eingebettet in ein größeres System der Herkunftsfamilien, das als Rückhalt und Rückzugsgebiet fungiert und Stabilität, Sicherheit sowie emotionalen Halt gibt und vor allem auch eine beratende Funktion übernimmt. Durch den Wegfall dieser ›Einbettung‹ müssen die Liebenden füreinander nun auch stellvertretend die Rollen der (fehlenden) Eltern einnehmen. Vieles wird in dieser Form der Bezogenheit aufeinander jedoch unkommunizierbar bzw. zu einer Art Tabu: Ansprüche zu stellen oder irgendeine Forderung auszusprechen wäre schon zuviel. Die große Verantwortung, von der hier die Rede ist, bezieht sich auf all die Kosten, die für diese Beziehung in Kauf genommen wurden und das Versprechen zu dem sich Andrea selbst im Namen der Liebe gemacht hat. Es ist gewissermaßen die Geschichte der Paarwerdung, die nun auf den Akteuren lastet: Entscheidungen und Handlungen sind nicht mehr revidierbar. Diese Form der Bezogenheit produziert für die Partner nun zweierlei: Einerseits Nähe, Bindung, Geborgenheit und Halt; andererseits auch Enge, Abhängigkeit, Schuld, Verantwortung und Unfreiheit:

> »Also die Beziehung ist so: Wir sind manchmal eigentlich fast zu eng. Und so einfach einmal ein ganz normales Leben ausprobieren oder einfach haben, das geht nicht. Wir haben schon gewusst, mit der Entscheidung, können wir nicht mehr sagen: Wir probieren das jetzt aus. Irgendwie war uns das schon klar, dass da wirklich viel Verantwortung damit verbunden ist. Da kann man nicht sagen, so von heute auf morgen: Du, ich möchte was anderes ausprobieren, weil mir gefällt das nicht oder so. Das haben wir schon gewusst. Oder, wir sind uns dessen schon bewusst, dass wir uns, so wie wir uns füreinander entschieden haben, uns irgendwie ganz füreinander entschieden haben. Ich meine sicher, einen Brief hat keiner, dass die Beziehung jetzt ewig dauert und dass wir miteinander sterben. Aber wir sind uns schon der großen Verantwortung bewusst, die wir da irgendwie mit der Entscheidung auf uns genommen haben.« (13)

Es ist eine Entscheidung ohne Kompromisse, eine Entscheidung mit allen Konsequenzen. Zu der großen Verantwortung, von der die Erzählerin an mehreren Stellen spricht, gehört auch der Umstand, dass sie nun allein für den Lebensunterhalt zu sorgen hat, bis ihr Partner seine neue Berufsausbildung abgeschlossen hat. Der Handlungsspielraum innerhalb der Beziehung wird als minimal erfahren, wie die Erzählpassagen zeigen. Ein behutsames, verständnisvolles und vorsichtiges Umgehen miteinander scheint geboten. Dabei darf die Zwischenbilanz auch im Interview nicht negativ ausfallen. Und so ist die Erzählerin immer wieder dazu angehalten, einen positiven Sinn zum Ausdruck zu bringen:

> »Wir haben uns sehr intensiv, weil wir auch auf kleinem Raum zusammen leben. Die Leute sagen immer: ›Wie macht ihr das bloß? Wie haltet ihr das aus?‹ Aber ich muss sagen: Not macht erfinderisch! Und die anderen Beziehungen die haben vielleicht immer so Probleme, dass gestritten wird, wer abwäscht oder wer den Müll hinunter trägt oder wer putzt oder so. Das sind alles nicht unsere Probleme, weil wir das alles geregelt haben ohne Streit und ohne Emotionen. Unser Problem ist immer nur: Wie überleben wir? Also wir arbeiten gemeinsam darauf hin, dass wir es einmal ein biss-

chen leichter haben als jetzt. Also rein materiell fehlt uns nichts, aber unsere Beziehung ist einfach so: Wir haben uns, und mehr nicht. Wir sind also sehr auf's Wesentliche konzentriert.« (9)

Gegenwelten

In der Erzählung von Andrea wird ein gewisses Bedauern deutlich, hinsichtlich der Verzichte, die für die Realisierung der Liebesbeziehung in Kauf genommen werden mußten. Die emotionale und materielle Not, die aus der fehlenden Unterstützung durch die Herkunftsfamilien der Partner entsteht, sowie die prekäre Lebenssituation, resultieren aus der Entscheidung der Akteure. Wenn der Wunsch nach einer ›normalen Beziehung‹ dieses Bedauern deutlich macht, so zeigt sich zugleich, dass dieses auch nur mit Vorsicht ausgesprochen werden darf. Vielmehr ist die Erzählerin auch hier erneut bemüht, der konfliktreichen Paargeschichte einen tieferen Sinn zu geben, den sie wiederum über das Deutungsmuster der Liebe in Szene setzt. Genauer benutzt sie dabei romantische Sinnbilder wie etwa das Paar, das eine ›Gegenwelt‹ zur Welt bildet: Die ländliche Idylle und das einfache, genügsame Leben am Lande – Michaels Heimat – werden zum Gegenentwurf einer westlich-konsumistischen Werthaltung, in der Beziehungen nach Berechnung und Kalkül geschlossen werden:

»Ich habe Leute aus dem Dorf kennen gelernt aus dem Michael kommt und mir sind die Augen übergegangen wie die miteinander umgehen. Das ist ganz anders. Die gehen ganz anders miteinander um. Da war ein Ehepaar das ein halbes Jahr verheiratet war und der Mann musste manchmal in der Nacht arbeiten. Und seine Frau hat gesagt, wenn er arbeiten muss, dann hat sie endlich das Bett für sich und kann sich ausstrecken. Und die Mutter aber, die schon achtzig Jahre ist, hat darauf gesagt: ›Also das kann ich nicht verstehen, weil wenn mein Mann in der Nacht aufsteht, das halte ich nicht aus und dann muss ich sofort hinterher.‹ Also die freuen sich so, obwohl die schon dreißig Jahre verheiratet sind. Aber da merkt man immer, dass die sich freuen, dass sie verheiratet sind, allein deswegen, dass sie zusammen sind. Und da geht es nicht um so etwas wie: Ich will ein neues Auto, oder ich will einen Urlaub, oder ich will etwas Neues zum Anziehen oder sonstwas. Sondern da geht es nur darum, dass sich die zwei freuen, dass sie immer noch zusammen sind. Für mich war das etwas ganz Neues, weil ich solche erwachsenen Beziehungen nie erlebt habe. Und ich möchte eigentlich schon an eine Liebe glauben. Auch wenn das heute so verloren geht, dieses Miteinander.« (20)

Die kleine Anekdote vom glücklichen Ehepaar steht für das Sinnbild einer dauerhaften Liebe, die sich selbst genügen soll. Die Erzählerin bindet in diese Darstellung eine ganze Gesellschaftskritik ein: Moderne Beziehungen seien konsumorientiert, berechnend, oberflächlich und materiell ausgerichtet. Das wahre Glück bestehe darin, sich allein am Zusammensein mit dem anderen Menschen zu erfreuen. Es ist hier wieder das Motiv der romantischen Liebe, welches das sinnstiftende Deutungsmuster abgibt und zur Handlungsgrundlage wird. Mit dieser Anekdote beendet Andrea ihre biografische Apologie der Liebe.

5.2 Fallgeschichte Markus: Interkulturelle Liebe – Eine Aneignungsgeschichte

»Ich war sehr stolz darauf, dass ich geglaubt habe, eine interkulturelle Beziehung zu führen. Aber obwohl sie in Asien geboren ist, ist sie halt doch hier aufgewachsen. Sie ist mit drei Jahren hergekommen. Und das habe ich eben auch nicht gesehen, dass ich schon mehr Asiate geworden bin als sie eigentlich war.« (12)

Die folgende Selbsterzählung präsentiert Markus, ein 39jähriger Anwalt. Im Alter von 17 Jahren geht er seine erste und einzige längerfristige Paarbeziehung ein, die er selbst als eine »interkulturelle Beziehung« deklariert. Siara, seine damalige Freundin und spätere Ehefrau, wurde in einer südchinesischen Provinz geboren und kam im Alter von drei Jahren mit ihren Eltern nach Österreich. Die Beziehung der beiden Teenager missfällt den Eltern, sie wollen, dass die Tochter ihre Partnerwahl auf den eigenen Kulturkreis beschränkt. Das Paar hält die Beziehung daraufhin geheim und entschließt sich drei Jahre später zu einer Heirat. Als Ehemann ist Markus stolz, eine »interkulturelle Beziehung« zu führen und er ist bemüht, in Siaras Familie einen Platz als anerkanntes Mitglied zu erwerben. Mehr noch, versucht er, sich über die Beziehung zu Siara eine kulturelle Identität anzueignen. Ein Unternehmen, dessen Gelingen mit der Akzeptanz der sozialen Anderen steht und fällt und schließlich durch das Scheitern der Ehe in eine Identitätskrise mündet. Die autobiografische Erzählung von Markus vollzieht sich im Rahmen der Konstruktion einer kulturellen Identität, die als thematische Klammer der Gesamterzählung dient: Es geht um die biografische Aneignung einer kulturellen Identität als »Asiate« – wie er es nennt. Vor dem Hintergrund einer solchen kulturellen Matrix – personalisiert in der Form des erweiterten familiären und verwandtschaftlichen Netzwerks von Siara – ist die Erzählung gleichzeitig die Geschichte der Aneignung einer fremden Kultur. Dabei stiftet Markus zwischen seiner Kindheit und der Gegenwart eine Kontinuitätslinie: Er schreibt seinem Kindheits-Ich jene Identität im Sinne einer eigentlichen oder authentischen Herkunft ein und entwirft auf diese Weise eine Art ›Ersatzbiografie‹. Auf der Ebene der narrativen Performanz stellt sich seine Selbsterzählung als eine Plausibilisierung und Aufrechterhaltung eines Identitätsentwurfs dar. Und sie gerät zum Versuch, die entworfene Identität über das (erfahrene) Scheitern der Liebe hinweg zu retten. Sichtbar werden unterschiedliche narrative Strategien – wie etwa die Umerzählung – mithilfe derer Markus versucht seinen persönlichen Identitätsentwurf zu stabilisieren. Auf diese Weise gibt seine Erzählung Einblick in einen komplexen Aneignungsprozess der Identität, als eines vielschichtigen narrativen Deutungs- und Umdeutungsgeschehens, im Rahmen dessen das Eigene verfremdet und das Fremde angeeignet wird. Das Scheitern der Liebe wird in einen Kulturkonflikt eingeschrieben, in dem letztlich die Rollen vertauscht, und die Identitätskonstruktion immunisiert werden kann. Die Liebe wird zum Ort von Anerkennungskonflikten persönlicher Identität, von Selbstverlust, Verwundung und Leiden. Markus inszeniert das Scheitern seiner Ehe in Form einer Abstiegserzählung: Das erzählte Ich wird zum Opfer einer unaufhaltsamen Ereigniskette und erleidet einen Identitätsverlust. Die Liebe wird zum kulturell gerahmten Identitätskonflikt, der sich letztlich als eine Umbesetzung der Dimensionen des Eigenen und des Fremden gestaltet. Im thematischen Zentrum der Selbsterzählung steht das kulturelle Andere als identitätsstiftender Rahmen, das Scheitern der Liebe und die Rettung des Selbst.

Herkunft und Aneignung

»Während meiner Schulzeit hatte ich einen Freund aus der Nachbarschaft mit dem ich immer Radfahren war. Und einmal da haben wir einfach zwei Mädels beim Radfahren getroffen. Und die eine, das war eine Chinesin, und die hat mir recht gut gefallen. Die hat so große goldene Ohrringe gehabt und ich habe mir gedacht: Echt interessant! Und so Asien war eigentlich früher schon ein Faible von mir. Und ich wollte sie halt einfach einmal kennenlernen, wie die so sind. [...] Also ich habe ja schon mit elf Jahren angefangen mich für Asien zu interessieren. Angefangen hat es mit chinesischer Malerei. Und das Entscheidende war: Der Mensch ist dort Teil der Natur. Und nicht so wie bei uns in Europa, so hervorgehoben, das Zentrum sozusagen und überdimensional. Sondern eben wirklich: Das ist das kleine und die Berge und der Wald und so weiter das ist das Große. Oder auch zum Beispiel die Architektur, die Gebäude mit den Giebeldächern, die sich wirklich schön in die Landschaft einfügen, das ist einfach harmonisch. Und das ist etwas, was schon in mir war und das habe ich bei ihr gefunden gehabt, diese Verbindung. Und das hat sich dann eben verstärkt dadurch, dass ich sie besser kennen gelernt habe. Es ist einfach etwas, das mit mir zu tun hat.« (14)

Markus verankert in seiner autobiografischen Erzählung die Thematik der kulturellen Identität in seiner Kindheit und präsentiert damit zugleich eine Art Motto seiner Selbsterzählung: »Ich wollte sie halt einfach einmal kennenlernen, wie die so sind.« Diese Maxime wird in der Geschichte zum Programm: auf mehreren Ebenen vollzieht sich eine Auseinandersetzung mit dem Faszinosum einer fremden Kultur, die sukzessive zur eigenen Kultur umerzählt wird. Das kulturelle Andere bildet aber nicht nur ein Faszinosum, sondern wird als eigentliche Herkunft inszeniert: Markus schreibt die (fremde) kulturelle Identität in seine eigene Persönlichkeit – und damit auch in seine Biografie – ein: »Das ist etwas, was schon in mir war.« Die Identifizierung geschieht nicht nur äußerlich in Form eines bloßen Interesses, sondern wird zu einem intrinsischen Moment des Selbst. Auch die Deutung der Liebesbeziehung mit Siara als eine Art wiedergefundener, ursprünglicher Verbindung, verdeutlicht diese Inszenierung von (ursprünglicher) Herkunft und Heimat.

Der Erzähler präsentiert an dieser Stelle auch eine Weltdeutung: Die gesetzte Polarität von Europa/Asien etabliert zwei Werthemisphären: Eine durch Egoismus und Ich-Zentriertheit gekennzeichnete westliche Kultur wird einer fernöstlichen Kultur der Harmonie und des Gleichklangs gegenübergestellt. Das Bild der fernöstlichen Landschaft soll symbolisch die Ausgewogenheit zwischen Natur und Mensch verdeutlichen. Zugleich verbildlicht sich darin die Vorstellung eines Gefüges, in das der Mensch eingepasst ist und einen zugewiesenen Platz erhält. Zwar handelt es sich um eine bereits kulturell vermittelte Deutung und eine Idealisierung des kulturellen Anderen, aber die Dichotomie wird zur Grundlage der autobiografischen Erzählung als solcher: Je stärker im Verlauf der Erzählung eine Identifizierung mit der fernöstlichen Kultur stattfindet, desto stärker wird die faktische Herkunftskultur des Erzählers zum Fremden und Unverständlichen um-erzählt. Auf diese Weise kommt es in der vorliegenden Selbsterzählung, wie hier im Weiteren gezeigt werden soll, zu einer sukzessiven Um-erzählung des Selbst: die fremde Kultur wird zur eigenen, zur wiedergefundenen Identität.

Eine interkulturelle Beziehung?

»Meine erste körperliche Erfahrung, hatte ich mit 17. Das war irgendwie komisch, das war eine Österreicherin und die war etwas flippig und wollte mich immer weiter bringen. Und ich habe gesagt: ich will das nicht. Ich war damals sehr konservativ und habe gesagt: Die Frau mit der ich das mache, die werde ich auch heiraten. Und dann hat sich das irgendwie so im Sand verlaufen. Und dann habe ich witzigerweise meine erste wirkliche Freundin und dann halt spätere Frau, kennen gelernt. Das war auch ungefähr so mit siebzehn. Und im Kino war dann halt der erste Kuss und seit dem waren wir ein Paar. Es hat dann noch ein paar Reibereien gegeben aber wir haben dann doch gesagt, wir bleiben zusammen. Ihre Eltern und meine Eltern waren überhaupt nicht begeistert. Natürlich, sie Asiatin, ich Österreicher, und das Typische: Jeder muss bei seinen eigenen Leuten bleiben. Aber das habe ich überhaupt nicht verstanden und auch nicht akzeptiert. Wir sind dann einfach zusammen geblieben. Ihr Vater hat gesagt, sie muss ihre Ausbildung fertig machen. Und ich bin dann hingegangen vor die Eltern und habe gesagt: Ich möchte das nicht heimlich machen, ich bin keiner der sie einfach nur ausnutzen will und wenn das so ist, dann warte ich eben einfach noch die drei Jahre. Naja und so war das dann auch. Wir haben uns zwar schon heimlich getroffen, aber es war für uns klar, wir wollen es miteinander probieren. Und dann, so ungefähr nach drei Jahren, haben wir eben darüber geredet, ob wir uns vorstellen können für immer zusammen zu bleiben. Und da war einfach von beiden Seiten ganz klar: Ja, miteinander alt und runzelig werden. Und das habe ich super gefunden. Und dann war es auch irgendwie klar, okay, das wird die Frau, die ich auch heiraten werde. Und dann war das Intime auch dabei.« (2–3)

Markus schildert in dieser Interviewpassage den Beginn seiner Paarbeziehung mit Siara, wobei er ein romantisches Narrativ benutzt: Die Liebenden stoßen zuerst auf Hindernisse (die kulturelle Differenz und das Verbot der Eltern), das Hindernis kann überwunden werden und die Ehe wird zur Liebesheirat. Es geht um einen Entwurf von Dauerhaftigkeit (»miteinander alt und runzelig werden«) der auch im Warten (»dann warte ich einfach noch die drei Jahre«) symbolisiert wird. Auch die Beschränkung erlebter Intimität auf die Ehe kann als ein Element der Herstellung von Dauer gelesen werden. Das Thema der kulturellen Differenz rahmt seine Darstellung. Deutlich wird auch hier die Verfremdung der eigenen Herkunftskultur: »Das war irgendwie komisch, das war eine Österreicherin.« Damit stellt sich die Wahrnehmung der persönlichen kulturellen Identität des Protagonisten nicht mehr selbstbezüglich her, sondern sie wird in den Blick der Anderen verschoben. Was hier noch ganz unscheinbar als Selbstverständlichkeit präsentiert wird (»jeder muss bei seinen eigenen Leuten bleiben«) nimmt in der Folge programmatischen Charakter an: Für Markus geht es um die Ausblendung von (kultureller) Differenz über den Prozess der Aneignung des Fremden. Diesbezüglich liefert die Paarbeziehung – und vor allem das erweiterte soziale Netzwerk seiner Frau Siara – den relevanten Ort der Konstruktion einer »asiatischen Identität«. Dabei muss der Erzähler mithilfe unterschiedlichster narrativer Strategien diese, seine Identitätskonstruktion, plausibel machen. Dies gilt sowohl für die Interviewsituation als solcher – hier ist die Identitätskonstruktion als narrative Performanz zu lesen – als auch für die Gestaltung des erzählten Ich. Denn gerade für den Protagonisten der Erzählung werden die soziale Anerkennung und der familiäre Kontext zum Ort der Identität. Insofern schildert Markus dann auch immer wieder Situationen und Handlungsweisen, anhand derer ein Gelingen der angeeigneten kulturellen Rolle greifbar werden soll:

»Ich habe mich den Eltern gegenüber so verhalten, dass ich mich untergeordnet habe. Also ihre Eltern sind für mich irgendwie Autoritäten, auf jeden Fall sehr, sehr wichtig. Und von mir akzeptiert einfach auch. Es gibt genug Österreicher die sagen, mich interessiert nicht wer deine Eltern sind, du bist mit mir zusammen und fertig. Also in Österreich macht man das so und das wollte ich nicht. Ich wollte sie verstehen und auch ihren kulturellen Hintergrund verstehen. Es hat eigentlich damit angefangen, dass ich bei den asiatischen Feiern war und da auch zum Beispiel bei so einem traditionellen Tanz dann mitgetanzt habe. Wir haben auch traditionell asiatisch geheiratet. Ich war auch in ihrem Herkunftsland mit der ganzen Familie. Ich habe auch die Sprache gelernt, das Essen auch kennen gelernt und geschätzt.« (13)

Die Strategie der Unterordnung verdeutlicht erneut ein Handlungsschema, das zuvor im Bild der fernöstlichen Landschaft angesprochen wurde: Es ist die Familie die zum Kosmos wird, in den sich das Individuum einzupassen versucht. Die Eltern werden durch ihre kulturelle Identität in die Position von ›Autoritäten‹ erhoben. Der Begriff ›Autorität‹ eröffnet ein Feld von Bedeutungen: Einerseits treten die Eltern als Gebotsinstanzen in Erscheinung, die die Liaison nicht gutheißen wollen, und denen der Protagonist mit Entschiedenheit gegenübertritt. Aber aus der Liaison entsteht gerade auch eine Art kultureller Verpflichtung, nämlich die Beziehung durch kulturelle Aneignung zu legitimieren. Dazu gehört scheinbar auch eine Verfremdung der eigenen Herkunftskultur, die Markus in seiner Selbsterzählung immer wieder durchführt. Die Eltern werden in der Rolle von kulturellen Autoritäten präsentiert, wodurch sie auch als Wissensträger in Erscheinung treten: Sie verfügen über kulturelles Wissen an dem Markus teilzuhaben versucht. Mit der Schilderung unterschiedlichster Handlungssituationen (Tanz, Heirat, Spracherwerb, Essen) versucht der Erzähler die erfolgreiche Aneignung einer kulturellen Identität darzustellen. Dabei ist diese Identitätskonstruktion vor allem auch auf soziale Anerkennung angewiesen, wie etwa die folgende Interviewpassage zeigt:

»Und ich war einfach auch bei den Leuten, die sie gekannt haben, sehr gut angesehen und das war für sie eben auch wichtig. Also ihr Ansehen ist eigentlich dadurch, dass sie mit mir zusammen war enorm gestiegen.« (14)

Das Moment der Bestätigung der angeeigneten Identität steht in der Erzählung von Markus stets im Vordergrund: Die Identitätskonstruktion kann sich auf keine Form der (sichtbaren) Evidenz berufen, deshalb muss sie immer wieder im Blick der Anderen gesichert werden. Erst die Akzeptanz der sozialen Anderen gewährt die Plausibilität der gewählten Rolle, die es gut zu spielen heißt. Dieses Moment wird zum Brennpunkt der Beziehung denn eine Verweigerung von Anerkennung bringt die Identitätskonstruktion ins Wanken und droht diese zu zerstören.

Ein typischer Asiate und narrativer Rollentausch

Auf den romantischen Beginn einer Liebe folgt in der Erzählung von Markus eine Abstiegserzählung: Eine ungeplante Schwangerschaft von Siara nach vier Ehejahren markiert für ihn den Beginn einer Vertrauens- und Beziehungskrise. Für Markus, der zu diesem Zeitpunkt kurz vor dem Abschluss seines Jusstudiums steht, widerspricht die Entscheidung von Siara für das Kind seinen persönlichen Karriere- und Zukunftsplänen. Er fühlt sich hintergangen und zieht auch seine Vaterschaft in Zweifel:

»Sie hat es darauf angelegt, dass sie schwanger wird und ich habe ihr also gesagt [...] solange ich noch keinen Job habe und dort nicht zumindest ein halbes Jahr drinnen bin, möchte ich noch kein Kind haben, weil ich das verantwortungslos finde.« (3)

Markus versucht dennoch, den Anforderungen der veränderten Lebenssituation gerecht zu werden. Die Aufgabe der materiellen Sicherung des Familieneinkommens wird für ihn jedoch zur Belastungsprobe. Zudem gerät seine Stellung innerhalb der Familie von Siara zusehends ins Abseits. Zwei Jahre später drängt Siara schließlich auf eine Scheidung. Diese Erfahrung des Scheiterns der Liebe wird innerhalb der Erzählung als eine Form der Selbsttäuschung inszeniert. Markus kennzeichnet sich als Opfer einer manipulativen Form der Liebe, die ihm zum Verhängnis wird und in Depression und Selbstverlust mündet. Seiner (Ex-)Frau attestiert er dabei eine verminderte

Liebesfähigkeit und deutet die Liebe sukzessive zur Manipulation um. Siara wird in der Erzählung zur Agentin einer materialistischen und berechnenden Werthaltung:

»Ich war extrem fertig. Ich hatte das Gefühl, sie akzeptiert mich nicht und ich bin nicht gut genug, weil sie hat eben nur gefordert. Sie wollte Schuhe haben, ein Auto, einen Geschirrspüler, einen Weiterbildungskurs, also alles in allem wäre das sehr viel Geld gewesen, was ich einfach so springen hätte lassen sollen. Und dann hat sie mich fertig gemacht und schikaniert, warum ich noch keine Arbeit habe und für mich war es einfach die Hölle. Also da habe ich mich selbst als Mensch, geschweige denn als Mann gar nicht mehr wahrnehmen können. Also ich war wirklich irgendwie gar nichts. Nichts hat mehr gepasst und so war immer nur ich an allem Schuld. Und das Problem war aber, dass ich meine Frau so geliebt habe und ich sie sehr attraktiv gefunden habe. Also ich wollte ja mit ihr zusammen sein. Und eben weil dieser Wunsch bei mir da war, hat sie sehr viel machen können. Und es gibt den Spruch nicht umsonst: Liebe macht blind. Ich war wirklich einfach – sie gesehen – und das war's. Ich war wirklich voll verliebt in sie und das über Jahre hinweg.« (7)

In seiner Erzählung sucht Markus nach Gründen des Scheiterns der Ehe und unternimmt dabei mehrere Deutungsversuche, im Rahmen derer schließlich die Zuschreibungen vertauscht werden – es kommt zu einer Art narrativem Rollentausch. Das Scheitern der Liebe inszeniert er als Effekt der Täuschung. Der Protagonist habe sich bezüglich der wahren Identität der Geliebten geirrt:

»Ich war auch irgendwie abhängig muss ich sagen, weil das Beste was ich hätte machen können wäre gewesen, ich gebe die Beziehung auf. Und das wollte ich aber nicht. Da waren viele Gründe. Erstens einmal haben wir uns das gemeinsam versprochen bei der Hochzeit, dass wir in guten und auch in schlechten Zeiten zueinander stehen. Das habe ich ernst genommen und das habe ich auch von ihr erwartet. Sie hat es aber nicht gemacht. Und dann war es auch so, dass ich das Gefühl hatte, wenn ich die Beziehung aufgebe, verliere ich dadurch einen Haufen meiner Freunde und ich stehe auch vor der Familie schlecht da. Und vielleicht ist das noch so ein kleiner Grund: Ich war sehr stolz darauf, dass ich geglaubt habe eine interkulturelle Beziehung zu führen. Aber obwohl sie in Asien geboren ist, ist sie halt doch hier aufgewachsen. Sie ist mit drei Jahr herkommen. Und von der Art her muss ich sagen, ist sie schon eigentlich eine Österreicherin. Und ich habe das nicht sofort gesehen, dass ich schon mehr Asiate geworden bin als sie eigentlich war. Mittlerweile kann ich sagen, dass ich drüber hinweg bin, aber es hat einfach alles kaputt gemacht. Also sowohl mental als auch beruflich, der Sinn im Leben ist verloren gegangen. Und es schmerzt mich auch heute noch, wenn ich mir denke, es gibt eigentlich keinen wirklichen Grund. Ich habe sie gefragt nach den Gründen, warum sie nicht mehr mit mir zusammen sein wollte. Was sie gesagt hat war, dass ich mich zu sehr verändert habe und dass ich zu einem typischen Asiaten geworden bin. Das habe ich überhaupt nicht verstanden. Also mir war es wichtig die Kultur zu verstehen, also ich wollte mich einfach integrieren. Und sie wollte das anscheinend halt nicht.« (8)

Wie diese Erzählpassage deutlicht macht, rettet Markus seine adaptierte Identität über das Scheitern seiner »interkulturellen Beziehung« hinweg, indem er die kulturellen Zuschreibungen vertauscht: Die (vermeintliche) ›Asiatin‹ Siara wird zur ›Österreicherin‹ umerzählt. Grund des Scheiterns der Beziehung ist dann die ›falsche Identität‹ Siaras, bezüglich derer sich Markus eben getäuscht glaubt. Damit wird die Plausibilisierung der Identitätskonstruktion auf die Spitze getrieben: Das Scheitern der Liebe gibt den indirekten Beweis für die Glaubwürdigkeit der angeeigneten Identität ab. Siara wird der Beweis dieser gelungenen Identitätsaneignung wörtlich in den Mund gelegt: »Was sie gesagt hat war, dass ich mich zu sehr verändert habe und dass ich zu einem typischen Asiaten geworden bin.« Auf diese Weise kann Markus seinen eigenen Identitätsentwurf retten, wenn auch nicht die Beziehung. Diese Form der Identitätszuschreibung und Rollenumkehr lässt sich durchaus als eine narrative Strategie kennzeichnen. Sie ist Teil der Selbstdarstellung im Interview, die damit selbst zur Performanz der Identitätssicherung gerät. Die Erzählung von Markus stellt sich insgesamt als eine Performanz der Sicherung seiner Identitätskonstruktion über das Scheitern der Liebe hinweg heraus. Einerseits wird eine Begründung für das Scheitern der Beziehung geliefert, andererseits wird damit das Festhalten am eigenen Identitätskonstrukt legitimiert bzw. plausibilisiert. Diese Form der Immunisierung der angeeigneten Identität gegen das Scheitern, über den Wechsel kultureller Zuschreibungen, wird auch anhand anderer Interviewpassagen deutlich, so etwa an folgender:

»Beim Asiatischen ist es, in den meisten Ländern zumindest so, dass man nicht ›nein‹ sagt, sondern man versucht das diplomatisch zu lösen. Und sie war aber das Österreichische gewohnt und da wäre die einzige Chance gewesen, auf den Tisch zu hauen und zu sagen: So nicht! Das lasse ich mir nicht gefallen, und wenn du lange noch so weiter machst, dann kannst du weggehen! Nicht? Und ich habe es eben versucht mich so darauf einzustellen, wie das bei ihr halt in ihrer Ursprungsregion üblich ist. Ich habe gedacht, so versteht sie es auch besser. Weil wir haben uns ja öfter darüber unterhalten, wie das so ist, wenn es Konflikte gibt, wie das gelöst wird. Bei denen ist es halt so, zwei Leute haben einen Konflikt miteinander, dann gibt es einen Dritten, das ist ein Vertrauter von beiden, mit dem redet man. Der eine, der halt irgendwie möchte, dass das gelöst wird, redet mit dem, und der geht dann zu dem anderen Beteiligten und versucht halt so mit Andeutungen den so hinzulenken, dass es wieder passt. Also das ist das Typische. Und das hätte ich halt auch probiert, aber auch das hat nicht geklappt. Und das war dann halt tragisch, aber es war dann halt einmal so.« (13)

Mit den kulturellen Zuschreibungen verbindet sich zugleich eine bestimmte Virilitätskonstruktion, wie diese Interviewpassage zeigt. Der narrative Wechsel des Beobachterstandpunktes erlaubt dem Erzähler hier auch, bestimmte Handlungsweisen die in der einen Kultur als ›Schwächen‹ kodiert sind, mit dem Perspektivenwechsel zu ›Tugenden‹ zu verkehren. Dass dieses starre Festhalten an kulturellen Praktiken der äußerlichen Wahrung des eigenen Identitätsentwurfs dient, erklärt sich auch im Kontext des Verlusts von Anerkennung im Rahmen der ehelichen Beziehung, durch die Markus befürchtet zum familiären Außenseiter zu werden:

»Einmal waren wir bei ihrer Familie, und da habe ich gelacht und ich habe etwas höher gelacht, ja? Und dann hat sie gesagt, ich lache wie eine Frau. Und im Asiatischen ist das schon ziemlich schlimm, wenn man das sagt, also dass man unmännlich ist quasi, ja? In Asien ist das ja immer noch sehr wichtig, dass der Mann eben ein Mann ist. Also da darf man kein Weichei sein. Das bedeutet Gesichtsverlust, ja?« (21)

Die mit der kulturellen Identitätskonstruktion in Verbindung stehende Virilitätskonstruktion wird hier wieder greifbar. Deutlich zeigt sich daran erneut, inwiefern die angeeignete Identität konstitutiv für das Selbstbild des Erzählers ist. Für Markus scheint ein ›Gesichtsverlust‹ bedrohlich, wohl auch deshalb, da er dadurch den Verlust seiner Rolle als anerkanntes Familienmitglied erleiden könnte. Genau diese Situation tritt dann aber mit der von Siara initiierten Trennung ein. Markus verliert sein identitätsstiftendes Bezugssystems und fällt in einen Zustand der Depression und Lethargie:

»Ich bin zuhause gelegen im Bett und habe nichts mehr tun können. Also wenn ich mich zum Beispiel zum Computer gesetzt habe und versucht habe zu arbeiten, dann sind so Gedanken gekommen wie: Ich will mich nur wichtig machen und mir geht es nur um meine Karriere. Weil das waren die Vorwürfe von meiner Ex-Frau. Also ich habe das internalisiert gehabt. Das ›Es‹ hat sozusagen in mir gewirkt. Und immer wenn ich etwas versucht habe für mich zu machen, dann war die Blockade da und ich habe dann einfach nichts mehr geschafft. Ich bin dann lange Zeit einfach nur herum gelegen am Sofa oder im Bett, habe mich nicht mehr bewegen können, habe nicht mehr schlafen können. Ich habe mich selbst aufgegeben gehabt.« (16)

Die Trennung von Siara führt für Markus in eine Identitätskrise und zu einer verminderten Handlungsfähigkeit. Sie markiert einen Tiefpunkt der Erzählung, einen Zustand der Auswegslosigkeit, der Lethargie und des Selbstverlusts. Interessant ist nun, dass sich der Protagonist der Erzählung nicht aus eigener Kraft auf dieser Situation befreien wird. Es ist die romantische Liebe, die dem verwundeten Selbst Heilung verspricht und zur Überwindung jenes Zustandes beiträgt. Das neuerliche Identitätsversprechen einer unbekannten Fremden wird in der Folge zur Rettung des Selbst.

Romantische Liebe als Rettung des Selbst

»Und nach der Trennung da war eine, die war sehr interessiert an mir. Ich habe ihr zwar gesagt, es ist besser sie lässt die Finger von mir, da ich noch sehr an meiner Familie gehangen bin. Aber das Eigenartige war, das hat sie mir dann gesagt, dass sie mich jetzt noch mehr mag. Und das war irgendwie paradox. Sie hat einfach so eine liebe Art gehabt, dass sie mich für sich gewonnen hat. Und sie war endlich einmal ein Mensch, sie hat das wortwörtlich so gesagt: Sie mag mich genauso wie ich bin. Und damit war irgendwie so alles offen.« (5)

Erst das Identitätsversprechen in Form eines romantischen Intermezzo bringt in der Erzählung von Markus die Heilung vom Leiden. Damit geschieht in der Geschichte eine entscheidende Wendung zum Positiven. Auf die Abstiegserzählung folgt ein Aufstieg. Es sind hier weniger die Umstände dieses kurzen romantischen Intermezzo interessant, sondern die Bedeutung, die der Erzähler diesem für den weiteren Verlauf der Geschichte beimisst. Denn erst in dieser Bezogenheit werden neue Seinsmöglichkeiten eröffnet und das Leiden geheilt. Die romantische Version der Liebe bringt die Heilung vom Leiden und verspricht erlebbare Identität. Die Begegnung mit der unbekannten Fremden eröffnet dem Protagonisten innerhalb der Erzählung wieder einen Raum der Anerkennung. Diese steht ganz im Zeichen einer romantischen Deutung der Liebe:

»Wir saßen uns gegenüber und haben uns dann einfach sehr lange in die Augen gesehen. Und dann waren einfach die Gefühle da, so dieses: Ich will dich jetzt umarmen und so das Herz, das einfach so hinüber will. Ich weiß auch nicht, wie ich es erklären soll. Einfach ein Gefühl das so stark ist, also in meiner Vorstellung: Zwei Herzen, die sich umarmen wollen. Das Gefühl habe ich zum Beispiel auch einmal gehabt, als wir auf diesem Berg waren mit diesem schönen Ausblick. Da sind wir einfach Arm in Arm gesessen, haben hinunter gesehen und da war dieses Gefühl vom Herz auch da.« (8)

Das Intermezzo ist jedoch nur von kurzer Dauer: Markus beendet die Beziehung nach wenigen Wochen und lebt danach allein. Gegen Ende seiner autobiografischen Erzählung resümiert er nochmals seine Erfahrungen und berichtet vom vorsichtigen Wagnis, sich wieder auf die Liebe einzulassen. Dabei wird zugleich deutlich, inwiefern die etablierte Identitätskonstruktion auch nach der Erfahrung des Scheiterns der Liebe den Wunsch nach intimer Bindung orientiert.

Ernüchterung und virtuelle Liebe

»Seitdem lebe ich eigentlich solo und schaue eben, dass ich ein guter Vater bin. Und merke aber seit einem Jahr jetzt, also wo ich so langsam über das hinweg komme, was mit meiner Ex-Frau damals war, dass jetzt halt wieder Interesse aufblüht. Also vorher war es einfach so: Egal welche Frau das war, die kann noch so hübsch gewesen sein oder attraktiv oder intellektuell irgendwie interessant, ich habe sie alle weggestoßen. Denn für mich war es einfach so, die Erfahrung habe ich gemacht und das tut einfach so weh und das wollte ich nicht noch einmal. Und jetzt merke ich aber, dass so die Gedanken kommen, es wäre doch irgendwie schön, also wenn es denn die Richtige wäre, dass man irgendwie wieder zusammen findet. Es ist halt einfach schön wenn man ein gemeinsames Leben hat. Also ich wünsche mir das eigentlich schon, aber es müsste halt die Richtige sein und da bin ich im Moment sehr vorsichtig.« (17)

Am Ende der autobiografischen Erzählung von Markus zeigt sich deutlich nochmals der thematische Rahmen der Geschichte: Es geht um die Verunsicherung des Selbst über die Erfahrung des Scheiterns in der Liebe und die Hoffnung auf neuerliche Realisierung der Liebe. Dass die Erfahrung einer gescheiterten Ehe und des damit verbundenen Konstrukts einer »interkulturellen Beziehung« für den Erzähler noch immer einer eindeutigen Sinngebung bedarf, wird zugleich deutlich. Dies zeigt sich auch plastisch am Ende der Erzählung, wo zwei unterschiedliche Deutungen der Liebe vorgenommen werden. Es stellt den Versuch einer sinnhaften Deutung des Erlebten dar, der zum trotz jedoch eine Orientierung in der Zukunft möglich werden soll. Der Konflikt der Interpretationen wird vom Erzähler in Form eines Gedankenexperimentes präsentiert:

»Ich habe mir manchmal gedacht, ob es nicht auch möglich wäre ohne das, was im Menschen drinnen ist, die Triebe die Bedürfnisse, also die körperlichen jetzt, auch ohne dem zu leben. Also das sozusagen aus meinem Leben zu verbannen. Und ich glaube das ist eine zeitlang auch so gewesen. Aber ich akzeptiere das mittlerweile auch schon so wie das die Natur vorgesehen hat. Also der Mann muss dafür sorgen, dass er möglichst viele verschiedene Geschlechtspartner hat, um eben seine Gene weiterzuvererben, sag ich jetzt einmal so. Also wie denkt die Natur des Mannes? Und dass die Frau halt schaut, dass sie so ziemlich den Besten herauspickt für die Versorgung, für die Kindererziehung, für das Weiterkommen im Allgemeinen. Das ist eigentlich ziemlich unromantisch, das ist materialistisch – also in dem Sinne von, es ist wie es tatsächlich ist. Und es fällt mir noch ein wenig schwer, weil für mich Liebe mit so viel Drumherum, mit Romantik und ganz irrationalen Dingen einfach zu tun hat. Das kann man vielleicht als verklärten Romantizismus bezeichnen, aber das bin halt einfach ich! Aber wenn man es wirklich ganz nüchtern betrachtet, geht's darum: Mann und Frau sind zusammen um Nachkommen zu zeugen, damit die Gene irgendwie weiter überleben.« (31)

Es geht hier um die Infragestellung einer romantischen Deutung der Liebe durch eine biologistische Deutung. In der biologistischen Sicht erscheint die Rolle des männlichen Parts determiniert: Er ist alleine Mittel des genetischen Programms zum Zweck der Erhaltung der Art. Die Rolle der Frau ist demgegenüber weniger determiniert – sie kann ihren Partner selbst wählen im Hinblick auf ein gesichertes (Über-)Leben. Die biologistische Deutung der Liebe ist jedoch keine sinnhafte Deutung: Sie entzieht den Protagonisten gerade ihre Handlungs- und Entscheidungsfähigkeit, sie ist purer Determinismus. Jene Form der Ernüchterung, die anhand der soziobiologischen Deutung der Liebe greifbar wird, steht im Spannungsfeld zu einer romantischen Deutung und stellt wohl auch eine bestimmte Form der Verunsicherung dar. So lässt Markus dann auch, wie er am Ende seiner Selbsterzählung schildert, bei seiner neuerlichen Partnerinnenwahl Vorsicht walten. Zwar sucht er wieder nach einer Frau aus dem fernöstlichen Kulturraum, allerdings, kontaktiert er diese nunmehr ausschließlich via Internet:

»Jetzt habe ich eine kennen gelernt über Internet, mit der ich halt körperlich überhaupt nicht in Kontakt bin. Aber wo ich das Gefühl habe, wenn wir uns einmal treffen sollten, dass es vielleicht klappen könnte miteinander. Aber sie ist eben ganz weit weg in Schanghai. Wir reden englisch miteinander, und wenn ich die Chance habe, möchte ich sie auf jeden Fall besuchen. Sie hat auch ein Kind, eine Tochter, die im gleichen Alter wie meine Tochter ist. Das war mir zum Beispiel auch ganz wichtig als wir uns kennen gelernt haben. Das war für mich irgendwie so ein Zeichen. Also falls das mit meiner Ex überhaupt nicht mehr werden sollte, dann hätte ich zumindest so eine ähnliche Situation noch einmal. Also wenn sie mir zum Beispiel verbieten würde meine Tochter zu sehen, weil ich fühle mich in der Rolle eigentlich schon ziemlich wohl. Also ich bin gerne Vater und ich hätte auch gerne jemanden bei mir, eine Frau, die ich wirklich lieben kann. Und ich denke mir, es könnte möglich sein bei ihr. Ich habe sie zum Beispiel gefragt: ›Wenn du dich entscheiden müsstest zwischen reich sein und echter Liebe, wofür würdest du dich entscheiden?‹ Und da war kein Zögern, da hat sie gesagt: ›Für die echte Liebe‹. Dann hat sie es auch noch begründet, weil auch wenn sie kein Geld hätte, sie wäre immer glücklich, weil sie eben den Menschen wirklich liebt. Also das war für mich das Entscheidende, wo ich dann mir gedacht habe, da zahlt es sich aus auch noch mehr Zeit zu investieren und das war ja auch teuer das miteinander telefonieren.« (27)

Trotz der biografischen Erforschung des Scheiterns der Liebe, wie auch der erlebten Brüchigkeit einer angeeigneten kulturellen Identität, begegnet uns am Ende der Erzählung von Markus die romantische Liebe wieder als verheißungsvoller Mythos, der über die Ernüchterung hinweg tröstet und erneut Hoffnung verspricht. Seine Selbsterzählung erweist sich damit als eine Geschichte der Aneignung, die biografische Kontinuität erst herstellt, den kulturellen Lebenslauf stabilisiert, sowie eine Zukunftsperspektive aufzuschließen vermag.

5.3 Fallgeschichte Thomas: Zwischen Bindungssehnsucht und Wahlfreiheit – Ein (männlicher) Reifungsprozess

»Momentan bin ich seit drei Jahren Single, aber unter Anführungszeichen. Ich bin seitdem mit der letzten Exfreundin noch immer zusammen. Es gibt zwar hin und wieder Affären oder Sexbeziehungen, aber, wie gesagt, ich sehe es erst über eine Woche als Beziehung. Da war zum Beispiel vor zwei Monaten so ein Techtlmechtl möchte ich es jetzt einmal nennen. Das hat auch nur eine Woche gedauert. Also ich habe schon so im Gesamt zwanzig Freundinnen gehabt bisher. Aber so was wie mit ihr zähle ich nicht, da es unter einer Woche war. Also es war nicht die Einundzwanzigste.« (2)

Thomas ist 29 Jahre alt, gelernter KFZ-Mechaniker und lebt in Graz. Nach mehreren Umschulungen hat er diesen Beruf jedoch aufgegeben und schlägt sich seit einigen Jahren mit Gelegenheitsjobs durch. Er genieße, wie er selbst sagt, einen angenehmen Lebensstil, denn er verfüge über ein familiäres und freundschaftsbezogenes Netzwerk, das ihn während der Phasen seiner Nicht-Erwerbstätigkeit auch finanziell unterstütze. Dieser Lebensstil sichert Thomas ein gewisses Maß an Freizeit und Freiheit. Ohne große berufliche Ambitionen verbringt er seine Tage vorwiegend mit Freunden im lokalen Sportverein, und frequentiert an den Abenden die Diskotheken und Lokale der Stadt. In seiner Selbsterzählung beschreibt er sich als »Single unter Anführungszeichen«, da er seit drei Jahren keine Paarbeziehung mehr eingegangen ist, jedoch unterhält er kurzfristige Intimbeziehungen mit verschiedenen Frauen. Neben diesen Intimbeziehungen handelt Thomas' Selbsterzählung von einer längerfristigen Paarbeziehung, die zum Zeitpunkt des Interviews schon mehrere Jahre zurückliegt. Diese liefert in der Erzählung das Gegenmodell zum aktuellen Lebensstil von Thomas. Zwar argumentiert er das Modell der dauerhaften Beziehung als das ›vernünftigste‹ Liebesmodell, dennoch verschreibt er sich in der Praxis einer anderen Form der Bezogenheit und kennzeichnet diese als Teil eines persönlichen Reifungsprozesses. Eine Vielzahl von amourösen Abenteuern soll das Gelingen einer (erhofften) längerfristigen Paarbeziehung sicherstellen: »Man muss erst einmal Erfahrung sammeln. Ich kann ja nicht schon bei der Ersten sagen, dass ich die sofort heiraten will.« (7) Vor dem Hintergrund des normativen Modells der dauerhaften Paarbeziehung wird die Erzählung von Thomas zum Ausdruck eines Spannungsfeldes zwischen Bindungssehnsucht und Wahlfreiheit.

Das Charakteristische an der Selbsterzählung von Thomas ist ein assoziativ-fragmentarischer Erzählstil. Der Fluss der Erzählung wird immer wieder von szenischen Darstellungen erotischer Begegnungen durchbrochen und Thomas bereitet es sichtlich Probleme, Personen und Ereignisse, sinnstiftend und geordnet in der Erzählung aufeinander zu beziehen. Deutlich wird dies nicht zuletzt anhand den Versuchen einer begrifflichen Benennung von unterschiedlichen Formen der Bezogenheit, die sich auch im obigen Zitat zeigt: Es ist die Rede von ›Affären‹, ›Sexbeziehungen‹, ›Beziehungen‹, ›Techtlmechtl‹, und dem Status als ›Single unter Anführungszeichen‹. Dabei ist offensichtlich die temporale Dauer der Bezogenheit ausschlaggebend für die Kennzeichnung. Jedoch zeigt sich, dass in der Selbstdeutung des Erzählers eine eindeutige Benennung der etablierten Handlungspraxis nicht einholbar ist. Der sinnstiftende Zusammenhang der Selbsterzählung wird erst geleistet, indem der Erzähler die biografischen Ereignisse als Elemente eines persönlichen Reifungsprozesses deutet. Eine Akkumulation von Erfahrung – in Form amouröser Abenteuer – wird auf diese Weise zur Vorbedingung eines (erhofften) Settlements. Das Erzählmuster ›Reifungsprozess‹ leistet eine Art Überbrückung des Widerspruchs zwischen Affären und dauerhafter Paarbeziehung: Die unterschiedlichen Modelle werden verschränkt und integriert als eine Entwicklung und Auseinanderfolge. Als Erzählmuster synthetisiert der biografische Reifungsprozess auch jene Heterogenität und Vielfalt des Erlebens, die erzählerisch nicht einholbar ist. Im Folgenden soll gezeigt werden, auf welche Weise das Erzählmuster ›Reifungsprozess‹ die Konstruktion diachroner Identität in der autobiografischen Erzählung von Thomas leistet.

Die ›vernünftigste‹ Lebensform: Eine Argumentation

»Insgesamt denke ich, die vernünftigste Beziehung ist eine Ehe. Ich bin es so gewohnt von meinen Eltern, die waren 36 Jahre verheiratet.[4] Es hat auch so gut wie nie Streit gegeben. Ich weiß, dass bei meinen Eltern viel Liebe dahinter war. Und wenn so eine Grundstimmung schon von Anfang da ist, bin ich der Meinung, dass ich dann auch heirate.« (1)

Mit dieser Argumentation beginnt Thomas seine Selbsterzählung und reagiert so auf die Erzählaufforderung. In dieser Anfangspassage des Gesprächs eröffnen sich damit mehrere Bedeutungsebenen. Der Erzähler adressiert einerseits das Modell einer Vernunftehe, andererseits die romantisch codierte Version der Liebesheirat. Als Zukunftsentwurf – im Sinne eines geplanten Settlements – steht dieses Statement zugleich richtungweisend am Beginn seiner lebensgeschichtlichen Erzählung. Er bekräftigt das Statement mit dem Verweis auf Selbsterlebtes – hier mit Bezug auf die innerfamiliäre Erfahrung und Beobachtung. Die Beziehung der Eltern gewinnt eine Vorbild- und Orientierungsfunktion, die eigene biografische Entwürfe berührt. Entsprechend der romantischen Codierung präsentiert Thomas die Ehe als eine lebenslange, auf Liebe gegründete, Partnerschaft. Sie wird verbunden mit unterschiedlichen Werten und Bedeutungen, die in dieser Textpassage implizit als Kriterien einer gelingenden Partnerschaft vorgestellt werden (Liebe, Harmonie, Grundstimmung). Die Argumentation am Beginn der autobiografischen Erzählung von Thomas ist im Hinblick auf die Folgeerzählung instruktiv: Das am Beispiel der Eltern vorgestellte Partnerschaftsmodell dient als Orientierung persönlicher Entwürfe sowie als Maßstab der Bilanzierung eigener Erfahrungen durch die Erzählung hindurch. Allerdings ist die Handlungspraxis des Protagonisten diesem Modell diametral entgegengesetzt. Der Widerspruch zwischen den beiden Beziehungsformen ist augenfällig und führt immer wieder zu uneindeutigen und widersprüchlichen Sinngebungen des Erlebten.

Männliche Lehrjahre und die Exploration des Weiblichen

»Begonnen hat es bei mir mit den Frauen eigentlich relativ früh. Das Interesse und alles, das war so Volksschule. Ich hatte damals eine Nachbarin, das war meine erste Freundin für vier Jahre und sechs Monate. Obwohl Freundin? Da ich noch so jung

---

4 Die Mutter stirbt nach langer Krankheit.

war, ich war zehn und sie war neun. Und wir haben jeden Sommer ein gemeinsames Foto von uns gemacht und da habe ich damals schon mein erstes Kompliment bekommen: der Mann zur Mr. Mann Wahl! Also ich habe das nicht ganz verstanden und ich war damals auch noch sehr kindisch. Männer sind den Frauen ja circa drei Jahre hinterher, sagt man. Also daß ich so wirklich das erste Mal an Sex gedacht habe, das war erst so mit dreizehn. Passiert ist damals zwischen uns gar nichts. Wir waren eben sehr jung, wenig Erfahrung. Und ich habe damals schon einen Konkurrenten gehabt. Ohne dass ich es gemerkt hätte, ist sie eigentlich auf ihn auch ein wenig gestanden, aber da war nie wirklich etwas. Und bei mir war der Vorzug, warum ich mir gedacht habe, sie sollte bei mir bleiben: Ich war gerne bei ihr und es war damals schon irgendwie so ein Gefühl, ich habe gewusst, ich bin gerne bei Frauen.« (2)

Auf die vorangegangene Argumentation der ›vernünftigsten Beziehungsform‹ folgt in der Selbsterzählung von Thomas der Weg vom Kind zum Erwachsenen. Dabei verankert er schon in der Kindheit eine ›Faszination des Weiblichen‹ und stilisiert diese zu einer biografischen Kontinuität. Die freundschaftliche Beziehung zu einem gleichaltrigen Mädchen wird zum ersten Erfahrungsraum der Liebe: Der Protagonist sieht sich hier schon einem männlichen Kontrahenten gegenüber, erfährt Anerkennung (Kompliment) und erlebt zum ersten Mal sexuelles Begehren. Das Kind wird bereits im Rahmen einer Virilitätskonstruktion dargestellt und als ›Mann‹ bezeichnet. Gleichzeitig veranschlagt Thomas eine geschlechtsspezifische Differenz im Entwicklungsprozess von Frauen und Männern. Der männliche Reifungsprozess sei gegenüber dem weiblichen ›verspätet‹ – eine Art Aufholbedarf sei deshalb zu verzeichnen. In weiterer Folge geht es für den Protagonisten darum, sich entsprechendes Wissen anzueignen, um in Liebesdingen erfolgreich zu sein. Im Rahmen der Erzählung wird dies in einen pädagogischen Kontext gebettet: Es geht um Lernprozesse, Akkumulation von Erfahrungen – mithin einem (erfolgssteigernden) Training in der Liebe:

»Da meine Schwester schon etwas älter war als ich, habe ich viel von ihr lernen können. Was wollen Frauen: Zärtlichkeit, Romantik und so. Ich stelle mir das viel schwieriger vor, den Umgang mit Frauen, wenn du ein Einzelkind bist oder wenn man nur Brüder hat, weil woher sollte ich dann wissen, dass zum Beispiel Frauen auf Gedichte stehen und so weiter. Das habe ich mit 16 gelernt, also das was Frauen eben wollen. Das heißt der normale Umgang mit Frauen oder mit anderen Mitmenschen. Das hat mir meine Schwester eben ganz gut beigebracht.« (5)

Als Teenager übt sich Thomas in unterschiedlichen romantischen Techniken und sichert sich auf diese Weise Erfolg in Liebesdingen. Er schreibt Gedichte und Briefe, schenkt Blumen und kleine Aufmerksamkeiten. In seiner eigenen Deutung sichert ihm dies eine Art Expertenstatus. Der Umgang mit

Frauen steht innerhalb eines pädagogischen Kontext: Die Schwester übernimmt die Funktion einer Erzieherin oder Coach, die ein ›Insider-Wissen‹ bereitstellt. Auf diese Weise verfügt Thomas über einen innerfamiliären und exklusiven Zugang zu einem – für ihn hochrelevanten – Wissensbestand, der in seiner eigenen Deutung zum biografischen Garant des Erfolgs in Liebesdingen wird.

Mit 15 Jahren beginnt Thomas seine Lehre als KFZ-Mechaniker in einem Betrieb in der Nähe seines Wohnorts. Die Wochenenden verbringt er wie die meisten Jugendlichen aus seinem Umfeld in Lokalen und Diskotheken, wo er versucht Mädchen kennenzulernen. Für den heute 29-jährigen ist diese Freizeitbeschäftigung immer noch zentral und so berichtet Thomas auch im Interview nicht ohne Stolz von seinen spezifischen Flirttechniken und Erlebnissen:

»Ich lerne die Frauen kennen, nach kurzem Quatschen, also ich gehe da selber nach dem Tempo der Frauen, so kommt es mir zumindest vor. Egal ob das jetzt beim Zusammenkommen ist oder beim Sex. Also ich spreche die Frauen an. Das muss nicht heißen, dass ich etwas will oder so. Einmal war ich in einem Lokal und habe dort eine Frau gesehen, sie war nicht unbedingt hübsch, sondern mittel. Und ich habe meinen Mut zusammen genommen, bin zu ihr gegangen und habe angefangen: Ich hoffe, dass du dir deine innere Schönheit bewahrst. Also ich habe mich dann hingesetzt, wir sind ins Gespräch gekommen und sie hat gesagt: Wieso ich darauf komme, ich kenne sie doch nicht. Das hat ihr aber gefallen. Da ist der Blutdruck schon schnell und du bist nervös, obwohl ich eigentlich nichts von ihr wollte, trotzdem so einer wildfremden Frau so ein Kompliment zu machen, ist ja auch nicht das Einfachste. Und einmal habe ich zwei Freundinnen gleichzeitig kennen gelernt. In der Clique waren auch noch andere Mädchen und irgendwann ist mir aufgefallen, eigentlich war ich schon mit jeder zusammen, also sechs Mädchen waren es bis auf die eine. Und die eine wollte, dass ich ihr das Autofahren beibringe und beim Fahren wollten wir die Plätze tauschen und sie fährt mir davon. Bleibt aber so nach hundert Metern stehen. Ich habe dann natürlich nachlaufen können. Komme gerade so zum Auto und frage: Was ist? Sie liegt hinten auf der Rückbank mit kurzem Rock und wollte halt unbedingt. Ja, ja. Aber es ist nichts passiert.« (19)

In seiner Selbsterzählung belegt Thomas seine Rolle als Frauenschwarm und erfolgreicher Liebhaber immer wieder anhand solcher szenischen Schilderungen. Diese durchbrechen immer wieder den Fluss der Erzählung und führen zu einem assoziativ-fragmentarischen Stil der Darstellung. Eine eindeutige zeitliche oder chronologische Zuordnung einzelner Szenen erweist sich als schwierig, besonders deshalb, da die weiblichen Protagonistinnen in der Erzählung keine Namen besitzen. Sie treten vielmehr nur in Form einer

Typologie in Erscheinung und werden anhand von äußerlichen Merkmalen (z.B. Haarfarbe, Beruf, soziale Herkunft, sexuelle Ausrichtung und Attraktion) beschrieben. Zudem verzichtet der Erzähler auf eine genauere Schilderung der konkreten Ereignisverläufe. Die narrativen Passagen der Selbsterzählung werden immer wieder von argumentativen Einschüben, wie etwa dem folgenden durchbrochen:

»Ich achte da auf vier Sachen bei den Frauen. Jetzt nicht in einer besonderen Reihenfolge, sondern: Aussehen, Charakter, Intelligenz und die Art. Wobei, die Art ist mir eigentlich relativ unwichtig, weil mit der Zeit kann man sich immer besser selber beurteilen, und ich würde sagen die allernetteste Art habe ich auch nicht unbedingt. Deshalb ist das ein Punkt, der mir relativ unwichtig ist. Was für mich wichtig ist, ist eben – deshalb wollte ich auch die Fotos mitnehmen – denn wenn man sagt Aussehen ist mir nicht so wichtig, dann glaubt einem das keiner wirklich. Aber eigentlich hatte ich von der dünnen bis hin zur dicken Freundin, wirklich alle möglichen verschiedenen Varianten. Die Perfekte war noch nicht dabei.« (8)

Eine Beziehung zwischen Liebe und Kalkül

Zwischen den assoziativen Schilderungen amouröser Abenteuer mithilfe derer Thomas seinen Lebensstil als notwendigen Bestandteil eines biografischen Reifungsprozesses zu plausiblisieren versucht, kreist die Erzählung thematisch immer wieder um eine einzelne längerfristige Paarbeziehung. Diese wird innerhalb seiner Geschichte zur Vorlage eines zukünftigen Lebensentwurfs. Zwar steht Thomas zum Zeitpunkt des Interviews noch in der Praxis der kurzfristigen Intimbeziehungen, dennoch formuliert er zugleich den Wunsch nach Ehe und Familiengründung als Abschluss seines biografischen Reifungsprozesses. Seine amourösen Abenteuer will er als notwendige Bestandteile dieses Reifungsprozesses verstanden wissen.

Thomas bezeichnet die Beziehung mit Tanja als seine einzig längerfristige Beziehung: »Die Freundin mit der ich die längste Beziehung gehabt habe, eben die 3 Jahre, 4 Monate, 23 Tage um genau zu sein.« (2) Dabei nimmt er mehrere Anläufe, Beginn und Verlauf der Paargeschichte zu erzählen – allerdings bettet er diese jeweils in unterschiedliche Erzählmuster ein. So wird auch das Kennenlernen in mehreren, unterschiedlichen Versionen erzählt. Das Spektrum reicht von einem romantischen Narrativ bis hin zu kalter Berechnung:

»Also ich war vorher, bevor ich die Tanja kennen gelernt habe noch nie so verliebt wie in sie. Also das ist irgendwie einfach passiert. Ich kann mich noch genau erinnern, wie ich sie kennen gelernt habe damals, am 20.03.2005. Nachher weiß man auf einmal alle Sachen wieder auswendig. Da kann ich mich noch genau erinnern, ich hab mir bei mir gedacht, also Entschuldigung, dass ich das jetzt so sage, sie weiß es auch: ›Jetzt reiß, ich mir eine Dicke auf.‹ Also sie ist so knapp über Rubensmodell, so 75 Kilo bei einer Größe von 1,63 Meter. Wir haben uns halt dann besser kennen gelernt, gleich am ersten Abend sind wir zu mir gefahren. Warum weiß ich damals selber nicht mehr so ganz, ich glaube wir wollten einen Freund nachhause bringen.«
(3)

Der Beginn dieser Erzählpassage entspricht einer romantischen Liebesgeschichte. Thomas kennzeichnet Tanja als die größte Liebe seines Lebens, die Protagonisten werden von der Liebe überwältigt und sogar das genaue Datum des ersten Zusammentreffens wird erinnert. Doch die Romantik der ersten Begegnung wird vom Bekenntnis des Kalküls zunichte gemacht. Das Erzählmuster einer ›Liebe auf den ersten Blick‹ weicht der Logik des Kalküls und schlägt um in ein Narrativ der Affäre. Die Berechnung, die für Thomas im Hintergrund der ersten Begegnung mit Tanja steht, wird dann auch für die daraus folgende Beziehung zum Problem, denn Liebe, so weiß auch der Erzähler, soll nicht auf Kalkül gegründet sein. Es ist dieser Umstand der noch in der nachträglichen Bilanzierung Anlass zur Rechtfertigung gibt und Thomas versucht dann auch wiederholt, sein Bekenntnis durch alternative Darstellungen des Kennenlernens zu neutralisieren. So wird erst in einer zweiten Erzählversion des Kennenlernens deutlich, dass es sich bei Tanja gerade nicht um eine unbekannte Fremde handelt, sondern um eine langjährige Bekannte. Zudem schreibt Thomas nun der Frau die Handlungsoffensive in der Beziehungsanbahnung zu, wobei er selbst nun zum Objekt des Begehrens wird:

»Es war so, wir sind in der Diskothek und stehen da so. Das war eine Geburtstagsfeier und wir waren feiern, alle schon ganz leicht angeheitert, bis auf die Tanja, die trinkt nichts. Ich sitze so neben ihr und fange// Ich weiß nicht mehr, wie ich darauf gekommen bin, aber wahrscheinlich hatte ich in dem Moment gerade mehr Mut, oder mehr Alkohol. Ich fange also so an, ob ich den Arm um sie legen darf, aber wahrscheinlich nicht, da sie einen Freund hat und so. Und da erzählt sie mir, dass sie eigentlich schon längere Zeit, seitdem wir uns kennen, auf mich steht, dass sie mich sehr mag und dass sie ein Lieblingslied hat, und das hört sie öfters und denkt dabei an mich. Und in dem Moment habe ich den Arm um sie gelegt. Wir sind dann an dem Abend gemeinsam nachhause gegangen. Also wir waren acht Monate ursprünglich eigentlich nur Freunde. Dann ist es eben so passiert, da ich nicht so wirklich wollte am Anfang, dass sie sich einen Freund genommen hat, mit dem acht Monate zusammen war, und ich dann der Grund war, warum es eigentlich zwischen denen auseinander gegangen ist.« (9)

Erst in dieser zweiten Darstellung des Kennenlernens wird deutlich, dass der Beziehung zwischen Thomas und Tanja eine längere Freundschaft vorausgeht. Der Erzähler verkehrt das Kalkül des Protagonisten hier nun in eine unerfüllte Liebe seitens Tanja. Auch wenn die genauen Umstände im Dunkeln bleiben, werden Thomas und Tanja eine Paarbeziehung eingehen. Für Thomas ist es, wie bereits erwähnt, die erste und bisher einzige längerfristige Beziehung, über einen Zeitraum von ungefähr drei Jahren.

Tanja und die Anderen

Tanja ist 26 Jahre alt und arbeitet als Büroangestellte in der Grazer Innenstadt. Sie wohnt in einer kleinen Mansardenwohnung im Haus der Eltern, am Rande des Stadtzentrums. Nach einem halben Jahr zieht Thomas zu ihr. Mittlerweile hat er einige berufliche Umschulungen hinter sich und arbeitet als Verkäufer im Autohandel. Da es immer wieder zu Konflikten mit seinen Vorgesetzten kommt, spricht Thomas schließlich seine Kündigung aus. Über mehrere Wochen hinweg verschweigt er Tanja seine Arbeitslosigkeit und verbringt die Tage in der leerstehenden Wohnung eines Freundes oder in der Stadt. Doch die Kündigung ist nicht das einzige Geheimnis, das Thomas hat. Er geht während der Beziehung mit Tanja auch mehrere Affären ein, die ihr jedoch nicht verborgen bleiben sollen. Im Rahmen seiner Erzählung thematisiert er dann auch immer wieder Fragen der Verantwortung für das eigene Handeln und den daraus resultierenden Konsequenzen. Hier ist es erneut der männliche Reifungsprozess, der dem Erzähler als Erklärung seiner Handlungspraxis dient:

»Mit dem Blödsinn habe ich angefangen, vielleicht weil ich nicht hundertprozentig glücklich war, oder weil ich eben noch Erfahrung haben wollte, weil es Spaß macht, weil ich noch nicht so stark daran gedacht habe, wie sehr das eben den Partner verletzt. Aber ich glaube der Hauptgrund war eben, dass ich noch mehr und mehr und mehr Erfahrung haben will. Tanja war eigentlich die einzige Frau, wo ich wirklich verliebt war im Gegensatz zu allen anderen. Das andere war eben so einfach dieses: Einerseits Übung braucht man viel, dann eben die verschiedenen Frauen kennenlernen, eben wie die Frauen sind.« (17)

Nachdem Thomas seine Affären über einen längeren Zeitraum hinweg geheim halten konnte, wird er eines Tages von Tanja in der Innenstadt mit einer Frau gesehen und zur Rede gestellt. Thomas versucht, sich aus der Situation zu retten, indem er erklärt, es handle sich um eine Arbeitskollegin. Tanja stellt jedoch auch die Frau zur Rede und erfährt von der Untreue ihres Partners. Nach dem darauffolgenden Streit kehrt Thomas reumütig zu Tanja zurück, auch wenn er ihr verschweigt, dass es sich bei der Nebenbuhlerin um keine einmalige Affäre gehandelt hat. Tanja verzeiht dem untreuen Geliebten den vermeintlichen Seitensprung, jedoch bleibt dieses Ereignis nicht ohne Folgeschäden für die Beziehung:

»Mit der anderen war ich so drei Monate zusammen, bis mich die Tanja vor die Entscheidung gestellt hat: Sie oder ich. Und ich habe mich dann wieder für die Tanja entschieden. Die Gefühle waren einfach da und ich habe auch nicht wirklich viel darüber nachdenken müssen. Danach war es für mich logisch: Jetzt musst du brav treu sein, alles wieder gut machen. So auf die Art. Das hat auch relativ gut funktioniert. Aber dann war es so, dass sie immer mehr in die Richtung gegangen ist, immer öfter das Gespräch, ob wir heiraten wollen oder nicht. Damals zu der Zeit war die Beziehung so: Wenn ich einen Verlauf zeichnen müsste, am Anfang, die ersten eineinhalb Jahre wunderschön, bis ich mit der eigentlich nicht tollen Idee gekommen bin, mit betrügen. Das hat den ersten leichten Knacks gegeben. Wenn sie sagt, sie wird das nie vergessen und du hast den Fehler halt schon gemacht, du kannst es nicht ändern. Ich hätte früher mehr darüber nachdenken müssen, mehr wollen müssen, mehr zeigen müssen, dass ich will. Aber was willst du tun? Du bist erstens selber daran schuld, du hättest es ja ändern können. Und es war auch so, ich habe sie leider nicht ein einziges Mal betrogen, sondern insgesamt dreimal.« (22)

Der Heiratswunsch von Tanja löst bei Thomas sichtlich Bedenken aus. Zwar zeigt er sich erleichtert darüber, dass Tanja trotz seiner Untreue wieder eine Beziehung mit ihm einging, dennoch scheint eine Heirat für ihn eine zu schwere Entscheidung darzustellen. Einerseits sieht Thomas in einer Heirat eine Beschränkung seines Handlungsspielraums, andererseits sind es die vergangenen Handlungen, die dem Protagonisten zum moralischen Stigma werden. Eine Ehe lässt sich, so scheint es, in den Möglichkeitsraum des Begehrens nicht stringent einbetten.

Als Tanja ihm schließlich einen Heiratsantrag macht, sieht sich Thomas endgültig vor eine Entscheidung gestellt:

»Ich war damals 25 als sie mich gefragt hat. Und es war eben einiges: Die Angst zum Beispiel. Denn zwei meiner Geschwister sind getrennt und das hat mir irgendwie Angst gemacht, dass man besser aussuchen sollte, besser auswählen. Dann dass ich eben am Anfang schon so einen Blödsinn gesagt habe wie: ›Ich reiße mir eine Dicke auf.‹ Ich bin ja eigentlich nicht so. Dann dass ich sie eben betrogen habe, dass ich auch gelogen habe in der Beziehung. Und eigentlich habe ich mir damals gedacht, wenn schon heiraten, dann erst mit dreißig. Früher fehlt einem die Erfahrung. Man muss erst einmal Erfahrung sammeln. Ich kann ja nicht schon bei der Ersten sagen, dass ich die sofort heiraten will, weil eine gewisse Erfahrung sollte doch schon da sein. Dann eben, es muss auch die Richtige sein. Es hilft ja nichts, wenn ich gleich die Erste heirate, nur weil ich gerade einen Monat verliebt bin oder so. Und in Wirklichkeit könnte es eine Frau geben, in die ich mein ganzes Leben voll verliebt bin.« (29)

Sichtlich symbolisiert der Heiratsantrag für Thomas eine Begrenzung der Wahlmöglichkeiten, die er erneut in den Kontext eines persönlichen Reifungsprozesses stellt. Es ist auch eine Art konsumistischer Logik, die dabei deutlich wird: Thomas deutet die Ehe als eine Einschränkung persönlicher Wahlfreiheit. Zugleich wird ein Misstrauen gegenüber der Dauer der Liebe sichtbar. Nachträglich schreibt der Erzähler der Beziehung eine Logik des Scheiterns ein und hält auf diese Weise die Vorstellung von der idealen, noch nicht gefundenen, Partnerin aufrecht:

»Hätte ich damals ›ja‹ gesagt zur Ehe, ich weiß nicht, ob es die Beziehung geworden wäre, die ich eben haben wollte. Es war irgendwie nicht hundert Prozent die ganz richtige Liebe. Also ich hätte noch genug Reserven, dass ich zum Beispiel lieber sein kann zu einer Frau oder mehr kämpfen kann um sie. Und wenn sie die Richtige gewesen wäre, hätten wir uns um die Kinderproduktion und nicht um andere Dinge gekümmert. Also die Beziehung wäre schon besser gewesen. Aber da es eben nicht perfekt war, so wie ich es gern gehabt hätte, sondern eben mit kleinen Makeln, war es eben so, dass in den zwei Jahren die Entscheidung gereift ist, dass ich vom Alter her, auch von der geistigen Reife// Also ich kann zwar meinem Alter entsprechend sein, bin aber doch irgendwie jünger. Mich schätzen manchmal sogar jetzt noch alle auf zwanzig, dafür kann ich nichts.« (28)

Handlungspraxis und Gedankenspiele

Thomas lehnt den Heiratsantrag von Tanja ab, jedoch beendet er damit nicht die Beziehung. Vielmehr ist es Tanja, die in ihrer Enttäuschung erkennen muss, dass Thomas ihren Erwartungen nicht gerecht werden kann. Nach mehrfachen Streitereien und Dramen beendet Tanja die Beziehung. Thomas' Reaktion darauf ist gleichzeitig Ausdruck einer von ihm bis dato etablierten Handlungspraxis. Er macht sich noch am selben Tag auf die Suche nach trostspendender Zuneigung:

»Die Tanja war eines Tages nicht so gut drauf, ich rede mit ihr darüber und sie hat dann Schluss gemacht. Für mich war das dann so, im Grund: Ich kann mir ja eine neue Freundin suchen und warum sollte ich so lange Single sein? Single-sein ist auch nicht unbedingt das// Mein Problem ist, dass ich nicht Schluss machen kann. Also ich schiebe das solange auf bis entweder die Frau Schluss macht oder so. Ich schade mir damit auch ein bisschen selber, das weiß ich schon. Aber vielleicht ist das auch, weil ich nicht alleine sein will, und deshalb schaue, dass es entweder mit der Exfreundin noch irgendwie weitergeht oder dass ich mir gleich früher eine nehme. Teilweise vorbereiten, obwohl das sehr schlimm ist von mir. Vorbereiten ist auch vielleicht falsch, aber schon Kennenlernen die Nächste. Vorbereiten ist blöd gesagt. Das ist es ja nicht wirklich, sondern einfach nur Kennenlernen. Man lernt halt viele Frauen kennen und wenn es mit der Einen nicht mehr funktioniert hat, habe ich eben immer versucht, schnell die Nächste zu nehmen. Was zwar nicht so unbedingt nett ist, aber damit man schon vorher eine Freundin, eine normale Freundin hat, keine Partnerin. Mit achtzehn da war meine Idee: Am Besten nie länger als 24 Stunden solo sein! Das geht auch, aber man muss sich sehr viel bemühen und wenn du dich wirklich bemühen würdest, könntest du wahrscheinlich auch fünf oder sechs Freundinnen gleichzeitig haben. Aber das hat ja erstens keinen Sinn und du schadest den Frauen und dir selber damit. Aber es geht. Und auch jetzt zum Beispiel, habe ich zwar keine offizielle Freundin aber trotzdem irgendjemand zum Kuscheln, denn es geht ja doch nicht ohne irgendwen. Also ohne Frauen, nein, das wäre nichts für mich!« (31)

Die spezifische Handlungspraxis, die Thomas an dieser Stelle kennzeichnet, lässt sich als eine Kontinuität der Bezogenheit verstehen. Auch wenn er das Motto »Nie länger als 24 Stunden solo sein« hier rückblickend auf seine Jugendjahre formuliert, bildet es immer noch einen zentralen Bestandteil seiner gelebten Beziehungspraxis. Als eine Ökonomie der Wahl erweist sich diese Handlungspraxis auch von einer konsumistischen Haltung geprägt: Die Personen erscheinen austauschbar – sie werden nach qualitativen Kriterien und Merkmalen ausgesucht. Es geht um eine Variation der Vielfalt und erlebbarer Sinnlichkeit.

Es sind diese Kontinuität und Simultaneität von Bezogenheit(en), die in der Erzählung von Thomas Abbrüche und Anfänge beinah vollständig verwischen. Dem assoziativ-fragmentarischen Stil entsprechend, kommt seine autobiografische Erzählung auch an kein eindeutiges Ende, sondern bleibt gewissermaßen offen. Gegen Ende seiner Selbsterzählung kommt Thomas wieder auf sein normatives Modell der Partnerschaft zu sprechen. Dieses nimmt er nun für seinen persönlichen Zukunftsentwurf in Anspruch und macht es zum erhofften Abschluss seines biografischen Reifungsprozesses:

»Allmählich könnte ich mir auch wieder so etwas wie mit Tanja vorstellen, eine normale Beziehung wieder zu haben. Im Laufe meines Lebens haben auch schon viele Frauen gesagt, dass ich gut mit Kindern umgehen kann und dass es gut wäre, wenn ich eben einmal Vater werden würde. Schön und gut, habe ich mir damals gedacht, nur eben zu jung. Und seit ungefähr einem halben Jahr ist es so, dass es eigentlich mehr wird. Und ich möchte auch einen Partner haben, wenn ich einmal alt bin. Nicht weil ich nicht allein sein will, das würde mich wahrscheinlich nicht so stark stören, aber es ist doch irgendwie schöner zu zweit. Man kann sich eben auch gegenseitig helfen, du hast jemanden, dem du vertrauen kannst, mit dem du hoffentlich alles machen kannst. Und je mehr gemeinsame Hobbies, desto besser. Und der Kinderwunsch: Ja, momentan fehlt natürlich noch die Frau, ohne sie geht's nicht. Das wird aber auch noch kommen, hoffentlich.« (35)

Der Konflikt zwischen Bindungssehnsucht und Wahlfreiheit wird in diesem autobiografischen Resümée von Thomas erneut sichtbar. Die von ihm geleistete erzählerische Einbettung seiner Liebesbiografie in einen voranschreitenden Reifungsprozess diente – wie deutlich wurde – nicht nur der moralischen Rechtfertigung seines Handelns, sondern in gleicher Weise der Herstellung biografischer Kontinuität und Vergewisserung.

5.4 Fallgeschichte Gisela: Liebe als Projekt – Eine biografische Konversionsgeschichte

»Ich habe festgestellt, welche unheimlichen Potentiale in mir drin sind. Also ich kann eine Wohnung selbst renovieren, kann mit dem Hammer umgehen und mit der Bohrmaschine, aber auch mit der Nähmaschine. Ich möchte nicht alleine sein, aber ich kann es. Diese Erfahrung hat mit wahrscheinlich auch stark geprägt. Ich habe mich selten als Single erlebt auf der Suche nach einer Komplettierung.« (10)

Die folgende Geschichte erzählt Gisela, eine 52-jährige Architektin. Mitte zwanzig geht sie ihre erste Ehe ein und bekommt zwei Kinder. Nach fünf Jahren trennt sie sich von ihrem Mann und lebt für einen längeren Zeitraum als berufstätige Alleinerzieherin. Zwei weitere Beziehungen, davon eine erneute Ehe, folgen. Diese beiden Partnerschaften stehen im Zeichen der Etablierung von Familienleben. Gisela konzipiert dieses in ihrer Erzählung ausdrücklich als Projekt und entwirft für die jeweiligen Partner eine spezifische ›Vaterrolle‹. Von den Männern erwartet sie vorrangig Entlastung von reproduktiven Aufgaben, die ihr die Möglichkeit zur beruflichen Karriere bieten soll. Gisela verfolgt zielstrebig ihren zweiten Bildungsweg und schließt ein Architekturstudium ab. Mit der Volljährigkeit der Kinder beendet sie dann aber auch ihre zweite Ehe und verfolgt danach ihre eigenen beruflichen Pläne. Hinsichtlich ihres beruflichen Werdeganges verleiht sie ihrer lebensgeschichtlichen Erzählung die Gestalt einer Erfolgsgeschichte, die sie rückblickend positiv bilanziert. Doch auch den Entwurf als Alleinerzieherin und die darauf folgenden ›Familienprojekte‹ präsentiert sie im Zeichen unternehmerischer Risikobereitschaft. Und so tritt anstelle der romantischen Suche nach einer ›Komplettierung‹ eine Deutung der Liebe, die sich ohne weiteres auch einer Sprache der Ökonomie zu bedienen wagt. Ein Spannungsfeld zwischen Liebe, Familienleben und Karriere wird sichtbar, innerhalb dessen die Liebe zum Projekt gerät. Giselas gegenwärtige Lebenssituation wird in ihrer Erzählung zum Endpunkt einer Befreiungsgeschichte: Erst mit dem Wegfall reproduktiver Tätigkeiten und mit dem beruflichen Erfolg erfahre sie eine Gestaltbarkeit des Lebens und könne nun auch endlich eine »Beziehung unter Erwachsenen« verwirklichen.

Ihre Konstruktion diachroner Identität stellt sich als Transformations- oder Wandlungsgeschehen dar: Thematisch vollzieht sich diese Transformation der Identität von der Festschreibung auf eine traditionelle Frauen- und Mutterrolle hin zum ›eigenen Leben‹ und einer beruflichen Karriere. Den sinnstiftenden Rahmen dafür liefert ein Narrativ der Selbstverwirklichung: Die Freisetzung des Ich von (sozialen) Zwängen und die zunehmende Gestaltbarkeit des Lebens bildet den thematischen Hintergrund einer autobiografischen ›Erfolgsgeschichte‹. Gisela zeichnet ihr Leben als einen Weg vom leidvollen, fremdbestimmten Dasein hin zur Selbstermächtigung. Die Transformation der Identität inszeniert sie performativ in der Gestalt einer biografischen Konversion. Das Erzählmuster der Konversions- oder Wandlungsgeschichte leistet eine spezifische (Neu-)Strukturierung der Autobiografie: Es unterteilt die Lebensgeschichte in ein ›Davor‹ und ›Danach‹ – ein biografischer Wendepunkt bildet die Umschlagstelle vom ›alten Ich‹ zum ›neuen Ich‹. Jener der Wandlung vorausgehende Lebensabschnitt wird – wie auch in anderen Konversionserzählungen – rigide abgewertet und als fremdgesteuert, leidvoll oder einschränkend charakterisiert. Die narrative Figur der Konversion trägt zur Dramatik der erzählten Geschichte bei und leistet zugleich eine Art (auto-)biografische Neuschöpfung.

Ehe: Automatismen und Sozialisationseffekte: Eine weibliche Normalbiografie?

»Ich würde ihn heute als Fehler bezeichnen. Oder die Wahl als Fehler. Ich war damals sehr jung, ich wusste überhaupt noch nicht, wohin ich will, wusste noch nicht, wer ich bin. Und er mit seinen zehn Jahren Vorsprung und seiner sehr konservativen Haltung kam mir so stabil vor. Der hatte Prinzipien, der hatte auch alle Antworten und das war damals für mich sehr faszinierend. Das Problem war nur, dass ich mich dann im Laufe der Jahre weiter entwickelt habe und zügig an ihm vorbei. Und was mir damals, als ich ihn kennen gelernt habe, als Stabilität und Prinzipientreue und stetes Leben vorkam, also was ich positiv besetzt hatte, das ist dann gekippt in Unflexibilität, in spießig, in eng und wurde dann sehr, sehr negativ besetzt. Das hat mich sehr blockiert. Und ich habe mich dann auch getrennt von dem und habe das als enorme Befreiung erlebt.« (2)

Das vorangestellte Interviewzitat kann als eine Art Prolog der Konversion betrachtet werden. Gisela kennzeichnet sich selbst als junge Frau, die noch über keinen festen eigenen Lebensentwurf verfügt, und von einem bedeutend älteren und beruflich erfolgreichen Mann beeindruckt ist. Martin, ihr späterer Ehemann, habe ihr durch seine Person und seinen Lebensstil »Stabilität« vermittelt – Eigenschaften, die für die knapp Zwanzigjährige damals »faszinierend« waren. Gisela und Martin gehen eine Beziehung ein, kurze Zeit später heiraten sie. Als anerkannter Chirurg besteht Martin darauf, sich gemeinsam mit Gisela in einem angesehenen innerstädtischen Wohnviertel niederzulassen und für die gemeinsame Wohnung einen finanziellen Aufwand zu treiben, der die Situation des Paares bald belasten wird. Gisela bekommt ihr erstes Kind. Aber schon während dieser Zeit kommt es immer wieder zu Konflikten zwischen den Ehepartnern, die allerdings nicht näher beschrieben werden. Gisela konfrontiert Martin mit der Möglichkeit einer Trennung. Ein Machtkampf entsteht, in dem Martin eine überlegene Position zukommt, die er mit unterschiedlichen Drohungen auch immer wieder zu bestärken weiß. Gisela bleibt, sie wird zum zweiten Mal schwanger.

In ihrer gesamten Erzählung, sowie im späteren Nachfrageteil des Interviews, geht die Erzählerin jedoch nicht näher auf diese Lebensphase und die damaligen Ereignisse ein, sie weigert sich sogar ausdrücklich dies zu tun. Dementsprechend liefert sie einen sehr gerafften Bericht, ohne detaillierte Geschichten und Beschreibungen. Daran zeigt sich umso deutlicher ein bereits stattgefundener Ablösungsprozess und die narrative Ausblendung biografischer Erfahrungen – wohl auch solcher der Liebe.

In der zitierten Interviewpassage liefert die Erzählerin auch ausdrücklich ein Beispiel für einen solchen biografischen Umwertungsprozess: Die anfängliche Faszination für Martin verkehrt sich ins Gegenteil. Die zuvor als positiv präsentierten Eigenschaften, die zugleich Kriterien für die Etablierung der Paarbeziehung darstellten, werden nun zu Trennungskriterien: Martin erscheint Gisela nun als »unflexibel, spießig und konservativ«. Sie thematisiert diesen Wandel als Ergebnis ihrer persönlichen Entwicklung: »Das Problem war nur dass ich mich dann im Laufe der Jahre weiter entwickelt habe und zügig an ihm vorbei.« Und in eben diesem Sinne wird die Lebensphase bis zum Zeitpunkt der Trennung als bloßer Sozialisationseffekt präsentiert:

»Und dann bin ich halt geblieben und habe dann auch einer Heirat zugestimmt. Also mir ist nicht mehr ganz erklärlich, wie ich das gemacht habe. Ich denke das kam aus einer Sozialisation heraus. Ich habe nie hinterfragt, ob ich heiraten will oder nicht. Ob ich Kinder haben will oder nicht, oder ob ich berufstätig sein will oder nicht. Das waren Automatismen. Ich habe das nicht bewusst entschieden. Ja, es war ein Automatismus. Irgendwann werde ich einen Mann kennen lernen und irgendwann werde ich den heiraten und irgendwann werde ich Kinder haben. Also das war nichts, das ich je in Frage gestellt hätte.« (3)

Die unterschiedlichen Handlungsfelder wie Ehe, Mutterschaft oder Berufstätigkeit werden in Form dieser Darstellung zu unhinterfragten sozialen Vorgaben eines weiblichen Lebensverlaufs. Die Protagonistin habe demnach eine weibliche Normalbiografie gelebt, ohne dass deren Kernstücke für sie jemals zur Disposition gestanden wären. Biografische Entscheidungen zu Heirat, Mutterschaft und Erwerbsarbeit werden – zumindest für diesen Lebensabschnitt – in die Dimension der Fremdbestimmung gerückt. Das Leben wird in dieser Darstellung zu einem sich entfaltenden Prozess, dem das Subjekt unterworfen ist. Diese Passage hat für die gesamte Erzählung mindestens zwei Funktionen: Einerseits produziert die Darstellung dieses biografischen Segments als selbstläufiger Prozess oder »Automatismus« ein derart unterworfenes Subjekt, dass eine Lösung oder Befreiung unmöglich erscheint und ein dramatischer Wendepunkt notwendig wird. Andererseits fungiert die Darstellung auch im Sinne einer Ausklammerung: Durch die Kennzeichnung der damaligen Akteurin als Nicht-Ich wird dem Segment jede identitätsrelevante Bedeutung abgesprochen. Zugleich spricht sich die Erzählerin von jeglicher Eigenverantwortung für den betreffenden Lebensabschnitt frei. Auf diese Weise ist das autobiografische Segment zwar erzählbar, wird jedoch dem weiteren Verlauf der Lebensgeschichte als nicht fortsetzbar entgegengestellt. Doch nicht nur solche Bewertungen sind es, die auf einen biografischen Umwertungsprozess schließen lassen, sondern der dramaturgische Aufbau der Erzählung weist zentrale Merkmale klassischer Konversions- und Wandlungsgeschichten auf: Das Leben vor der Wandlung wird als leidvoller Zustand beschrieben, den der Protagonist als Begrenzung oder gar Bedrohung seiner Identität erlebt. Die persönliche Konversion wird zum Befreiungsereignis auf das ein ›neues Leben‹ folgt. Dieses neue Leben wird in Giselas' Erzählung unter dem Aspekt des Zuwachses an persönlicher Autonomie verhandelt und im Rahmen eines Narrativs der Selbstverwirklichung präsentiert.

Konversion: Von der Fremd- zur Selbstbestimmtheit

»Ein Ausbrechen aus dieser Ehe war für mich zunächst einmal eine Hürde. Wahrscheinlich war der Leidensdruck nicht groß genug. Und dann gab es ein Schlüsselerlebnis, wo ich mir gedacht hab, das halt ich auch nicht mehr eine Woche länger aus. Und plötzlich war es auch nicht mehr schwierig mir vorzustellen, das alleine zu machen. Und dann ist es ganz schnell gegangen. Dann hab ich mir einen Job gesucht, mir eine Wohnung gesucht und bin ausgezogen. Und er hat dem irgendwie fassungslos zugeschaut.« (4)

Die Trennung von Martin, dem ersten Ehemann, markiert in Giselas Erzählung einen biografischen Wendepunkt, der zugleich die Lebensgeschichte in ein Vorher und ein Nachher unterteilt. Als Wendepunkt kennzeichnet Gisela ein »Schlüsselerlebnis«, das sie jedoch nicht näher beschreibt und auf das sie auch später im Interviewverlauf ausdrücklich nicht näher eingehen möchte. Damit erhöht sich der dramatische Effekt der Geschichte, der sich dann – wie etwa in der folgenden Interviewpassage – noch verstärkt:

»Ich habe mich getrennt und habe das als enorme Befreiung erlebt. Ich habe selbst entschieden, nicht mehr nach Maßstäben, die er gesetzt hat. Also ich musste dann auch nicht mehr gegen die Maßstäbe, die er gesetzt hat, rebellieren. Es gab einfach nur noch meine Maßstäbe. Es gab nicht mehr ein ›wie hat man zu tun, zu reden, sich zu verhalten‹. Ich hab das Kostüm und die Pumps ausgezogen und Jeans getragen.« (2)

Gisela kennzeichnet ihre Ehe als erlebte Zwangsstruktur, als einen identitätsbedrohenden, leidvollen Zustand. Es ist der Andere, der »Maßstäbe« setzt und die Frau, die sich unterordnet. Es gibt Vorschriften des angemessenen Verhaltens, Sprechens und Bekleidens. Erst die Trennung ermöglicht in der Logik der Erzählung eine ›Befreiung‹ des Selbst, die sich als Identitäts- und

Statuswandel vollzieht: Die Verschiebung von »Kostüm« und »Pumps« hin zu »Jeans« symbolisiert dabei die Befreiung aus einem Konformitätszwang und wohl auch aus einem spezifischen Rollenbild. Giselas Konversion vollzieht sich als eine Art Selbstermächtigung: Entgegen der Definitionsmacht des ›man‹ tritt ein Individuum auf die Bühne, das nun deutlich selbstbestimmter ist. Es ist der Wunsch nach dem ›eigenen Leben‹ – vorrangig in der Gestalt einer beruflichen Karriere – der zum handlungsleitenden und sinnstiftenden Moment der Autobiografie gerät. Der erzählte Wandel der Protagonistin bildet sich sozusagen auch auf der Ebene der sprachlichen Darstellung ab: Die Erzählung nimmt nun die Form einer linearen, aufwärtsgerichteten Erfolgsgeschichte (Karrieremuster) an, innerhalb derer nicht nur die berufliche Laufbahn von Gisela, sondern auch die Liebe zu einem plan- und gestaltbaren Projekt wird.

Riskante Freiheiten

Als Alleinerzieherin, mit zwei kleinen Kindern, findet Gisela eine Teilzeitstelle, mit der sie ihren Lebensunterhalt vorläufig bestreiten kann. Dabei kann sie auch beide Kinder an ihrem Arbeitsplatz betreuen. Die veränderte Lebenssituation und die damit verbundene Belastung bergen für Gisela zwar durchaus existenzielle Gefahren, doch sie verleiht diesen in ihrer Erzählung eine ganz eigensinnige Bedeutung:

»Also ich hatte damals dann ein Kindergartenkind und einen Säugling und das war alles ein bisschen handgestrickt, ein bisschen Bohemian und – ja, ein bisschen armselig. Ich war immer berufstätig. Also vorher und während der Ehe und danach auch. Also die Berufstätigkeit hat sich für mich nicht verändert. Die Kinderbetreuung ist schwieriger geworden, das habe ich dann alles alleine meistern müssen, da ist er dann ausgefallen und das war auch spürbar. Das war finanziell super eng, aber ich habe das trotzdem ausschließlich als Befreiung erlebt. Ich musste dann nichts mehr erklären oder rechtfertigen. Und mir war dann alles – es wird noch enger finanziell, es wird noch schwieriger, es wird noch belastender, das war mir alles paradiesisch. Also das hat mich überhaupt nicht geschreckt. Es war eine Zeit, wo ich außer auf die Kinder auf niemanden Rücksicht nehmen musste. Ich habe uns als Triade erlebt. Es war auch nicht schwierig, auf die Kinder Rücksicht zu nehmen. Ich war unabhängig, ich war selbstbestimmt.« (4)

Für Gisela und die Kinder ergibt sich mit der Trennung eine nicht einfache Lebenssituation. Sie beziehen zu dritt eine Substandardwohnung, von ihrem Ex-Mann erhält sie die ersten zwei Jahre keine Alimente und der Teilzeitjob liefert gerade eine Deckung der Grundbedürfnisse. Dennoch wird diese Lebensphase im gesamten Interview unter dem Aspekt der Unabhängigkeit und Selbstbestimmtheit thematisiert. Im Lichte der erlangten Freiheit, so scheint es, gerät sogar die bedrohlichste Lebenssituation zum ›Paradies‹. Dieses liegt gewissermaßen innerhalb der strukturellen Ambivalenz von situativem Handlungsdruck und potentieller Wahlfreiheit. In Form unternehmerischer Risikobereitschaft präsentiert die Erzählerin hier die Lebenssituation als Alleinerzieherin mit zwei Kindern als eine bewusst gewählte und positiv besetzte Herausforderung. Zugleich bricht aber auch die Kehrseite dieser riskanten Freiheit auf, weshalb sich Gisela auf die Suche nach einem neuen Partner begibt, dem sie jedoch eine ganz bestimmte Funktion und Rolle zuweisen wird.

Liebe, Familienleben und Karriere: Ein Spannungsfeld

»Beziehungen sind zwangsläufig sehr viel anders, wenn Kinder da sind. Kinder engen ein, unbestritten. Und ich wollte auf der einen Seite jemand der Beteiligung anbietet, um mich zu entlasten, und andererseits wollte ich aber, dass sich die Beziehung nicht auf Familie, sondern auf mich als Frau konzentriert. Und in dieser ersten Beziehung hat sie sich auf mich als Frau konzentriert, also stand ich im Mittelpunkt und die Kinder waren da und waren akzeptiert, aber es ging nicht um Familie und nicht um Familienleben. Und in der zweiten, nachfolgenden Beziehung dann ging es mir zu viel um Familie.« (8)

Nach ungefähr drei Jahren geht Gisela zwei neue Partnerschaften, davon eine Ehe, ein. Die erste Beziehung dauert zirka drei Jahre, die zweite Ehe sieben Jahre. Auch hierzu liefert sie keine detaillierten Geschichten sondern eine eher knappe Darstellung der Ereignisse und unterschiedliche Bilanzierungen. Es entsteht ein Spannungsfeld zwischen der individuellen Realisierung von Liebe und den Anforderungen des Familienlebens. Wie im folgenden sichtbar wird, verschärft sich diese Spannung zusätzlich durch den Wunsch nach einer Entlassung aus der Mutterrolle – die jeweiligen Partner sollen auf diese Weise die Berufskarriere von Gisela ermöglichen. In der Erzählung werden beide Partnerschaften vorrangig unter diesem Aspekt thematisiert: Die Entlastung von den Erziehungspflichten rückt als Hauptthema in den Vordergrund. Gisela entwirft für die beiden folgenden Partner eine ›Vaterrolle‹ und präsentiert beide Partnerschaften in ihrer Erzählung auch als pragmatisch-sachliche Projekte. Hier ist es dann auch keine blinde und leidenschaftliche Liebe, die Mann und Frau zueinander führt, sondern eine bewusste Wahl im Zeichen konkreter Anforderungen und durchaus pragmatischer Ansprüche. Ein Spannungsfeld zwischen Familienleben, Liebe und Karriere entsteht, innerhalb dessen eine sachlichere Sprechweise Einzug hält:

»Er hat keine Vaterrolle eingenommen, dezidiert nicht. Stand aber zur Verfügung, wenn es darum ging die Kinder mitzuversorgen. Also völlig unproblematisch mitzuversorgen. Wir hatten eine sehr gute Arbeitsteilung und er hat, weil er gerne gekocht hat und das konnte, uns vier alle versorgt. Also da liefen die Kinder nicht nebenbei mit oder waren störend, ganz und gar nicht. Aber was er dezidiert nicht gemacht hat, ist, Verantwortung in der Vaterrolle zu übernehmen. Also Entscheidungen über Schule// In welche Schule die Kinder eingeschult werden, zum Beispiel. Das lag ganz allein bei mir. Das wollte er so. Ich hätte das nach diesen vielen Jahren schon gern einmal geteilt, aber den Teil hat er abgelehnt. Das war eine sehr fröhliche, sehr unbeschwerte Beziehung und eine sehr unbeschwerte Zeit. Ich habe dann aber zunehmend angefangen, die Belastung wahrzunehmen in der Verantwortlichkeit für die Kinder und habe mir gewünscht, dass das jemand mit mir gemeinsam mit trägt.« (6)

Was zuvor noch als paradiesischer Zustand der Mutter-Kind-Triade beschrieben wurde, wird nun zur Belastungsprobe trotz verfügbarer Unterstützung durch die jeweiligen Partner. Gisela verfolgt berufliche Pläne: Sie hat inzwischen ein Studium abgeschlossen und ist auf Stellensuche – auch einen Auslandsaufenthalt schließt sie nicht aus. An ihren Partner hat sie darum auch konkrete Erwartungen: Es geht um eine Entlastung in der Mutterrolle. In der Bilanzierung der Partnerschaft und des Familienlebens zeigen sich heterogene Entwürfe und Widersprüchlichkeiten: Das Engagement des Partners im familiären Kontext wird als ›Arbeitsteilung‹ bestimmt, jedoch von einer ›Vaterrolle‹ unterschieden und im Weiteren von einer ›Verantwortung in der Vaterrolle‹ näher differenziert. Zwar leistet Giselas erster Partner durchaus ›Familienarbeit‹ nicht nur im Sinne einer Sicherung der Grundbedürfnisse (›versorgen‹), allerdings nimmt er nicht die Rolle eines Entscheidungsträgers ein, die hier als ›Verantwortung in der Vaterrolle‹ benannt wird. Für Gisela besteht der Wunsch nach der Übernahme von Elternarbeit durch ihren Partner, die sie auch hier wieder als ›Verantwortlichkeit für die Kinder‹ thematisiert. Das relativ uneindeutige Konzept von ›Vaterschaft‹ bzw. der darin enthaltene Entwurf von Partnerschaft gewinnt in der Folgebeziehung von Gisela schärfere Konturen. Hier geht es ausdrücklich um die Berufskarriere, die durch die Unterstützung bei der Elternarbeit gewährleistet werden soll.

Partnertausch und Liebe als Projekt

»Und ich habe dann einen anderen Mann kennen gelernt, der ein bisschen wurzellos war hier und ich glaube, er hat ein neues Projekt gesucht. Eine allein erziehende Mutter mit zwei Kindern, wo es die Vaterrolle in ihrer Verantwortung zu besetzen galt, kam dem richtig gut gelegen. Und er hat genau diese Angebote gemacht. Und ich hab sie aufgegriffen. Also ich hatte in der Zeit das Gefühl, hundert Prozent der Elternrolle lastet auf mir und das war mir zu schwer. Und der hat angeboten jedenfalls fünfzig Prozent zu übernehmen, was unheimlich verlockend klang. Und es hat sich dann erwiesen, er war kompetent für diese Rolle. Außerdem hat er mir noch mehr angeboten. Ich hab immer davon geträumt, ein Jahr lang oder länger ins Ausland zu gehen. Und ich hatte immer das Gefühl, das kann ich nicht mit den Kindern. Also ich habe mich auch beworben mit den Kindern auf Auslandsstellen, aber das hat nicht funktioniert. Und er hat mir angeboten, ich könne das doch machen. Er würde in der Zwischenzeit hier bleiben und auf die Kinder aufpassen und für die Kinder auch sorgen. Die einzige Verpflichtung, die ich eingehen müsste, wäre, dass ich ihm zusichern müsste, dass ich wieder komme, um die Kinder wieder zu übernehmen. Das fand ich sehr verlockend. Der hat einfach Beteiligung angeboten und hat es auch eingehalten dann.« (8)

Obwohl Gisela zu diesem Zeitpunkt noch liiert ist, bezeichnet sie sich hier als »allein erziehende Mutter mit zwei Kindern«. Im thematischen Zentrum steht wieder die vakante ›Vaterrolle‹ – doch werden nun die besonderen Implikationen dieses Entwurfs deutlicher: Die ›Vaterrolle‹ erhält ihre eminente Bedeutung als Stellvertretung der Mutter, was freilich nur denkbar ist wenn das Gros der Elternarbeit als geschlechtsunspezifisch entworfen wird. Zwar bezeichnet Gisela dies hier als »Beteiligung« allerdings geht es um regelrechte Ablöse und Freistellung von reproduktiven Aufgaben. Zugleich tritt eine sachlich-pragmatische Sprechweise in den Vordergrund die deutliche Anleihen bei der Sprache des Managements macht. Die Liebe erhält Projektcharakter: Sie wird zeitlich begrenzt und an konkrete Aufgabenstellungen gebunden. Die Partner machen wechselseitige »Angebote« und das Zustandekommen der Liaison gerät so zum Vertragsabschluss. Die ökonomischen Metaphern sind augenfällig und sie verdecken jede Form der Emotionalität beinahe vollständig: So gerät schließlich die Darstellung des Partnertauschs nicht zum emotionalen Liebeskonflikt, sondern wird zum Ergebnis gemeinsamer Verhandlungen:

»Wir haben dann zu dritt, also der Mann, mit dem ich zusammen gelebt habe, und der Neue und ich, nicht in einem Dreiergespräch, aber jedenfalls in vielen wechselseitigen Zweiergesprächen beschlossen, dass wir eine Trennung und einen Wechsel quasi zu dem neuen Mann möglichst schnell vollziehen, damit den Kindern diese unsichere Phase verkürzt werden soll. Wir haben halt gefunden damals, es ist für die Kinder am Besten, wenn sie nicht zwischen einem// die Mutter kann sich nicht entscheiden zwischen zwei Männern// erleben müssen. Zwischen zwei Männern, zu denen sie einerseits zu dem einen eine sehr intensive Beziehung hatten und zu dem anderen sollten sie bitte eine aufbauen, weil der hat angeboten, die Vaterrolle zu übernehmen. Und dann haben wir ziemlich zügig und radikal diese Trennung dann vollzogen. Also radikal im Sinne von beschlossen und ausgezogen. Das war ein pragmatischer Schritt.« (7)

Gisela geht mit diesem Mann eine siebenjährige Ehe ein, auf sein Angebot bezüglich des beruflichen Auslandsaufenthaltes wird sie nicht mehr zurückgreifen. Als Projekt der Vaterrolle konzipiert, verliert die Partnerschaft mit dem Älterwerden der Kinder ihre Grundlage:

»Als die Kinder nicht mehr so viel elterliche Obsorge gebraucht haben, da haben wir uns auch getrennt. Sehr friedlich, sehr freundschaftlich. Aber es war einfach so, dass die Kinder im Zentrum standen und nicht die Beziehung von zwei Erwachsenen.« (8)

Eine biografische Erfolgsbilanz?

»Ich bin froh, dass ich nicht mehr zwanzig bin. Wirklich froh. Ich bin froh, dass ich kein Jota jünger bin als ich bin. Ich bin zufrieden und nicht nur das, ich bin glücklich mit dem Leben, das ich lebe. Ich habe ein Studium abgeschlossen. So hat alles am Anfang nicht ausgesehen. Ich bin beruflich erfolgreich. Kann ich auch, weil ich keine Kinderbetreuungspflichten mehr habe. Also ich habe diese Einschränkungen alle nicht mehr. Es geht mir finanziell so gut wie noch nie. Also es ist mir noch nie so gut gegangen.« (9)

Die Selbsterzählung von Gisela kulminiert in einer Lebensbilanz. Sie blickt hier nochmals resümierend zurück und unternimmt mehrere Versuche ihre gegenwärtige Lebenssituation als krönenden Abschluss einer Erfolgsgeschichte zu präsentieren. Daran zeigt sich nicht zuletzt der starke Versuch, die eigene Geschichte als eine Geschichte des erfolgreichen, selbstgewählten Lebens darzustellen. In dieser Schlussbilanz des gelebten Lebens wird auch das Spannungsfeld von Mutterschaft, Berufskarriere und Partnerschaft wieder thematisiert: Die Möglichkeit eine Paarbeziehung sowie eine Berufskarriere zu etablieren bestand und entfiel, wie Gisela hier andeutet, mit der Notwendigkeit, Kinder zu versorgen. Deutlich wird hier nochmals jenes

Narrativ, welches Mutterschaft als Entbehrung und Leiden darstellt: Damit zeichnet sich die Erzählerin partiell als Opfer, auch wenn deutlich wird, dass dies nur teilweise zutrifft, denn einerseits ist sie beinah durchgehend berufstätig und erhält durch ihre neue Partnerschaften Entlastung und Unterstützung. Den Entwurf eines trotz aller Widrigkeiten geglückten Lebens macht die Erzählerin schließlich anhand eines spezifischen Beziehungsmodells deutlich:

»Und jetzt, damit ich in der Gegenwart lande, ist es so, dass es eine Beziehung von zwei Erwachsenen ist. Ausschließlich unter Erwachsenen. Die Kinder spielen keine Rolle mehr. Ich lebe in einer stabilen Partnerschaft, die mich aber nicht einengt. Wir leben immer abwechselnd eine Woche zusammen und eine Woche jeder für sich. Und es ist genial. Wir telefonieren, also in der Zeit, wo wir nicht in derselben Stadt sind sehr viel. Also der Austausch ist da und trotzdem gibt es ausreichend Freiraum. Wir treffen uns auf Augenhöhe, auf gleicher Augenhöhe. Das macht es tragfähig. Also er kommt nicht zu mir und braucht mich dann als Anker oder Boje, sondern er kommt zu mir und das ist wie sein zweiter Wohnsitz hier.« (12)

Dem Wunsch nach persönlicher Autonomie entspricht – wie diese Textstelle es zumindest nahelegt – das Beziehungsmodell der distanzierten Nähe, des sogenannten *living-apart-together*. Die Liebenden sind darin füreinander nicht mehr »Anker« oder »Boje« sondern begegnen sich entsprechend sachlich »auf gleicher Augenhöhe«.

Gisela bilanziert auf diese Weise ihre autobiografischen Erfahrungen der Liebe und weist ihre aktuelle Lebenssituation erneut als Höhepunkt einer erfolgreichen Geschichte der Selbstbefreiung aus. Die autobiografische Wandlung vom fremd- zum selbstbestimmten Ich scheint nunmehr vollendet und spiegelt sich auch im gelebten Partnerschaftsmodell wider.

5.5 Fallgeschichte Michael: Zwischen Nähe und Autonomie – Eine Passionsgeschichte

»Meistens ist das so, dass sich in Beziehungen sicher viel mehr die Frauen beklagen, dass sie von den Männern zu wenig körperliche Aufmerksamkeit abseits des Bettes bekommen. Viele oder manche Männer haben dann körperliche Nähe, wenn sie mit ihrer Partnerin in irgendeiner Form verschmelzen oder sexuell aktiv sind. Nur so im Alltag dazwischen da gibt es Männer, wo man das Gefühl hat, wenn man nicht wüsste, dass die zusammen sind, hat man eigentlich nicht viele Indizien dafür. Ich will jetzt nicht den Eindruck vermitteln, dass ich wenn ich mit einer Frau zusammen bin, ständig ein klettenhaftes Verhalten will. Nur will ich zum Ausdruck bringen, dass es für mich wichtig ist, dass ich zum Beispiel auf dem Schoß meiner Freundin liegen kann. Also eigentlich ein typisches Frauenverhalten bei Männern. Frauen sagen ja oft: Ich bin anlehnungsbedürftig, ich möchte an der Schulter von meinem Mann liegen, der gibt mir Kraft, der gibt mir Stärke. Ich habe mit dem, was Frauen als diese emotionale Stütze beschreiben, überhaupt kein Problem, und das ist auch für mich okay.« (14)

Michael ist 42 Jahre alt, alleinstehend, und arbeitet als Sportlehrer an einer Wiener Schule. Seine Selbsterzählung ist sehr detailliert und umfangreich, Michael erweist sich als geübter Erzähler. Mittels Ankündigungen, theoretischen Rahmungen und Querverweisen strukturiert er seine Erzählung, und verleiht dieser eine spezifische Ordnung. Seine Erzählung folgt einer Chronologie der Lebensalter, in deren Zentrum der konfliktreiche Prozess des Erwachsenwerdens steht. Michael wächst als Einzelkind in Wien auf, absolviert das Gymnasium und entschließt sich daraufhin Sportwissenschaften zu studieren. Die Eltern führen gemeinsam ein Handelsunternehmen und Michael kommt bereits in jungen Jahren in den Genuss eines gehobenen Lebensstils. Die Familie besitzt mehrere Immobilien im In- und Ausland und Michael begleitet seine Eltern immer wieder auf Geschäftsreisen. Die Schulferien verbringt er auf Sprachreisen in Europa und den USA. Während er die Beziehung zu seinem Vater als innig und warmherzig beschreibt, stellt Michael das Verhältnis zu seiner Mutter als problematisch dar. Er schildert sie als eine distanzierte und kaltherzige Frau, die innerhalb der familiären Triade eine tonangebende Rolle spielt. In der Beziehung zur Mutter vermisst er jene Warmherzigkeit, die er von Seiten seines Vaters erfährt. In seiner Erzählung deutet Michael dann auch den erlebten Mangel mütterlicher Liebe als biografischen Grundkonflikt, der seine eigenen Liebeserfahrungen geprägt habe. Eine Sehnsucht nach erlebbarer Intimität wird zum thematischen Angelpunkt. Für den jungen Mann gestaltet sich der Kontakt zu gleichaltrigen Frauen als schwierig. Erlebte Zurückweisung und Unsicherheit führen zu einer Identitätskrise, die erst mit der sexuellen Initiation im Erwachsenenalter überwunden werden kann. In seiner Erzählung berichtet Michael von zwei längerfristigen Paarbeziehungen, die er auch unter dem Aspekt von Geschlechterkonstruktionen verhandelt. Vor allem im Rahmen der zweiten Paarbeziehung zeigt sich deutlich, inwiefern geschlechtsspezifische Rollenzuschreibungen mit persönlichen Identitätszuschreibungen kollidieren. Der Wunsch nach erlebbarer Zweisamkeit und erfahrbarer Nähe bestimmt die autobiografische Bilanzierung in der Erzählsituation: Michaels Selbsterzählung erweist sich als eine Geschichte des Leidens auf der Suche nach Liebe. Dabei begibt sich der Erzähler auf die Suche nach biografieübergreifenden Mustern seines Lebens, die er zu interpretieren und zu deuten versucht.[5]

Vorenthaltene Mutterliebe

»Ich habe nie eine wirklich gute emotionale Beziehung mit meiner Mutter gehabt. Und vielleicht erzähle ich das jetzt gleich und nicht später, denn dann können Sie vielleicht in der Ausarbeitung in meinem Fall besser verstehen, warum vielleicht manches zwischen mir und den Frauen so gelaufen ist, oder ob es da einen Zusammenhang gibt. Ein Kind bekommt ja abseits der Sachen wie Essen, Wäsche und so weiter, emotionale Dinge, vor allem von der Mutter, das heißt diese Nähe. Da nimmt die Mutter das Kind, egal wie alt es ist, das ist einfach da, und eine Mutter nimmt das Kleine intuitiv und küsst es, streichelt über den Kopf, spielt mit dem Kleinen und drückt's einfach an die eigene Brust. Die denkt gar nicht nach und so soll es auch sein! Und das sind genau die Dinge, die ich von meiner eigenen Mutter nicht bekommen habe. Ich habe diese Nähe von meiner Mutter nie bekommen, zumindest nicht in einer Form, die mich glücklich gemacht hätte. Ich habe das von meiner Mutter nicht bekommen und bin dann in meinen Beziehungen, bis zur Gegenwart, immer auf der Suche gewesen, oder immer nur dann glücklich gewesen mit einer Frau, wenn mir die sehr viel körperliche Zuneigung geben konnte. Ich war nur glücklich mit Frauen, die abgesehen von der sexuellen Komponente dazwischen auch eine Art Nähe zulassen haben können. So wie Frauen das oft beschreiben, diese Stütze und diese Nähe eben, die habe ich immer gesucht.« (2)

Gleich zu Beginn seiner Erzählung bringt Michael eine autobiografische Selbstdeutung ins Spiel. Die Beziehung zu seiner Mutter habe sich für ihn problematisch gestaltet, da er kaum oder nur wenig Emotionalität von ihr erfahren habe. Diese frühkindliche Erfahrung vorenthaltener Mutterliebe bildet in der Erzählung den Ursprung des Leidens und bringt die Lebensgeschichte auf den Weg einer Suchbewegung nach erfahrbarer Nähe und Intimität. Michael bedient sich eines naturalistischen Konzepts der Mutterliebe. Die Liebe zum Kind beruhe auf einer Naturgegebenheit, und symbolisiere zugleich den Wunsch nach Verschmelzung, genauer den Wunsch nach Her-

---

5 Darüber hinaus formuliert der Erzähler im Interview ausdrücklich den Wunsch nach biografischer Selbstaufklärung im Prozess des Erzählens und erwartet dies in gewisser Weise auch von der Interviewerin. Auf das Interview folgen mehrere telefonische Anfragen von Seiten des Erzählers, die darauf zielen, eine Bewertung seiner Biografie zu erhalten.

stellung einer (vermeintlich) ursprünglichen Einheit. Auch wenn Michael in der Beziehung zum Vater durchaus eine emotionale und liebende Zuwendung erfährt, bezieht er sich in seiner gesamtbiografischen Deutung auf dieses naturalistische Konzept der Mutterliebe und deutet den erlebten Mangel als biografischen Grundkonflikt einer problematischen Persönlichkeitsentwicklung. Die spezifische Form der Darstellung lässt sich als ein kulturelles Narrativ des Leidens identifizieren: Eine kindliche Kränkung wird zur lebenslangen Bürde und zum Beginn eines Leidensweges – hier der Suche nach Zuneigung und Liebe.

Kampfzone der Geschlechter

»Wenn ich chronologisch beginne, dann ist es so: Frauen? Ich war da eher spät dran. Ich war von der Unterstufe an in einem gemischten Gymnasium, aber in einer reinen Burschenklasse. Mit elf oder zehn Jahren habe ich symptomatisch zu meinem Vater gesagt: Du, mir gehen die Mädels auf die Nerven! Denn das war damals so eine Zeit, da haben die Frauen oder Mädels mit diesem Gummibändern in den Pausen alles verspannt, und wir waren eher die Lebendigen, die irgendwo herumfetzen wollten, und das ist nicht gegangen. Und dieser Eindruck war mit elf Jahren anscheinend für mich symptomatisch und darum hat mein Vater dann gesagt: Ich schicke dich in die Schule, du hast die Wahl zwischen gemischter Klasse oder Burschenklasse. Und ich habe schlagartig gesagt aus dem Grund: Nur Burschen!« (1)

Michael widmet einen Großteil seiner Selbsterzählung seinen Kindheits- und Jugenderfahrungen. Dort verankert er unterschiedliche Thematiken, die er für sein Erwachsenenleben als bestimmend kennzeichnet. In seiner Erzählung wird deutlich, inwiefern der junge Mann die Welt als eine geschlechtsspezifisch gespaltene erlebt, die durch klare Rollenzuschreibungen strukturiert ist. Während die männliche Hemisphäre durch Aktivität, Bewegungsdrang und Lebendigkeit gekennzeichnet ist, wird die weibliche Hemisphäre als statisch, hemmend und auch als bedrohlich dargestellt. Letztere erscheint zudem ambivalent: Das Weibliche bildet eine Quelle von Sehnsüchten, Geheimnissen und des Begehrens, doch begegnet der Protagonist dem auch mit Angst und Abwehr. Die Gummibänder der Mädchen im Schulhof symbolisieren diese Ambivalenz in eindrücklicher Weise. Im Netz der Bänder erscheint das Weibliche zugleich als Sehnsucht und Bedrohung. Dieses Bild ließe sich ebenso deuten als die Verstrickung des Protagonisten im adoleszenten Begehren. In dieser Verschränkung von Wunsch und Abwehr stellt sich die erzählte Welt als ein Kampfplatz der Geschlechter dar.

Michael schildert die Interaktion von Burschen und Mädchen im Jugendalter als ein Aufeinanderprallen zweier Fronten:

»Wenn man sich länger dann mit einem Mädel damals unterhalten hat, merkst du schnell: blocken die ab oder kichern die nur in ihren Gruppen herum. Weil das ist ja oft die Phase, wo Mädels mit den Frauen losziehen, mit den anderen Mädels, und die Burschen. Und dann prallen diese zwei Fronten aufeinander und dann ist das ein furchtbares Geblödel und Gekichere. Und man fühlt sich ja extrem stark und toll, und die Mädels kaschieren das dann wieder mit Gelächter, so dass du dir nach zwei Stunden die Ohren zuhältst.« (2)

Für den Jugendlichen kommt es noch zu keiner Personalisierung des Selbst und des Anderen – ›Mädchen‹ und ›Burschen‹ sind hier noch namenlose Wesen, die im geschlechtlichen Kollektiv aufgehen. Michael erlebt die Rituale der Liebe als anstrengend und wenig gewinnbringend. Seine Entwicklung vom Kind zum jungen Mann beschreibt er als einen verzögerten Prozess:

»Bei mir war das etwas später als bei anderen, dass ich so wirklich in Kontakt mit Frauen gekommen bin, aber vielleicht ist das bei mir spezieller, weil ich ein Einzelkind bin. Ich meine, spät ist relativ: Also ich würde einmal sagen, es war nicht so die Scheu, sondern ich war sehr sportlich orientiert. Ich habe immer viel Sport gemacht und daher hat sich das bei mir auch verschoben. Und so richtig näherer Kontakt war erst so mit 22. Das war eigentlich das erste Mal, dass ich mich näher interessiert habe und vielleicht das erste Mal so wirklich ein emotionaleres Gefühl gegenüber einer Frau entwickelt habe. Also wo das dann gezielt auf eine weibliche Person geht und wo ich auch gemerkt habe, da kommt wirklich etwas zurück.« (6)

Als Jugendlicher misst Michael seine eigenen Erfahrungen an jenen seiner Altersgenossen und sieht sich dabei zunehmend in Bedrängnis, endlich auch mit körperlich-sexuellen Erfahrungen im Freundeskreis aufwarten zu können. Es ist nicht so sehr die Anbahnung einer Liebesbeziehung, sondern die sexuelle Initiation, die für den jungen Mann zum drängenden Problem der Herstellung einer Geschlechtsidentität wird. Auch in seiner Erzählung versucht er Gründe für seine ›verspätete‹ sexuelle Entwicklung auszuloten:

»Damals war ich ganz anders als heute, nicht scheu, aber ich würde sagen introvertiert. Nein, nicht introvertiert, sondern so das aus mir herausgehen oder über Dinge reden, die nicht angenehm sind oder Schwächen betreffen. Also mich eher bedeckt halten. Aber es war für mich auch eine Hürde. Ich müßte lügen, wenn ich sage, es hätte sich nicht ergeben. Also ich habe es intuitiv oder aus gewissen Ängsten heraus nicht gemacht. Und ich war immer der, der so mitgehuscht ist und geschaut hat, dass er doch nicht so ganz am Rand ist, aber trotzdem alles mitbekommt.« (5)

Während Michael sich anfangs noch in die Homogenität der männlichen Gemeinschaft zurückziehen kann, beginnt für ihn das Drama der Adoleszenz mit der Suche nach einer Partnerin und der Sehnsucht nach erfahrbarer Intimität.

Das Drama der Adoleszenz

»Das zieht sich bei mir, wenn wir dann im Gespräch weiter kommen, bis zur Gegenwart, vielleicht mit wenigen Ausnahmen. Also ein Typ Mann oder Bursch damals, der in den Genuss kommt, ohne viel Hölzchen hinzuwerfen bei den Frauen, dass da was relativ schnell kommt: Niente! Also das heißt, ich habe da schon immer Schwerstarbeit leisten müssen, oder, ich habe mich schon darum bemühen müssen. Wenn ich eine gesehen habe, oder mir gedacht habe, die wäre interessant, dann habe ich da schon investieren müssen, dass da Interesse zurückkommt. Und das war für mich schon damals einschneidend, weil sich das so weiter gezogen hat. Weil ich immer gesagt habe, es wäre wirklich einmal schön, wenn du nur wo sitzt und nicht Aufmerksamkeit erregen musst in irgendeiner Form, und sich eine Frau interessiert. Und das ist ja nur der eine Teil. Aber die Frage ist dann, ob die betreffenden Frauen auch den ersten Schritt machen. Und da würde ich sagen, und ich glaube, das ist bis heute so, das hat sich im Zuge der Emanzipation ein wenig geändert und das find ich auch gut so, nur es sind zu einem hohen Prozentsatz noch immer die Männer, die den ersten Schritt machen. Also in der Regel ist es so: Wenn du als Mann nicht aktiv wirst, dann wird sich da zu einem hohen Prozentsatz auch nichts ergeben, weil die Frauen grundsätzlich passiver sind.« (5)

Die Rituale der Liebe erlebt der Protagonist als anstrengend und mühsam. Auch hier macht der Erzähler einen biografischen Bogen bis in die Gegenwart: Immer schon sei die Liebe für ihn »Schwerstarbeit« gewesen, besonders in der Anbahnung einer Beziehung vermisse er die Initiative der Gegenseite. Mit der Rolle des Initiators, der das Gegenüber zu erobern hat, schreibt Michael ein traditionelles Geschlechtermodell fest und spricht der Frau zugleich die Initiative zum ersten Schritt ab. Erneut verdeutlicht dies, wie schon beim Thema der Mutterliebe, eine Naturalisierung der Geschlechterdifferenz. Ein Agieren jenseits eines traditionellen Rollenbildes wird vom Erzähler zwar als Wunsch formuliert, doch in der Praxis wird dieses sichtlich nicht umgesetzt.

Doch nicht nur die Kontaktanbahnung mit potentiellen Partnerinnen verlangt dem jungen Protagonisten einiges ab, sondern auch das richtige Deuten der Zeichen der Liebe gestaltet sich für Michael schwierig:

»Und es war so, dass ich mir unsicher war. Und ich habe dann einfach versucht ihre Hand zu nehmen und sie hat das ganz sachte erwidert. Also es sind immer diese feinfühligen Momente, wo es immer schwierig ist. Darum ist das auch so angenehm, wenn man mal erlebt, dass der andere diese Schritte macht. Also wenn die Frauenseite diese Schritte machen würde, dann würde sie erkennen, dass es für Männer nicht einfach ist über den Schatten zu springen und nicht zu wissen: gibt die jetzt die Hand weg, sagt die jetzt etwas verletzendes, oder fällt sie dir jetzt um den Hals? Du weißt es nicht. Du hast zwar Indizien und denkst dir okay, aber irgendwann kommt der Punkt, wo du als Mann Initiative zeigen musst und dann ist es die Frage. Und sie hat mich angesehen und so gelächelt und ich habe dann nicht mehr gemacht, weil ich mir noch immer nicht ganz sicher war. Und wir haben uns dann getrennt am Abend in der Stadt und ich habe dann gesagt: ›Ich würde dich gerne bald wieder sehen.‹ Und sie hat dann gesagt, sie hat so viel zu tun. Es war so ein kalt-warm, sie hat mich damit wieder so etwas auf Distanz. Und das ist dann soweit gegangen, dass es mir nicht mehr gelungen ist, sie dazu zu bewegen, daß wir uns wieder sehen.« (7)

Erlebnisse dieser Art wiederholen sich in Michaels Selbsterzählung und bilden Elemente seiner Passionsgeschichte. Neben dem Scheitern der Liebe und der Erfahrung der Zurückweisung bildet die Nicht-Erfüllung des Wunsches nach sexueller Initiation das Grundmotiv der Jugendjahre. Das Bangen um die erste sexuelle Erfahrung wird für ihn zum Drama der Adoleszenz und führt in weiterer Folge in eine massive Identitätskrise. Die sexuelle Initiation wird mit fortschreitendem Alter des Protagonisten zum drängenden Problem einer ›altersgerechten‹ Erfahrung:

»Ich bin aber auch unter einem gewissen Druck gewesen. Das muss man sich vorstellen, in der Clique wird viel geredet. Also speziell nach einem Wochenende geht's schon los: Was habt ihr gemacht und was hast du gemacht? Und mir war aber klar, dass ich von den gleichaltrigen Burschen eher spät dran war. Ich habe im Prinzip zwar sexuelle Erfahrungen und Kontakte gehabt, aber ich habe noch mit keiner geschlafen. Ich meine rückblickend ist das ein total blöder Gedanke, weil bei dem einen ist es früher und bei dem anderen später und das sagt ja über etwas Qualitatives einer Beziehung oder eines Menschen überhaupt nichts aus. Gut, aber damals war das nicht so. Und darum hat die Clique damals immer zu mir gesagt: ›Schaut euch den Michael an, ist ja typisch!‹ Und das bleibt an dir haften. Vielleicht so wie wenn jemand stottert als Jugendlicher und das mithilfe einer Therapie dann abstellt. Da wird dann auch später noch jeder sagen: ›Du stotterst ja nicht mehr.‹ Also es bleibt gewisses an dir haften. Und damals war es genauso.« (21)

Michael erhält innerhalb seines Freundeskreises eine soziale Identität, die ihn auf seine Unerfahrenheit in sexuellen Belangen festschreibt und die für ihn zum sozialen Stigma wird. Auf diese Weise steht er stets im Blick der Anderen und die Thematik weitet sich für den mittlerweile 24-jährigen Sportstudenten zum Problem aus. Als er schließlich eine gleichaltrige Studienkollegin kennenlernt und diese zu einem Campingausflug mit Freunden einwilligt, hofft Michael auf seine sexuelle Initiation, wird jedoch erneut enttäuscht:

»Das war so eine typische Urlaubssituation. Also wir hatten ein Lagerfeuer und zehn Meter davor den See und ich habe sie dann so geschnappt und das war total schön. Aber ich habe sie nicht gefragt, ob es für sie okay wäre, wenn wir miteinander schlafen. Ich bin eigentlich davon ausgegangen. Ich habe mit noch keiner Frau geschlafen und habe mir gedacht, sie ist genau so alt, so wie sie sich verhält, die hat sicher schon mit anderen Burschen geschlafen. Und da habe ich gedacht, okay das ist kein Problem. Und genau in dem Moment, wo sie fast nichts mehr anhatte und ich fast nichts mehr anhatte und eigentlich für mich nichts mehr im Wege stand, weil die Situation einfach gepasst hat und ich gemerkt habe es kommt von ihr auch so viel Nähe und Zuneigung, wie ich das noch nie verspürt habe, da hat sie gesagt: ›Ich kann nicht‹. Und ich habe in dem Moment nicht gewußt, wie ich mit dieser Zurückweisung umgehen soll. Ich habe mich auch nicht getraut, sie zu fragen, ob es daran liegt, dass sie noch mit niemandem geschlafen hat. Aber ich habe nicht gewusst, wie ich damit umgehen soll. Heißt das sie will mit mir zusammen sein? Oder heißt das bis daher und du bist nicht der Richtige? Da gehen einem dann so viele Gedanken durch den Kopf. Es ist dann auch dabei geblieben. Wir haben uns dann noch minutenlang geküsst, aber es war nicht mehr so wie davor und nach dem Urlaub hat sich das dann irgendwie so im Sand verlaufen. Wenn ich heute so darüber nachdenke, dann ist das abstrus! Ich glaube, das ist auch von den Massenmedien extrem und von unserer Gesellschaft überhöht, dieser Unterschied, quasi wie wenn miteinander schlafen vom Rest der Sexualität so weit entfernt wäre und abgehoben ist. Also so wie sie das praktiziert hat, da war alles dabei, aber miteinander schlafen, das geht nicht!?« (22)

Eine Mischung aus Unsicherheit und Kommunikationslosigkeit produziert eine Situation der Uneindeutigkeit. Michael verschweigt konsequent seine Unerfahrenheit und wird zurückgewiesen. Dem erneuten Mißlingen der Erlangung einer männlichen Geschlechtsidentität macht nun jedoch Entrüstung Platz und Michael verleiht dieser nachträglich Ausdruck: Die Differenz zwischen dem sexuellen Akt als solchem und der Sexualität markiert zwar in der Erzählung selbst die Grundproblematik, dennoch weist sie der Erzähler hier als mediale Übertreibung aus. Der innere Konflikt des Protagonisten wird in die mediale Außenwelt verlagert und zeigt damit umso deutlicher die Signifikanz der erlebten Differenz.

Im Verlauf der Erzählung kulminiert das Drama der Verwehrung des sexuellen Aktes schließlich in einer Identitätskrise des Protagonisten:

»Und ich habe dann echt einen Einbruch gehabt vom Selbstbewusstsein und war dann selber so fertig, dass ich mit meinem Vater zu reden begonnen habe und gesagt habe: du, ich glaube mich mag keine Frau wirklich. Ich verstehe das nicht, ich bin immer der Zweite. Und dann habe ich irgendwie begonnen, das erste Mal mir zu überlegen, rational, denn ich war nie einer der sich viel überlegt hat, sondern immer sehr emotionsgeleitet. Wenn mich eine Frau interessiert hat, dann war die Situation, und ich habe versucht das Beste zu machen. Und damals hat mein Vater gesagt: Du wirst sehen, es wird Eine kommen, die wird so glücklich sein, dass sie nur darauf wartet, bis du mit ihr schläfst. Und dann habe ich die Julia kennen gelernt.« (24)

Sexuelle Initiation und therapeutischer Wandel

Das Drama der Adoleszenz nimmt in der Logik der Erzählung mit der ersten längerfristigen Paarbeziehung ein Ende. Michael beschreibt diese Lebensphase als einen ›biografischen Umbruch‹, der mit der Scheidung der Eltern und seinem darauffolgenden Auszug zusammenfällt. Michael verlässt das Elternhaus und zieht in eine Wohngemeinschaft. Zur selben Zeit beginnt er eine Psychotherapie, die in der Erzählung einen Wandel des Protagonisten herbeiführen wird. Die erste längerfristige Paarbeziehung und die damit verbundene sexuelle Initiation bilden den Übergang ins Erwachsenenleben und damit das vorläufige Ende der adoleszenten Identitätsbildung.

Seine »erste große Beziehungsliebe« Julia lernt Michael auf einem Fest kennen. Er ist zu diesem Zeitpunkt 27 Jahre alt. Durch einen gemeinsamen Bekannten werden sie einander vorgestellt. Sie kommen ins Gespräch und verbringen den Großteil des Abends miteinander. Als sich Julia verabschiedet, bittet Michael sie um ihre Telefonnummer. Selbst bei dieser Handlung fürchtet er aufgrund seiner erlebten Enttäuschungen erneut zurückgewiesen zu werden. Das Gegenteil ist jedoch der Fall:

»Auf dem Fest da waren viele Leute und ich bin aber nur stundenlang neben ihr gesessen und mein Herz machte ›bambambam‹. Und dann ist es später geworden und wir haben immer noch geplaudert. Sie war sehr zurückhaltend, ein ausgesprochen introvertierter Typ. Aber das hat mir imponiert, weil sie sich nicht so in den Vordergrund gestellt hat. Es war einfach etwas da und ich habe gewusst, die ist ganz lieb. Und ich war extrem vorsichtig dieses Mal, also mit Handbremse unterwegs. Nach diesen Rückschlägen, dass die Frauen nicht mit mir geschlafen haben, habe ich etwas Angst gehabt, wenn ich wieder in diese Situation komme, was dann ist. Aber in sie war ich verschossen wie noch in Keine. Sie hat in ihrer sehr ruhigen Art etwas Geheimnisvolles gehabt. Ich habe gemerkt, dass auch von ihrer Seite Interesse da war, denn wir haben sehr viel gemeinsam unternommen und sie hat auch öfter bei mir übernachtet. Ich war Feuer und Flamme, aber sie hat mit ihren Reizen mehr gegeizt und ich habe mir gedacht, okay, sie braucht Zeit. Das war mir klar. Sie hat zwar das Meiste erwidert, aber mir doch die Grenzen gezeigt. Und ich habe gemerkt, sie ist total lieb und ich gebe ihr die Zeit, ich bleibe aber dran.« (25)

Mit der Lösung der (räumlichen) Bindung an die familiäre Triade wird das Eingehen einer intimen Bindung möglich – so eine naheliegende Deutung. Michael ist zu diesem Zeitpunkt schon aus dem Elternhaus ausgezogen und bewohnt ein Zimmer in einer Wohngemeinschaft. Ein Schritt, zu dem er sich aufgrund der Scheidung der Eltern veranlasst sah und der ihm nunmehr einen neuen Handlungsspielraum verschafft. Die studentische Wohngemeinschaft bietet dem Liebespaar Privatsphäre und Michael genießt seine neue Selbstständigkeit und die damit verbundenen Freiheiten. Einer ungestörten Zweisamkeit scheint nun nichts mehr im Wege zu stehen, doch Julias körperliche Zurückhaltung trübt aus der Sicht von Michael die Beziehung. Zwar übt er sich in Geduld, jedoch spielt erneut das Verschweigen seiner eigenen sexuellen Unerfahrenheit eine nicht unerhebliche Rolle. Ein Geflecht an Erwartungen und Sehnsüchten entsteht, welches Michael immer mehr zum Bedrängnis wird. Über mehrere Monate vermeiden beide eine Kommunikation über den fraglichen Umstand. In Michaels eigener Deutung hat die Zurückhaltung seiner Partnerin ihren Grund nicht unbedingt in deren Unerfahrenheit, sondern eher in einer fehlenden Zuneigung. Wie schon davor, vermeidet er es vorerst jedoch konsequent, das Thema offen anzusprechen. Es dauert schließlich ein Jahr, bis er sich doch zu einem Bekenntnis durchringen wird, das die Situation schlagartig verändert. Der entscheidende Umschwung in der Geschichte geschieht jedoch nicht nur über das bloße Faktum, dass es zur sexuellen Initiation kommt, sondern vielmehr, dadurch dass Michael zum ersten Mal seine Unerfahrenheit offen kommuniziert. Erst das Geständnis schafft eine Vertrauensbasis und eine völlig veränderte Handlungsgrundlage:

»Sie hat mir dann gesagt, sie hat noch nie mit einem Mann geschlafen. Und ich habe mir damals gedacht: Okay, wie nimmt sie es auf, wenn ich ihr sage, dass es mir genauso geht? Das war damals eine andere Situation. Heute würde ich mir dabei nichts mehr denken, aber damals habe ich mir gedacht: Was denkt eine Frau, wenn sie hört, daß man als Mann mit 28 Jahren noch mit keiner Frau geschlafen hat? Und ich habe das dann etwas abgewogen und mir gedacht, eigentlich sagt das über einen Menschen nichts aus und es kann vielleicht sogar positiv aufgenommen werden. Und dann habe ich ihr gesagt, daß ich mit noch keiner Frau geschlafen habe. Und dann war es für uns beide soweit. Das erste Mal war total schön. Plötzlich hat sie gesagt: es ist okay. Und dann war von ihrer Seite das letzte Vertrauen da und ab dem Zeitpunkt war die Beziehung ungetrübt und es war alles da, was dazu gehört. Sie war für mich die erste große Beziehungsliebe und bei ihr war es wahrscheinlich genauso.« (26)

Mit dem Schwellenerlebnis der sexuellen Initiation endet das Drama der Adoleszenz für den Protagonisten der Erzählung. Im zweiten Jahr ihrer Beziehung beziehen Julia und Michael eine gemeinsame Wohnung. Julia beendet ihr Studium und beginnt als Verlagslektorin zu arbeiten. Michael ist kurz vor dem Abschluss seines Sportstudiums. Im Beziehungsalltag stellt sich eine spezifische Aufgabenverteilung ein: Michael übernimmt großteils die häuslichen Arbeiten, da er tagsüber zuhause ist und an seiner Abschlussarbeit schreibt. Er organisiert auch die gemeinsamen Freizeitaktivitäten, plant gemeinsame Urlaubsreisen und hält den Kontakt zum Freundeskreis. Nach zwei Jahren des Zusammenlebens bemerkt Michael zunehmend, wie er es formuliert, »Gewohnheitseffekte« in seiner Beziehung zu Julia. Die eingespielte Aufgabenverteilung ist zur Selbstverständlichkeit geworden und Michael stellt eine Art Ungleichgewicht in der Beziehung fest. Unzufriedenheit und Missmut stellen sich ein:

»In der Hälfte der Beziehung ist mir bewusst geworden, saperlott, die verlässt sich ja komplett auf mich. Was wenn ich sage: ich mache das nicht mehr? Und ich habe dann auch bewusst begonnen, ihr Informationen nicht mehr zu geben. Und irgendwann ist mir das dann auch im Alltag so gegangen, dass ich mir gedacht habe, ich möchte auch mal überrascht werden und sie setzt wenig Akzente. Und ich wurde immer offener, also ich war damals auch in Therapie. Da ist viel in die Richtung gearbeitet worden, aus mir heraus zu gehen und negative Dinge nicht nur gesprächsartig abzuhandeln, sondern mir das auch herauszunehmen, zu schreien oder auf den Tisch zu hauen oder mich zu ärgern. Ich war vorher so der Typ, nach außen hin Räson bewahren und immer lustig und freundlich, nur nichts anmerken lassen. Und das hat sich in der Zeit dann auch geändert. Und im Zuge dieser Veränderung ist mir klar geworden, eigentlich so sehr ich die Julia auch geliebt habe, ich wollte, dass sie auch einmal etwas für mich tut. Ich wollte sehen, dass auch sie einmal etwas für unsere Beziehung tut, dass sie etwas auf die Beine stellt und nicht immer nur wartet, bis ich das wieder mache.« (27)

Die Wahrnehmung der Beziehung scheint sich im Zuge der therapeutischen Erfahrung von Michael zu verändern und diese wird nicht ohne Wirkung für die Paarbeziehung bleiben. Die Therapie führt – zumindest der Logik der Erzählung nach – eine persönliche Veränderung herbei. Mit der Aneignung geschlechtsspezifischer Attribute (»auf den Tisch zu hauen«) soll eine Ablösung von ›alten‹ Identitätsmerkmalen vonstatten gehen. Dabei schreibt der Protagonist diese Merkmale nun jedoch der Geliebten zu und macht sie zur

Projektionsfläche abgelehnter Identitätszuschreibungen: Während Julias Zurückhaltung etwa zu Beginn der Beziehung noch den Grund der Liebe bildete, wird diese nunmehr zum Anlass für Vorwürfe. Deutlich wird, wie sich hier nun Zuschreibungen, die zuvor noch den Grund der Liebe bildeten, schlagartig verkehren:

»Was ich damals nicht gesehen habe, war, dass ich mit ihrer sehr introvertierten Art nicht gut konnte. Das heißt, jegliche Initiative, ob das nun den Urlaub oder den Alltag betrifft, das war meine Aufgabe. Und was da noch dazukommt ist, sie hat nie eine beste Freundin gehabt. Das heißt, ich habe in der Beziehung die Rolle als Liebhaber, als Freund, als Sprachrohr für sie, und teilweise auch als beste Freundin erfüllen müssen. Das heißt, sie ist mit den Problematiken, die sie besser mit einer Frau besprochen hätte, auch zu mir gekommen und da war ich teilweise überfordert damit. Und wenn ich mich dann beim Weggehen nur mehr um sie gekümmert habe dann hat ihr das gefallen, nur ich habe mich nicht mehr entfalten können. Ich war immer ein Mensch, und das ist bis heute so, wenn ich wohin komme und ich kenne die Mehrheit der Leute nicht, bin ich prinzipiell ein Mensch, der sich sofort für die Leute interessiert, die er nicht kennt. Vor allem ab der Zeit in Therapie, da war ich immer ein Typ der interessiert ist an neuen Menschen und neuen Lebensarten. Darum reise ich auch so gerne. Und wenn wir weg waren, da hat die Julia nur mit denen geredet, die sie kennt und war immer misstrauisch gegenüber Fremden. Und wenn wir da an einem Tisch saßen und ich habe mich mit anderen unterhalten, hat sie mir immer ins Ohr geflüstert: Michael, du kümmerst dich nicht um mich. Und ich habe gemerkt, dass ich nur um sie nicht zu verlieren und dass sie an meiner Seite bleibt, einfach den Kürzeren gezogen habe.« (29)

Die unter therapeutischer Einwirkung stattfindende Veränderung des Protagonisten führt zu einem Wandel der Wertigkeiten. Die zuvor so ersehnte Geborgenheit in der Zweisamkeit, wandelt sich nun zur beinah erdrückenden Last. Gerade die romantische Anforderung einer allumfassenden Liebe im Sinne der totalen Einheit, stellt für Michael nunmehr eine Provokation dar. Seine Forderung nach persönlicher Autonomie stellt die Liebesbeziehung nunmehr infrage. Der häuslichen Gemeinschaft als Paar wird die Offenheit der Welt gegenübergestellt, in der sich Michael nunmehr zu ›entfalten‹ sucht. Deutlich wird anhand dieser Darstellung ein Diskurs um Liebe und Partnerschaft, der vor der Gefahr der Abhängigkeit warnt. Die Liebenden sollen zwar verschmelzen (können), aber dennoch ihre Selbstständigkeit bewahren. Die therapeutische Erfahrung befähigt Michael in seiner eigenen Deutung nunmehr zu einer Form der Selbstständigkeit: Während Julia im Kosmos der Beziehung verharre, richte sich seine Aufmerksamkeit auf die Welt außerhalb des Binnenraums der Paarbeziehung. Die Bilanz, die er für seine Beziehung zieht, fällt schließlich zu seinen Ungunsten aus: »Und ich habe gemerkt, dass ich nur um sie nicht zu verlieren und dass sie an meiner Seite bleibt, einfach den Kürzeren gezogen habe« (29). Auf diese Einsicht folgen Vorwürfe und ein langsames Schwinden der Liebe:

»Es war wie eine zerrüttete Ehe, denn es hat keine klassischen Gründe für einen Rosenkrieg gegeben. Also unsere Beziehung ist in diese Bahn geraten, wie eine ganz konventionelle Zweierbeziehung. Total verliebt am Anfang, dann ebbt das ein bisschen ab und mit der Zeit gehen einem die Alltagskleinigkeiten, die in Summe so viele sind, dass sie dich Tag für Tag nerven. Das war so ein klassischer Fall diese zerrüttete Ehe: Sie hat niemand anderen gehabt, ich habe niemand anderen gehabt, wir haben rational gewusst, dass es nicht funktioniert. Sie hat immer weniger Initiative gezeigt und ich habe immer mehr gesagt, ich muss unter Leute gehen, deine introvertierte Art stört mich, ich brauche jemanden an meiner Seite, der etwas leutseliger ist und mit mir kann. Und das ist dann soweit gegangen, dass wir am Schluss nur mehr eine Beziehung auf sexueller Ebene hatten. Und der Punkt war dann, dass sie gesagt hat: ›Nein ich schlafe nicht mehr mit dir‹ und das war's dann. Dann war's aus nach fünf Jahren. Es hat eben einfach nicht mehr funktioniert, aber niemand war dem anderen etwas schuldig.« (30)

Geschlechterkonstruktionen

Ein Jahr nach der Trennung von Julia geht Michael eine weitere Paarbeziehung ein. Mittlerweile ist er 33 Jahre alt, hat sein Studium beendet und wartet auf seine Übernahme in den Schuldienst, währenddessen jobbt er in einem Fitnesscenter, um die Zeit zu überbrücken. Dort lernt er auch die 27-jährige Carmen kennen:

»Bei unserem ersten Treffen waren wir im Kino und dann zum Essen und wir haben uns super unterhalten. Und beim Abschied habe ich sie nicht ganz so schnell losgelassen und habe ihr einen Kuss gegeben und als sie das erwidert hat, war klar, dass wir zusammen kommen. Die Beziehung war ziemlich verliebt. Mir hat ihr Selbstbewusstsein ziemlich gefallen, auch so im Gegensatz zur Julia, die doch eher mäuschenhaft war, nicht auffallen wollte und wenig Eigeninitiative gezeigt hat. Sie hat etwas gehabt, das mir gefallen hat. Einerseits dieses selbstbestimmte Leben und dann diese Eigenständigkeit. Da habe ich gemerkt, sie hat mir einiges voraus.« (34)

Carmen arbeitet in einer der großen PR-Agenturen der Stadt und fliegt mehrmals im Monat zu Geschäftsterminen in verschiedene europäische Städte. Sie verfügt über ein relativ hohes Einkommen und besitzt eine geräumige Eigentumswohnung in der Wiener Innenstadt. Michael ist sichtlich beeindruckt von Carmens Lebensstil. In seiner Erzählung beschreibt er sie immer wieder als selbstbestimmte Person. Die Beziehung mit Carmen gestaltet sich für ihn nun gänzlich anders als die vorhergehende Beziehung mit Julia. Die häusliche Zweisamkeit weicht einer Beziehung, die an wenigen Abenden in der Woche und an seltenen freien Wochenenden stattfindet. In der Zeit, die er mit Carmen zusammen in ihrer Wohnung verbringt, versucht Michael, sich auch im Haushalt unentbehrlich zu machen, doch stößt er damit auf nur wenig Gegenliebe:

»Sie war ein Typ Frau, die durch ihr Verhalten immer immens unterstreichen musste, dass sie eigenständig ist. Sie hat immer extrem unangenehm reagiert, allein wenn ich zum Beispiel eine Glühbirne in ihrer Wohnung auswechseln wollte. Da ist dann immer eine Reaktion gekommen, die absolut unverständlich war für mich. Sie hat dann gesagt: ›Glaubst du, dass ich als Frau mir die Glühbirne nicht selbst auswechseln kann?‹ Ich habe ja nicht daran gezweifelt, dass sie das selbst auch machen kann, nur wenn die Lampe kaputt ist und ich bin gerade da, wo ist dann das Problem? Und sie hat dann immer gesagt: ›Ich war die letzten Jahre auch nicht auf die Hilfe von Männern angewiesen und da wird man selbstständig.‹ Also sie hat mir immer unterstellt, dass ich ihr Arbeiten in ihrer Wohnung abnehmen will, die sie als Frau nicht kann. Also da bin ich auf eine Frau getroffen, die lieber ein Problem hat mit ihrem Videorecorder und es vielleicht nie lösen wird, anstatt dass sie sich von ihrem Freund dabei helfen lässt.« (15)

Die relative Autonomie von Carmen scheint für Michael seine Rolle als Partner infrage zu stellen. Nicht nur kann sie auf eine Unterstützung in Alltagsdingen verzichten, sondern sie hinterfragt mit ihrer Haltung auch die geschlechtsspezifische Aufgabenverteilung der Beziehungspartner. Michael deutet die Haltung von Carmen seinerseits als Ausdruck eines unangebrachten emanzipatorischen Kräftemessens sowie in weiterer Folge als einen Mangel an Zuneigung. Vor allem vermeidet Carmen es, sich mit Michael über Dinge, die sie beschäftigen, auszutauschen. Michael fühlt sich dadurch immer mehr ausgeschlossen und letztlich ungeliebt. Auch sein Bedürfnis nach Nähe stößt im weiteren Verlauf der Beziehung bei Carmen an ihre Grenzen und erweist sich als nicht einlösbar:

»Zwischenmenschlich hat die Nähe am Anfang auch gut funktioniert. Ich konnte mich an sie schmiegen, auf ihrem Schoß liegen oder wenn ich Sehnsucht hatte sie zu küssen, dann hat sie das erwidert. Aber ab einem gewissen Zeitpunkt habe ich gemerkt, dass ihr das zu viel geworden ist. Mag sein, dass es ihr zu eng geworden ist. Weil sie hat mir immer gesagt: sie kann mit zu viel Nähe nicht umgehen, zumindest nicht in dem Maße wie ich es suche oder damals gesucht habe. Und dann habe ich gemerkt, dass sie immer mehr Distanz nimmt. Also nicht was die Sexualität betrifft, sondern so dazwischen. Ich meine das jetzt nicht negativ, aber ich kippe bei Frauen rein, nicht so wie andere Menschen, die dann mehr Rationalität walten lassen. Ich glaube, dass ich es an Zuneigung und an Nähe bei ihr vielleicht übertrieben habe. Also ich würde nicht sagen, dass ich eine Klette bin, aber dieses Anschmiegsame und Zärtliche, was ich damals gesucht habe, das hat mit ihrem Ego nicht zusammen gepasst. Und ich habe langsam erkennen müssen, dass sie diese Nähe nicht zugelassen hat.« (35)

Carmen geht gegenüber dem Nahebedürfnis von Michael auf Distanz. Michael führt diese Reaktion zwar zuerst auf eine emotionale Überschwänglichkeit seinerseits zurück, jedoch verschiebt sich seine Deutung relativ schnell in die Gegenrichtung, und er spricht seiner Partnerin die Fähigkeit zu lieben ab. Sichtlich handelt es sich dabei um eine narrative Strategie der Umdeutung. Michaels Wunsch nach Emotionalität und Zärtlichkeit zerbricht an Carmens Autonomiebestrebungen.

Nach ungefähr einem Jahr folgt die Trennung, die für Michael relativ überraschend kommt. Carmen sucht das Gespräch und teilt ihm mit, dass sie die Beziehung beenden möchte. In der erzählerischen Darstellung des Trennungsgesprächs liefert wiederum eine behauptete Liebesunfähigkeit der Partnerin den Deutungshorizont für das Scheitern der Liebe:

»Und den Satz vergesse ich nicht. Sie hat wortwörtlich gesagt: ›Michael, das was du mir gibst, kann ich dir nicht geben.‹ Und sie meinte, es hat nichts mit mir zu tun, es hätte mit ihr zu tun. Und ich habe sie gefragt: ›Was bedeutet das?‹ Und heute denke ich, vielleicht hat sie damit gemeint, dass nur ich Nähe geben kann und geben will. Denn ich habe damals natürlich gemerkt, dass immer ich es war, der sie in den Arm nimmt und küsst und einfach diese Nähe gibt. Und vielleicht war es genau das, was ihr zu viel geworden ist und was sie nicht geben konnte.« (35)

Nach der Trennung von Carmen vergehen Jahre, in denen Michael, wie er selbst sagt, auf der Suche nach der »richtigen Frau« ist, dennoch folgt für ihn bis heute keine neue Paarbeziehung mehr. In dieser Zeit experimentiert er mit kurzfristigen Affären, jedoch stellt er schnell fest, dass diese nicht seinen Liebesvorstellungen entsprechen. Das Modell der monogamen Zweierbeziehung bleibt für Michael die Leitvorstellung der Liebe. Die Suche nach einer passenden Partnerin und die Zeit des Alleinseins bieten ihm immer wieder Anlass, seine bisherigen Erfahrungen zu bilanzieren. Was für ihn im Gespräch mit Freunden immer wieder zum Thema wird, liefert auch in seiner Selbsterzählung Anlass für ein gesamtbiografisches Resümée:

»Was ich heute erzählt habe, habe ich mir selbst schon lange nicht mehr überlegt. Ich weiß zwar punktuell, da war das, und da war das. Aber so in Zeitraffer, was da alles passiert ist, und was die negativen Dinge waren, und wie ich mich aufgrund dieser Erfahrungen weiter entwickelt habe// Vielleicht sollte ich ein bisschen mehr aufpassen, am Beginn. Aber ich will diese emotionale Seite bei mir bewahren. Also ich kann aus mir jetzt keinen Macho machen. Wenn man auf die richtige Frau trifft, dann passt das sowieso. Ich verändere mich nicht. Ich weiß, dass ich kein Macho bin, und der werde ich auch nie sein, aber das ist für mich okay. Vielleicht geht es bei mir eher um die Frage: Wann ist man weich und gutmütig? Ich glaube, aufgrund meiner Erfahrungen, dass ich noch ein bisschen mehr Kontur zeigen sollte. Dass ich mich nicht so schnell auf einen gemeinsamen Nenner bringen lasse, der zu meinen Ungunsten ist. Suchen soll man nicht, aber die Frau, die ich mir vorstelle, habe ich noch nicht gefunden. Es kann nie alles passen, aber je älter man wird, desto schwieriger wird es doch. Ich weiß genau, was ich nicht will, und ich will in einer Beziehung auch gefordert werden, sowohl emotional als auch rational.« (36)

Das biografische Resümée verdeutlicht eindrücklich das thematische Spannungsfeld, das in der Erzählung von Michael verhandelt wurde: Als eine narrative Suche nach Identität bewegte sich seine Selbsterzählung zwischen Nähe und Autonomie, Emotionalität und Rationalität.

5.6 Fallgeschichte Veronika: Ein ungleiches Paar? Oder: Die narrative De-Konstruktion von Beziehung

»Am Anfang habe ich die ganze Zeit Schmetterlinge im Bauch gehabt. Jedes Mal wenn er angerufen hat, da habe ich so zu zittern begonnen, dass ich dreimal das Telefon fallen lassen habe. Irrsinnig peinlich. Und ja, ich habe irgendwie gespürt, das passt jetzt. Das wird jetzt was. Da hängst du dich jetzt rein, weil etwas Besseres bekommst du nicht mehr wahrscheinlich, weil die vorigen Beziehungen waren mehr oder weniger größere Katastrophen. Und ja, das passt eigentlich wirklich. Und da habe ich mir wirklich gedacht: Ja, das könnte was werden, das ist super. Also es ist schon so, dass viele Leute zu mir sagen: ›Bist du dir sicher, dass der zu dir passt?‹ Aber wenn ich mir da andere Leute ansehen, wie es bei denen zugeht, dann denke ich mir, ich hab's gar nicht einmal so schlecht getroffen.« (3)

Veronika ist 23 Jahre alt und angehende Kinderpädagogin. In ihrer autobiografischen Erzählung berichtet sie von ihrer Paarbeziehung mit Clemens, einem 31-jährigen Taxifahrer. Es geht um die Einschätzung und Bewertung einer Beziehung, die im Blick der Anderen steht und dadurch infrage gestellt wird. Veronika stammt aus einer bürgerlichen Familie. Der Vater ist ein anerkannter Sportmediziner, die Mutter Psychotherapeutin. Die Tochter möchte in die Fußstapfen des Vaters treten, scheitert jedoch an den Aufnahmeprüfungen für das Medizinstudium und entschließt sich, daraufhin, die Ausbildung zur Kinderpädagogin zu absolvieren. Mit 21 Jahren übersiedelt sie von Bregenz zum Studium nach Wien. Ohne sozialen Anschluss in Wien versucht Veronika über Chatrooms im Internet Bekanntschaften zu schließen und lernt so schließlich Clemens kennen:

»Also kennengelernt haben wir uns lustigerweise über das Internet. Obwohl ich davon eigentlich überhaupt nichts halte, aber er hat mich einfach angeschrieben. Und dann hat es eigentlich mit uns angefangen. Dann haben wir uns öfter mal geschrieben und gesagt wir treffen uns einmal. Dann haben wir uns einmal getroffen und eigentlich im Prinzip von dem Tag an sind wir zusammen gewesen. Also es ist irgendwie ziemlich ruckzuck gegangen. Aber das war insofern nicht blöd, weil im Prinzip sind wir draufgekommen, wir sind beide solche Menschen, die in ein paar Stunden wirklich die gesamte Lebensgeschichte so rüber bringen können, dass wir uns gut verstehen.« (1)

Clemens lebt mit seinem Vater und seinem pflegebedürftigen Großvater in einer kleinen Gemeindebauwohnung im zehnten Wiener Gemeindebezirk. Nachdem ihm der Führerschein entzogen wird, und er seinen Beruf als Taxifahrer nicht mehr ausüben kann, sucht er nach alternativen Beschäftigungsmöglichkeiten. Der Vater ist aufgrund einer Herzerkrankung nicht mehr berufsfähig und kümmert sich, gemeinsam mit Clemens, um den Großvater. Die Lebensverhältnisse und der soziale Hintergrund von Clemens markieren einen deutlichen Unterschied zu Veronikas Herkunftsmilieu. Die soziale Differenz der Liebenden wird zum Leitthema der Erzählung:

»Und auch das, was er mir erzählt hat über seine Kindheit, wie das war, so was habe ich wirklich nur vom Hörensagen gekannt. Ich war teilweise so naiv, dass ich nicht einmal wusste, dass es so etwas wirklich gibt, dass so etwas wirklich ernsthaft so existiert.« (5)

In ihrer Erzählung kennzeichnet Veronika das soziale Herkunftsmilieu ihres Partners als gewalttätig, verwahrlost und von Leiden gezeichnet. Das Zusammentreffen zweier heterogener sozialer Welten in der Paarbeziehung stellt sich als konfliktreich dar und wird in der Erzählung in mehrfacher Weise verhandelt. Diesbezüglich zeigt sich eine Mehrstimmigkeit der Erzählung: Die Ich-Perspektive ist gegenüber anderen Erzählperspektiven weniger stark ausgeprägt, zu Wort kommen gleichermaßen die jeweiligen Herkunftsfamilien. Diese einzelnen Perspektiven auf die Beziehung werden in der Erzählung immer wieder einander gegenübergestellt und konterkariert. In Veronikas Erzählung führt diese Intervention narrativer Stimmen zu einer

Erzähldynamik, die den Intentionen der Erzählerin immer wieder entgegenarbeitet. Wie gezeigt werden soll, verändert sich Veronikas persönliche Einschätzung der Beziehung im Erzählverlauf dramatisch. Während sie, vor allem am Beginn ihrer Selbsterzählung, noch die Einzigartigkeit ihrer Liebesbeziehung betont und versucht, die Paargeschichte in ein romantisches Narrativ der ›Liebe auf den ersten Blick‹ einzubetten, wird diese Darstellung im Erzählverlauf sichtlich brüchig. Die Selbsterzählung gerät zu einer narrativen Dekonstruktion der Beziehung, bei der die Erzählerin von einer Erzähldynamik erfasst wird, die sie im Gesprächsverlauf nicht mehr rückgängig machen kann. Es kommt schließlich zu einer Infragestellung der Beziehung wie auch zu einer narrativen Abwertung des Partners. Die Liebesgeschichte wird von der Faktizität der Ereignisse gleichsam aufgebrochen und infrage gestellt. Veronikas Erzählung soll in dieser Weise im Folgenden als Beispiel dafür gelten, dass das Erzählen nicht als freies Fingieren von Ereignissen möglich ist, da es immer auch bestimmten »Zugzwängen des Erzählens«[6] unterliegt.

Das erste Treffen in zwei Versionen

In Veronikas Erzählung finden sich zwei unterschiedliche Darstellungen der ersten Begegnung mit Clemens. In der einen Version bettet sie den Beginn der Liebesbeziehung in ein romantisches Narrativ der ›Liebe auf den ersten Blick‹ ein: Veronika und Clemens vereinbaren ein erstes gemeinsames Treffen und wählen dafür ein symbolisches Datum, den Valentinstag. Sie verbringen eine gemeinsame Nacht, die den Beginn der Paarbeziehung besiegelt:

»Und dann haben wir uns ausgemacht, dass wir uns am Valentinstag treffen und seit dem sind wir zusammen. Wir haben gleich gut zusammen gepasst, und sind darauf gekommen, dass wir beide gerne ins Kino gehen und beide dieselbe Musik hören, dass wir beide Hunde über alles lieben und was weiß ich. Und dann sind wir gleich zu ihm nachhause und haben ewig lange geredet. Irgendwann ist dann einmal der erste Kuss gefallen, nachdem wir uns zwei Stunden angesehen haben und sich keiner etwas zu tun traute. Und ungefähr eine Stunde später ist dann auch das erste Mal in unserer Beziehung gefallen. Das ist viel schneller gelaufen, als ich eigentlich geplant hätte, aber es war eben die Anziehungskraft zu stark. Ja, und dann war es aber schon

---

6 Der Begriff ist Fritz Schütze entlehnt. Zu einer genaueren Darstellung des Begriffs siehe Kapitel 4.2.

so spät, und ich habe ihn gefragt, ob ich bei ihm übernachten kann, denn Wien bei Nacht ist mir noch etwas ungeheuer. Und er sagte, ja ist kein Problem. Und eigentlich von dem Punkt an waren wir dann zusammen. Also das ist sehr schnell gegangen, aber es hat auch bis jetzt gehalten.« (4)

Das symbolische Datum markiert den Beginn der Liebesbeziehung. Die Erzählerin unterstreicht in ihrer Darstellung die Gemeinsamkeiten: Liebe entsteht über gemeinsame Interessen, das Gespräch und die körperliche Anziehung. Der Stil der Darstellung gibt die schnelle Abfolge der Ereignisse wieder: Das Paar findet schon in der ersten Begegnung zueinander. Aus einer einzigen gemeinsamen Nacht resultiert wie selbstverständlich eine Paarbeziehung. Der Mythos der romantischen ›Liebe auf den ersten Blick‹ liefert die Erzählvorlage für das Gründungsmoment der Paarbeziehung. Erstaunlicherweise präsentiert Veronika jedoch im Verlauf ihrer Erzählung eine zweite Darstellung dieser Begegnung, die im völligen Gegensatz zur Ersten steht:

»Bei unserem ersten Treffen bin ich zu ihm gefahren. Er musste auf seinen Großvater aufpassen. Sein Vater war nicht zuhause. Ich dachte, gut, dann komme ich halt zu ihm. Naja, gut. Im Endeffekt bin ich dort in die Wohnung hinein gekommen und war gleich einmal so geschockt, dass ich nicht gewusst habe, soll ich das da jetzt durchdrücken oder soll ich gleich wieder gehen? Weil es war dreckig. Die Katzen sind im ganzen Zimmer herum gesprungen und haben die Möbel demoliert und die Tapeten von der Wand gerissen, die ganze Zeit. Und ja, sein Großvater, lag da in seinem Krankenbett, und wollte immer mit mir reden, aber der kann sich nicht artikulieren. Er wollte die ganze Zeit irgendetwas von mir und ich habe ihn nicht verstanden und habe nicht gewusst, was ich sagen soll. Und dann kam sein Vater nachhause und am Anfang habe ich mir gedacht, ich habe noch nie so etwas Primitives gesehen. Weder gesehen noch gehört noch gerochen noch ge-sonst was. Aber ich habe mir gedacht, gut ich bin ja nicht mit seinem Vater zusammen, also ist mir das egal.« (7)

Von der romantischen Stimmung der ersten Liebesnacht, wie sie in der Erstversion geschildert wurde, ist in dieser Darstellung nun nichts mehr greifbar. Der Fluchtreflex den Veronika beim Anblick der Lebensverhältnisse von Clemens verspürt, steht in einem eklatanten Widerspruch zur ersten Darstellung. Es sind die sozialen Gegensätze, die Veronika im weiteren Verlauf ihrer Erzählung, nun zum Hauptthema machen wird und die sie letztlich dazu bringen ihre Beziehung zu Clemens infrage zu stellen. Auf diese Weise schwankt die Erzählung zwischen einer romantischen Deutung der Liebe und einer Geschichte der Differenzen: Wo die körperliche Anziehungskraft und die Sehnsucht nach Bindung eint, dort trennen die sozialen Unterschiede das Paar unüberwindlich. Doch Veronika entschließt sich zu bleiben.

Das Milieu

»Also, er ist ein echter Wiener, sage ich jetzt einmal. Ein echter Wiener mit einem furchtbaren Akzent, also für meine Verhältnisse zumindest. Und er wohnt eben mitten in so einem riesigen Gemeindebau. Und von dem habe ich ja überhaupt nichts Gutes gehört bis jetzt. Und wie ich schon gesagt habe, von seiner Familie war ich am Anfang entsetzt. Also ich habe mir echt gedacht: So etwas Primitives kann es gar nicht geben. Seine Eltern arbeiten beide nichts. Seine Eltern sind geschieden, aber jetzt sind sie wieder zusammen mittlerweile. Die sind beide sozusagen in Zwangspension, weil sie krank sind. Aber beide sind noch sehr jung, sie sind jünger als meine Eltern. Und wirklich in ihrem ganzen Leben noch nie etwas gearbeitet. Und mein Freund hat momentan keine Arbeit, weil seinem Vater würde es nicht einfallen, dass er von dem Pflegegeld für den Großvater vielleicht einmal eine Pflegerin engagiert, die weiß, wie man mit ihm umgehen muss. Aber nein! Und deswegen kann mein Freund auch momentan nichts arbeiten. Also er ist auch nicht krankenversichert und kann nicht zum Arzt gehen, wenn er krank ist. Und dem Vater geht's nur um's Geld, auf die Gesundheit wird geschissen.« (6)

Veronika zeichnet in ihrer Erzählung ein Bild eines Unterschichtenmilieus als einer Spirale von Krankheit, Leiden, Arbeitslosigkeit, Verwahrlosung und Gewalt. Greifbar und sichtbar wird das Milieu für sie anhand der Wohnverhältnisse, der Kommunikation und der spezifischen Werthaltungen: So versieht sie den Gemeindebau mit einer negativen Zuschreibung: »Von dem habe ich ja überhaupt nichts Gutes gehört bis jetzt.« Der Gemeindebau wird zum Sinnbild für Verwahrlosung und Gewalt. Die Werthaltungen des Milieus lauten in der spezifischen Deutung der Erzählerin: Materielle Sicherung vor individuellen Bedürfnissen. Das individuelle Leiden (Krankheit) werde nicht gelindert, vielmehr werde es der materiellen Sicherung untergeordnet, die wiederum einem schnöden Kalkül unterliege. Die Familienmitglieder scheinen in dieser Darstellung als Gefangene ihrer Situation – die (materielle und physische) Not kettet sie aneinander. Clemens wird in dieser Darstellung zum eigentlichen Opfer seiner Verhältnisse: Der Vater binde ihn durch die Verpflichtung, den Großvater gemeinsam zu pflegen, an den Haushalt und verhindere so seine Berufsausübung. Das Schicksal der Eltern scheint sich auf diese Weise im Leben des Sohnes fortzusetzen. Ein Ausweg scheint nicht in Sicht. Zwar weiß Veronika, dass Clemens seine Berufstätigkeit durch den Führerscheinentzug verloren hat, allerdings macht sie hier die familiäre Situation dafür verantwortlich. In der Art und Weise dieser Darstellung wird eine persönliche Distanznahme der Erzählerin deutlich: Sie steht außerhalb des Geschehens als eine Beobachterin. Auch mit der getroffenen Kennzeichnung von Clemens als einem »echten Wiener« und der Festschreibung der kulturellen Differenz über die Sprache (»furchtbarer Akzent«) schafft Veronika in ihrer Erzählung eine persönliche Distanznahme. Allerdings, wie noch deutlich werden wird, kann sie nicht verhindern, sowohl selbst in das Geschehen involviert zu werden, als auch differente Positionen beziehen zu müssen. Dabei wechselt sie in ihrer Erzählung auch immer wieder zwischen einer narrativen Solidarisierung mit Clemens' Familie und der ›dritten Perspektive‹ der Beobachterin.

Im Unterschied zu Clemens verfügt Veronika über mehr persönliche Freiräume und einen deutlich höheren Aktionsradius: Sie besitzt eine eigene Wohnung, ihre Eltern unterstützen sie materiell und bieten ihr einen Rückzugsort im Elternhaus. Clemens ist hingegen durch seine prekäre finanzielle Situation wie auch durch die Verpflichtung der Pflege des Großvaters an den familiären Haushalt gebunden. Sein Handlungsspielraum ist im Vergleich zu Veronika stärker eingeschränkt, was unter anderem besonders dann virulent wird, wenn es um gemeinsame Unternehmungen als Paar geht. Clemens verweigert – in der Deutung von Veronika aufgrund seiner finanziellen Not – konsequent jede außerhäusliche Aktivität und begegnet ihren Wünschen dabei allzu oft mit Ablehnung und Zynismus. Diese unterschiedlichen Ausgangsbedingungen der handelnden Akteure werden in der Erzählung auf vielfältige Art und Weise verhandelt und dabei stets milieuspezifisch gerahmt. Deutlich wird, wie sich die Milieuthematik in der Erzählung immer stärker in die Liebesbeziehung einschreibt und diese schließlich brüchig werden lässt. Die Identität des Geliebten wird zum Prüfstein der Beziehung, denn spezifische Familienerzählungen schüren in Veronika ein Unbehagen hinsichtlich der (vermeintlich wahren) Identität von Clemens und tragen nicht unerheblich zum Aufkeimen des Zweifels bei:

> »Und dann haben diese Geschichten angefangen. Dann habe ich seine Geschwister kennengelernt und die haben mir von früher erzählt. Und dann habe ich mir gedacht: Okay, hoffentlich ist das nicht auch so ein Schlägertyp! Denn sie wurden als Kinder geschlagen und das bei jeder blöden Gelegenheit. Und da habe ich mir gedacht: Hoffentlich ist er nicht auch so. Er kann zwar extrem aggressiv werden, aber dass er wirklich mal zuschlagen würde, glaube ich nicht. Also er schreit einen lieber in Grund und Boden, sonst passiert nichts. Aber was ich so gehört habe von seiner Familie, von Verwandten und Bekannten, war er früher schon ein ziemlicher Schlägertyp. Aber anscheinend hat er sich das abgewöhnt. Oder er nimmt sich nur in meiner Gegenwart zusammen, das kann auch sein.« (5)

Anhand dieser Darstellung wird ein zugrundeliegender Diskurs um Sozialisation und Gewaltbereitschaft sichtbar. In welchem Ausmaß wird eine Person durch ihre Lebensumstände und ihre Sozialisation beeinflusst? Pflanzen sich Aggression und Gewaltbereitschaft in den einzelnen Individuen fort? Ist es möglich sich zu verändern und die eigene Sozialisation gänzlich abzustreifen? Im Umfeld solcher Fragen steht das Unbehagen von Veronika gegenüber der Vergangenheit von Clemens. Geschürt wird dieses jedoch nicht nur durch die Familienerzählungen, sondern auch durch bestimmte Verhaltensweisen, die sie an Clemens wahrzunehmen beginnt. Zwar ist Veronika relativ autonom: Ihre Ausbildung zur Kinderpädagogin wird sie bald abschließen und einer beruflichen Zukunft scheint nichts im Weg zu stehen. Allerdings bemerkt sie bald, dass Clemens ihre Freiräume mit Argwohn betrachtet und beginnt, sie zu kontrollieren. Sie muss Rede und Antwort stehen, wo und mit wem sie die Zeit verbringt, in der das Paar nicht zusammen ist. Dies führt immer wieder zu Streitigkeiten, bei denen Veronika auch an sich selbst ein gewisses Aggressionspotential entdeckt:

»Ich kann oft wegen Sachen, die mich extrem nerven, extrem grantig werden. Und das ist dann auch so, bis es einmal kracht und dann schreie ich ihn an: ›Verschwinde aus meiner Wohnung!‹ Und er sagt darauf: ›Ja, aber ich komme nie wieder!‹ Und dann sage ich doch wieder: ›Nein! Bleib' da!‹ So ungefähr läuft das dann. Es ist immer so: Zuerst schreie ich ihn an, und dann will ich aber nicht, dass er geht, weil er kann da richtig unberechenbar werden. Also ich habe es noch nicht herausgefunden, was wirklich passiert, wenn ich ihn aus der Wohnung schmeiße. Das will ich mir irgendwie gar nicht vorstellen. Am Ende macht er es wirklich wahr und meldet sich wirklich nicht mehr! Aber zumindest sind wir uns noch nie an die Gurgel gesprungen und so etwas wie Schlagen in einer Beziehung das gibt's sowieso nicht. Also ich hätte ihm einige Male zwar wirklich gerne eine reingehauen, zugegeben. Und er mir wahrscheinlich auch. Aber wir tun es trotzdem nicht. Wir können wirklich böse miteinander werden, aber da hauen wir lieber zuerst auf die Polster hin oder sonst was, aber dass wir aufeinander losgehen, das käme nicht wirklich in Frage. Das ist auch gut so, denn so etwas kenne ich nicht und will ich auch nicht kennen lernen.« (5)

In Konfliktsituationen macht sich auf beiden Seiten ein gewisses Aggressionspotential bemerkbar, auch wenn dieses, wie Veronika betont, niemals zum Ausbruch gelangt. Es ist wohl eine Form der Sprachlosigkeit, die darin zum Ausdruck kommt. Veronika wird von Clemens immer wieder mit Vorwürfen und Anschuldigungen konfrontiert. Er begegnet ihrem persönlichen Freiraum mit Argwohn und Eifersucht. Sie kann die Verbannung des Geliebten aus ihrem Refugium jedoch nur androhen, zu groß scheint die Angst vor dem realen Verlust des Partners. Auch hier liegt wieder jenes Unbehagen hinsichtlich der vermeintlich wahren Identität des Geliebten in den Worten der Erzählerin: Sollen die Gewalterfahrungen von Clemens doch noch zum Vorschein kommen oder hat er diese bereits hinter sich gelassen? Das Unbehagen, das die Erzählerin hier selbst als eine ›Unberechenbarkeit‹ des Anderen benennt, wird aber nicht nur in Konfliktsituationen greifbar, sondern tritt auch angesichts der Zukunftspläne in Erscheinung, die das Paar gemeinsam verhandelt.

Zukunftspläne

»Wir haben unter anderem auch jetzt schon so Zukunftsvorstellungen aufgebaut. Das ist allerdings schon ziemlich bald gewesen. Nach dem fünften oder sechsten Monat wollte er schon unbedingt ein Kind von mir. Ich glaube, dass er es schon etwas eilig hat, weil er ist jetzt fast zweiunddreißig und bekommt ein wenig Panik. Ich habe am Anfang gesagt: ›Schauen wir mal, wie es mit meiner Ausbildung vorangeht.‹ Und vier Monate später habe ich gesagt: ›Erst mache ich meine Ausbildung fertig und dann können wir mal überlegen.‹ Ich meine, wer weiß, wie lange ich dafür brauchen werde. Und dann haben wir natürlich darüber geredet, wie er sich das vorstellt, wenn einmal ein Kind da ist. Und ich bin mir immer noch nicht sicher, ob er das im Scherz gemeint hat oder ob das wirklich sein Ernst war: Ich passe auf das Kind auf, ich arbeite nicht, ich koche, ich putze, ich wickle das Kind. Ist ja klar: Irgendjemand muss es ja machen. Und das geht solange bis die Karenz abgelaufen ist und dann schauen wir mal: ›Vielleicht lasse ich dich dann wieder hakeln gehen‹, meinte er. Also so ungefähr ist das gegangen.« (6)

Die Imagination einer gemeinsamen Zukunft als Paar lässt die von Veronika bereits angesprochenen Differenzen umso deutlicher hervortreten. Anhand von Heirat, Kinderwunsch und Familiengründung thematisiert sie in ihrer Erzählung letztlich die divergierenden Vorstellungen der Beziehungspartner. Aus den Gemeinsamkeiten werden Unterschiede, wie sich deutlich an der vorangehenden Interviewpassage ablesen lässt: Während Veronika im ersten Satz des Zitats die ›Zukunftsvorstellungen‹ noch auf das gemeinsame ›Wir‹ bezieht, bricht dieses Kollektiv relativ rasch in zwei entgegengesetzte Positionen auseinander. Im Vordergrund stehen die Vorstellungen von Clemens, die Veronika offensichtlich missfallen. Er ist es, der sich ein Kind wünscht, während sie die Frage der Familiengründung auf die Zeit nach dem Abschluss ihrer Ausbildung verschoben wissen will – einen Zeitpunkt, den sie offen lässt. Die imaginierte und diskursiv verhandelte Familienplanung betrifft nur die Vorstellung des Mannes: »Dann haben wir natürlich darüber geredet, wie er sich das vorstellt.« Clemens entwirft für Veronika die Rolle der Hausfrau und Mutter im Rahmen eines patriarchal strukturierten Beziehungsmodells: Der Mann bestimmt über die Autonomie der Frau – hier bezüglich ihrer Berufsausübung. Veronika macht in ihrer Erzählung zwar deutlich, dass sie diese Rollenbilder keineswegs als Identitätsentwürfe übernehmen möchte, allerdings ist ihre Haltung nicht frei Ambivalenzen:

»Wir haben uns einen Film angesehen und da ist es darum gegangen, dass einer seine Freundin schon seit ewigen Zeiten fragen will, ob sie ihn heiraten will und er traut sich aber nicht. Und sie denkt sich das auch schon, aber sie denkt sich die ganze Zeit: Warum fragt er mich nicht und hat die Beziehung überhaupt noch einen Sinn? Und sie weiß aber gar nicht, dass er sie eigentlich fragen will. Und auf jeden Fall haben wir über diesen Film diskutiert und dann habe ich gesagt: ›Nein bitte, ich würde da warten bis ewig, Hauptsache ich muss nicht fragen!‹ Und dann hat er gesagt: ›Also wenn dann würde ich dir auf jeden Fall einen Antrag machen, wenn ich glaube, dass es soweit ist.‹ Und im Prinzip hat es da angefangen. Da waren wir grade mal fünf Monate zusammen und wir haben darüber geredet, teilweise so richtige Gehirngespinste, wie wir unsere Kinder nennen würden und solche Sachen. Und dann haben wir auch im Internet nach der Bedeutung von irgendwelchen Namen gesucht und was weiß ich alles. Also wir haben uns im Prinzip einen richtigen Spaß daraus gemacht, aber irgendwann habe ich dann gecheckt, dass er das voll ernst meint. Da war ich dann leicht schockiert, weil eigentlich will ich gar nicht heiraten. Zumindest will ich nicht kirchlich heiraten, standesamtlich schon.« (17)

Clemens kommuniziert im Unterschied zu Veronika seine doch konkreten Vorstellungen einer gemeinsamen Zukunft: Er ist zehn Jahre älter als sie, würde gerne heiraten und eine Familie gründen. Veronika lässt ihn diesbezüglich jedoch eher im Ungewissen. Sie erhält seine Wünsche in der Beziehungskommunikation zwar aufrecht, allerdings distanziert sie sich im Interview immer wieder von diesen. Dass seine Vorstellungen nur wenig denen von Veronika entsprechen, wird mehrfach deutlich. Jene Themen, die auch Geschlechterrollen und Werthaltungen betreffen, führen in der Paarkommunikation immer wieder zu Streit. Veronika scheint sich stets in die Enge gedrängt zu sehen und reagiert nicht ohne Ambivalenzen:

»Er meinte: An unserem Jahrestag verloben wir uns. Und ich habe gesagt: ›Das kannst du dir abschminken, da sage ich sicher nein.‹ Und dann hat er gemeint, er hätte gerne Kinder von mir. Und ich habe mir gedacht: Hoffentlich nicht! Ich habe dann gesagt: ›Aber mehr als zwei kommen nicht infrage.‹« (8)

Gemessen an der distanzierten Haltung, die Veronika bezüglich einer möglichen Heirat mit Clemens einnimmt, überrascht der Umstand, dass sie kurz darauf diese Idee ihrer Familie unterbreitet. Bei einem Familienfest verkündet sie, dass sie mit Clemens Heiratspläne hegt und sorgt damit für heftige innerfamiliäre Diskussionen. Angesichts der Vorbehalte, die sowohl ihre Eltern wie sie selbst im Bezug auf die Beziehung zu Clemens hegen, kann dies als ein bewusster Akt der Provokation verstanden werden, der sogleich zu erwartbaren Reaktionen führt:

»Da haben alle mal nur so geschaut. Mein Vater sagte dann: ›Na, ich weiß nicht, vielleicht nicht übertreiben, also nicht zu schnell.‹ Mein Vater ist ein Diplomat, muss man dazu sagen. Und meine Mutter: ›Nein, das kommt gar nicht infrage!‹ Und meine Oma: ›Kind, der kann dich doch gar nicht ernähren!‹ Und meine Schwester darauf: ›Veronika, bist du wahnsinnig?‹ Und seither, immer wenn meine Mutter mich anruft, dann fragt sie mich, wie es uns geht und ob der Clemens schon eine Arbeit hat und ob ich mir das nicht doch noch überlegen will.« (18)

Wie deutlich wird, spielt Veronika ihre Beziehung mit Clemens gegen ihr Elternhaus aus, was durchaus als ein rebellischer Akt zu verstehen ist. Immerhin lassen die Eltern keinen Zweifel an ihrer Meinung über das Herkunftsmilieu von Clemens. Dass sie damit die Tochter nur umso mehr an Clemens binden und deren Solidarisierung mit dessen Familie fördern, liegt auf der Hand:

»Also es ist so, dass sie nichts gegen ihn haben sondern eher gegen diese soziale Schicht. Gegen diese sozial tiefer gestellten Schichten, sage ich jetzt einmal. Einfach so, dass gewisse Familien, wenn die schon einen solchen Hintergrund haben, sich dann an die Arbeitslosigkeit gewöhnen und das dann schon leiwand finden, dass sie nichts tun müssen. Und ich meine, zugegeben, vor dem habe ich auch Angst. Aber ich sehe ihn ja, er schreibt in einer Tour Bewerbungen, schickt sie ab, ruft an und was weiß ich, aber sie nehmen ihn nicht.« (16)

Veronikas Eltern fürchten den sozialen Abstieg der Tochter, der vorwiegend an der Arbeitslosigkeit des Partners festgemacht wird. Während Veronika im eigenen Elternhaus auf Unverständnis stößt und damit beschäftigt ist, ihre Liebesbeziehung zu verteidigen, erfährt sie von der Familie ihres Freundes gänzlich anders geartete Reaktionen. Im familiären Umfeld von Clemens ist man von einer möglichen Heirat und der Idee der Familiengründung begeistert:

»Seine Eltern, die sind total begeistert von der Idee. Seine Mutter hat sich irrsinnig darüber gefreut, denn die warten schon ewig auf Enkelkinder. Und auch der Vater mag mich total gern. Also nach anfänglichen Schwierigkeiten sind wir irgendwie zusammen gekommen.« (18)

Ihre eigenen Bedenken im Hinblick auf eine gemeinsame Zukunft, Familiengründung und Heirat, behält Veronika in der Kommunikation mit ihrer Familie sowie mit der Familie von Clemens offensichtlich für sich. Es scheint, als präsentiere sie nach außen hin eine Entschlossenheit, die sie in ihrer Selbsterzählung jedoch immer wieder infrage stellt. Deutlich wird, inwiefern sich auch die erzählerische Darstellung in einer Dimension des Entwerfens von Möglichkeiten und Alternativen bewegt. Und so gewinnen im Verlauf des Erzählens die narrativen Stimmen der Anderen an Überlegenheit und Veronika beginnt, mit ihrer narrativen Dekonstruktion der Liebe. Interessanterweise benutzt sie selbst die Sprecherposition der Eltern, um die soziale Differenz zu markieren, die das Scheitern der Liebesbeziehung unausweichlich vorzeichnet. Zum Gradmesser der Chancen der Beziehung wird der unterschiedliche Bildungshintergrund.

Bildungsunterschiede

»Es gibt so Sachen, da denke ich mir, die sind eigentlich schon ziemlich eingespielt. Also wenn wir bei irgendwelchen Leuten sitzen und die reden so einen Unsinn, dann brauchen wir uns nur einen Blick zuwerfen und schon wissen wir's. Es gibt auch so Momente da sagt er genau das, was ich in dem Moment gerade sagen will. Das kommt ziemlich häufig vor bei uns. Das ist ganz witzig so. Aber das Einzige, was eventuell ein Problem werden kann, ist, dass ich doch eigentlich immer mit Leuten zusammen war, die ungefähr dieselbe Schulbildung hatten wie ich. Die meisten die ich gekannt habe, sind eben auf einem Gymnasium gewesen und mit denen hat man sich einfach über vielschichtigere Sachen unterhalten können. Wirklich: Über Politik, über Umwelt, über Atomkraftwerke über alles mögliche, was einen beschäftigt oder interessiert. Oder auch nur wenn es darum gegangen ist, wie man sich momentan gerade fühlt. Und mit ihm geht das einfach nicht. Er hat von gewissen Sachen einfach null Ahnung. Er lässt sich auch nichts sagen und will bloß nichts dazu lernen. Er hat den Hauptschulabschluss mit Ach und Krach geschafft, hat dann die Lehre angefangen und abgebrochen. Und was macht man da schon großartig in diesen vier Jahren Grundschule oder eventuell noch Polytechnikum? Was macht man da Großartiges, das eventuell dann einmal zum Allgemeinwissen beitragen könnte? Da machst du eigentlich nicht viel. Das Wichtigste kommt dann eigentlich erst später. Und auch bezüglich Diskussionsfähigkeit wirst du da eigentlich kaum geschult. Die meisten schreien einfach durcheinander. Und es ist auch so, wenn wir diskutieren: Ich halte mich an die Regeln, ich lasse ihn ausreden. Sobald ich aber zu reden anfange, platzt er mir schon wieder hinein. Ich könnte ihm so viele Dinge beibringen, aber er will sich von mir nichts sagen lassen. Er sagt zwar immer, er ist so froh, dass er eine so gescheite Freundin hat, aber profitiert er davon? Nein! Er fragt mich ja nicht! Das macht mich stinksauer! Aber was soll ich tun? Ich kann nichts dagegen tun.« (17)

Der Gleichklang der Liebenden schlägt in dieser Passage um in eine Dissonanz des Bildungshintergrundes. Bildung ermöglicht, in der hier spezifischen Deutung der Erzählerin, nicht nur Wissen, sondern auch die Fähigkeit entsprechend sozialer Regeln zu kommunizieren wie auch den Emotionen verbalen Ausdruck zu verleihen. Die gymnasiale Bildung wird der Grundschulbildung entgegengesetzt, die hier zudem noch als unzivilisierter und chaotischer Zustand dargestellt wird: »Das Wichtigste kommt dann eigentlich erst später. Und auch bezüglich Diskussionsfähigkeit wirst du da eigentlich kaum geschult. Die meisten schreien einfach durcheinander. Und es ist auch so, wenn wir diskutieren: Ich halte mich an die Regeln, ich lasse ihn ausreden. Sobald ich aber zu reden anfange, platzt er mir schon wieder hinein.« Während Veronika sich als gebildet und lernfähig kennzeichnet, spricht sie ihrem Partner diese Eigenschaft vehement ab. Die Bildungsunterschiede zwischen den beiden werden auf diese Weise zum eigentlichen Kristallisationspunkt sozialer Differenz:

»Das ist dann so wie bei den Simpsons. Du hast die halbintelligente beziehungsweise intelligente Marge und dann den staubdummen Homer. Also das ist irgendwie so ein kleiner Vergleich.« (18)

Die Unterschiede, die selbst die Liebe nicht ignorieren kann, werden für beide Partner gleichsam spürbar. Sichtlich wächst auch in Clemens die Einsicht, dass er bestimmten Erwartungen nicht gerecht wird, worauf er mit Ablehnung und Verweigerung reagiert. Veronika bedauert, die Einschränkungen, die sie diesbezüglich hinnehmen muss:

»Wenn ich alleine weggehe, dann langweile ich mich danach, denn da will ich mit jemandem über das Theaterstück reden. Aber er will nicht mitgehen und sagt immer: Nein, das sind so Dinge, da kenne ich mich nicht aus. Also ich würde mir mit ihm kein kompliziertes Stück ansehen, aber alles, was mit Kultur zu tun hat, ist für ihn etwas Böses. Also Theater, Kinobesuche oder Essen gehen das geschieht nicht. Und das bedauere ich schon, denn wen habe ich sonst schon, der das mit mir macht?« (15)

Die Liebe soll nicht nur in der Zweisamkeit gelebt, sondern auch in Form gemeinsamer Interessen symbolisiert werden. Doch es ist nicht nur das Interesse, sondern auch ein Wissen um schichtspezifische Kulturtechniken und kultureller Etikette, das dafür notwendig ist. Die soziale Differenz wird von Veronika daran erneut markiert und in einer neuerlichen Zukunftsvision problematisiert:

»Manchmal, in stillen Stunden, überlege ich mir ‚wie das einmal sein könnte eventuell: Dass ich ihn jedes Mal, wenn wir zu einer mehr oder weniger gesellschaftlichen Veranstaltung gehen und wenn wir nur bei Freunden eingeladen sind zum Essen// Das ist so eine Katastrophe. Da muss ich ihm ungefähr dreißig mal sagen, er soll sich etwas Gescheites anziehen oder so. Ich sehe das schon, ich werde sicher eine total bissige und keifende Ehefrau sein, aber es geht nicht anders. Du kannst es bei ihm nicht anders machen, du musst bei jedem Schritt voll dahinter stehen und dann kommst du natürlich irgendwo etwas zickig rüber, ja? Aber ja, wenn es nicht anders geht.« (18)

Eine intellektuelle Rollenverteilung zwischen den Partnern wird hier eindeutig festgelegt: Während der Bildungshintergrund Veronika zu einer überlegenen Position verhilft, bleibt für Clemens nur mehr die Rolle des bildungsresistenten Verweigerers. Die Festschreibung ist es, die für Veronika die Erklärung für Clemens Lebenssituation liefert, denn auch im Hinblick auf seine berufliche Laufbahn zeige er sich als unfähig, Hilfe anzunehmen:

»Er sagt dann immer: Wenn er sich eine Arbeit sucht, dann will er sich die selbst besorgen, da braucht er keine Hilfe dazu. Also Hilfe annehmen, das kann er gar nicht.« (16)

Die versuchte Pädagogisierung des Partners stößt auf dessen Resistenz und führt bei Veronika zu einer gewissen Resignation.

Resignation?

Wie deutlich wurde, gerät Veronikas Erzählung im Verlauf nicht nur zu einer De-Konstruktion der Beziehung, sondern in gleicher Weise auch zu einer Art narrativer Abwertung ihres Partners. Mag sein, dass Veronika sich in ihrer Erzählung auf diese Weise angesichts erfahrener Demütigungen Genugtuung verschafft. Gleichzeitig versucht sie aber immer wieder, die negativen Bewertungen zu relativieren und im Hinblick auf ihre Paarbeziehung einen positiven Sinn zu konstruieren, auch wenn ihr dies sichtlich nicht leicht fällt:

»Also Frauen sind für ihn nicht wirklich Menschen. Die sind im Prinzip da für drei Sachen: Sex, Kinderkriegen und Putzen. Über mich redet er zwar nicht so. Wenn er auch über mich so denken würde, wäre ich schon längst weg. Aber wenn ich dann zu ihm sage: ›Du kannst Frauen nicht wie Dinge behandeln, oder so über sie sprechen//‹ Ich fühle mich dann einfach stellvertretend für alle Frauen verarscht und das nervt mich wahnsinnig. Aber sonst ist er ein netter Kerl und man kann von ihm alles haben.« (20)

Der relativierende Schlusssatz vermag kaum über die Distanz zwischen den Protagonisten der Erzählung hinwegtäuschen. Doch auch hier zeigt sich – wie insgesamt in der Erzählung von Veronika – der Versuch, den Anderen zum Opfer seiner Verhältnisse zu stilisieren. Anklage und Rehabilitierung greifen unmittelbar ineinander. Clemens' Ansichten über Geschlechterrollen finden aber nicht nur verbalen Niederschlag, sondern werden vor allem auch auf der Handlungsebene sichtbar:

»Er hilft mir nie. Außer wenn ich ihn dreimal bitte, dann hilft er mir vielleicht. Aber mittlerweile habe ich mich schon so daran gewöhnt, dass ich alles alleine mache und es ist mir ziemlich egal. Außer wenn wieder so ein Berg Geschirr auf mich wartet, wenn ich nachhause komme, dann kann ich schon wütend werden. Aber die Wut lasse ich dann am Geschirr aus.« (11)

Es ist eine Mischung aus Resignation und Aggression, mit der Veronika auf das Verhalten ihres Partners reagiert. In ihrer Erzählung benützt sie die Metapher der ›Gewohnheit‹, um ihre persönliche Anpassungsleistung zu beschreiben. Die grundlegende Erwartung an den Anderen, sich in einer Beziehung aneinander zu entwickeln und sich über Lernprozesse (positiv) zu verändern, scheint am fehlenden Willen zu scheitern:

»Ich sage ihm immer dasselbe, was mir an ihm nicht passt und er findet an mir aber immer wieder neue Sachen. Also scheinbar entwickle ich mich immer weiter ins Negative. Und er sagt immer zu mir: Du kannst mich nicht ändern. Du kannst es hundert mal versuchen, aber du wirst mich nicht ändern.« (14)

Eine negative Bilanz?

Veronikas Erzählung bewegt sich zwischen der narrativen Konstruktion und De-Konstruktion einer Beziehung. Mag sein, dass sich darin eine reale Umbruchsphase der Beziehung ausdrückt, in der die Erzählerin zum Zeitpunkt des Interviews steht. Möglicherweise kann die Erzählung auch als ein Protokoll des Entliebens gelesen werden? Die Beziehung wird bilanziert, für und wider werden aufgeführt und Bewertungen angestellt. Wie deutlich wurde, fallen diese jedoch relativ zweideutig aus. Immer wieder nimmt Veronika ihre Aussagen zurück und relativiert diese. Besonders brisant wird das Problem einer eindeutigen Bewertung der Chancen der Beziehung angesichts einer Bilanzierung am Ende des Interviews:

»Ich erzähle oft über meine Beziehung. Ich bin da schon routiniert. Mit meinen Freunden rede ich da komplett ungeniert darüber und die wissen aber trotzdem, dass das nicht böse gegen ihn ist. Ich sage einfach, wie es ist, und ich kann damit leben. Wenn ich nicht damit leben könnte, wäre ich schon weg. Also mir geht es gut. Manchmal denke ich mir zwar: ›Warum tue ich mir das an?‹ Am Besten ist: Ich mache Schluss! Aber wenn ich nicht damit leben könnte, wäre ich schon längst weg. Ich sage es einfach so, wie es ist, und ich kann damit leben.« (20)

Angesichts einer möglichen negativen Bilanz ist Veronika bemüht, eine narrative Rechtfertigung zu liefern. Die Aufrechterhaltung der Beziehung muss scheinbar gerechtfertigt bzw. argumentiert werden. Veronika liefert sich in ihrer Erzählung selbst gute Gründe für eine Trennung, ebenso aber auch für eine Fortsetzung der Beziehung. Die Dichotomie von Gleichheit/Ungleichheit bestimmt die Darstellung und lässt sich nicht vollends aufheben. Zur erzählerischen Bilanzierung der Beziehung gesellen sich Bewertungsunsicherheiten, die sowohl den Beziehungsverlauf wie die zukünftigen Chancen der Beziehung betreffen:

»Am Anfang habe ich die ganze Zeit Schmetterlinge im Bauch gehabt. Aber irgendwann haben die Schmetterlinge später dann aufgehört. Und ich habe mir dann gedacht, das ist eigentlich schon zu einer Gewohnheitsbeziehung geworden. Aber andererseits da waren dann immer so an gewissen Tagen so zufällig entstandene Lichtblicke, wo ich wieder so extreme Schmetterlinge im Bauch bekommen habe. Die haben dann wieder ein paar Wochen angehalten, dann war es wieder aus und dann habe ich auf meinen nächsten Lichtblick gewartet – so ungefähr. Das klingt jetzt schon etwas arg. Ich will das nicht so hinstellen, dass wir eigentlich nur mehr aus Bequemlichkeit zusammen sind, sondern schon, weil wir uns gern haben auch nebenbei. Aber es ist halt nicht mehr so intensiv wie am Anfang, was auch irgendwo logisch ist. Was jetzt aber nicht heißt, dass sich das irgendwie im Sexualleben auswirken würde, weil das ist nach wie vor genau so frequentiert wie am Anfang. Also ist da überhaupt kein Problem. Und ich hätte schon irgendwann einmal gerne ein Kind und wenn dann nicht zu spät. Es ist auch wegen ihm. Ich verstehe ihn, wenn er sagt, er will nicht mehr zu lange darauf warten, bis ich ein Kind bekomme, denn irgendwann ist er in einem Alter, da ist das Kind dann 20 und er ist 50. Das ist dann schon arg. Und mich würde es auch gar nicht stören, wenn ich jetzt schwanger werden würde. Aber warum ich da etwas vorsichtig bin, ist deswegen: Es ist irrsinnig wichtig, dass man einen guten Draht zueinander hat und dass die Zukunft wenigstens ein wenig abgesichert ist, bevor man so etwas macht. Ich kenne genug Leute, die haben viel zu früh ein Kind bekommen, und jetzt stehen sie da und haben Streit wegen den

Alimenten und der Wohnung und haben Probleme mit ihrer Arbeit und so weiter. Ich will nicht, dass mein Kind so aufwächst, dass es sieht: Der Papa hat keine Arbeit und die Mama hat zwar eine Ausbildung fertig, aber auch keine Arbeit. Also ich denke, er wäre ein sehr guter Vater, wenn ich sehe, wie er mit anderen Kindern umgeht, aber bevor das andere nicht irgendwie passt, will ich einfach kein Kind haben.« (19)

Veronikas Erzählung lässt offen, wie sie sich im Hinblick auf ihre Beziehung entscheiden wird. Trotz der Differenzen, die sie beim Erzählen zwischen sich und Clemens feststellt, beschließt sie ihre Erzählung mit der Zukunftsvision einer Familiengründung. Ihre Selbsterzählung erweist sich als eine narrative De-Konstruktion von Beziehung mit offenem Ende.

6. Schlussbetrachtung: Erzähle Identität(en)?

Die vorliegenden sechs Fallgeschichten stehen für Varianten der Konstruktion narrativer Identität. Auf diese Weise bilden sie Fälle des Möglichen und haben exemplarischen Stellenwert. Denkbar wäre eine Vielzahl weiterer Konstruktionsweisen und thematischer Schwerpunktsetzungen. Dennoch lassen die skizzierten Fallgeschichten nunmehr Schlussfolgerungen im Bezug auf die Ausgangsfragestellung zu. Im Folgenden werden mittels Vergleich, Kontrastierung und unter Bezugnahme auf Theoriebestände zentrale Aspekte der einzelnen Selbsterzählungen näher betrachtet. Ein Vergleich ist schon deshalb unerlässlich, da bereits einzelne Fallgeschichten mehrere theoretisch relevante Aspekte enthalten. Zudem treten innerhalb einer Selbsterzählung mehrere Erzählmuster auf, die entweder explizit oder implizit sein können. Während in einigen Fällen die Selbsterzählung einem einzelnen, deutlich identifizierbaren Plot untergeordnet wurde, fehlte dieser in manchen Erzählungen (Veronika) oder es ließen sich sogar mehrere Plotstrukturen ausmachen (Gisela). Ein Erzählmuster kann demnach so zentral sein, dass es die gesamte autobiografische Erzählung strukturiert oder es kann eher untergeordnet sein, bzw. nur die Darstellung einer einzelnen Lebensphase betreffen. Dieser Umstand macht deutlich, dass in der Empirie eher Mischformen anzutreffen sind, die erst in der abstrakt-theoretischen Betrachtung an Eindeutigkeit gewinnen und beschreibbar werden.

Der Vergleich der Fälle, sowie die Darstellung der Ergebnisse, orientiert sich an den folgenden Leitfragen:

– Welche unterschiedlichen Identitätskonstruktionen zeigten sich in den einzelnen Selbsterzählungen und wie lassen sich diese als Konstruktionen zwischen Gleichheit und Selbstheit verstehen?
– Welche Erzählmuster und narrativen Strategien zeigen sich in den Selbsterzählungen und welche Funktion haben diese für die Entwürfe der ErzählerInnen?

– Wie verhalten sich die jeweiligen autobiografischen Erzählmuster zu den veranschlagten Liebesmodellen? Erweist sich die Liebe als ein relevanter Ort der Konstruktion von Identität?

Die nachstehende Tabelle veranschaulicht die sechs Fallgeschichten sowie deren zentrale Merkmale anhand der einzelnen Analysefragen und dient als Überblick für den anschließenden Vergleich:

Fallbeispiele	ANDREA	MARKUS	THOMAS	GISELA	MICHAEL	VERONIKA
Eckdaten der Interviewpartnerinnen	Kunststudentin 27 Jahre in Partnerschaft lebend geplante Heirat	Anwalt 39 Jahre 1 Kind geschieden, alleinstehend	KFZ-Mechaniker 29 Jahre promiskuitive Beziehungen	Architektin 52 Jahre 2 Kinder aus erster Ehe, in Partnerschaft lebend (living-apart-together)	Sportlehrer 42 Jahre alleinstehend	Pädagogin in Ausbildung 23 Jahre, in Beziehung lebend
Muster der Erzählung	Apologie der Liebe	Aneignungsgeschichte	Biografischer Reifungsprozess	Konversionserzählung	Passionsgeschichte	Narrative Dekonstruktion von Beziehung
Identitätskonstruktion	stabile Identität, kämpferisch-strategisch, heroisch (Geliebte)	adaptierte kulturelle Identität (Anpassung) und Identität als sozio-kulturelle Rolle (Asiate)	relationale Identität der multiplen Bezogenheit, strategisch, Körperlichkeit und Sexualität (Liebhaber)	wandelbare, flexible Identität, autonom und risikofreudig (Bekehrte und Unternehmerin)	brüchige, bedrohte Identität (Opfer)	relativ stabile Identität (Erzieherin und Helferin)
Codierung von Liebe und Beziehungsmodelle	Liebe als Sinnstiftung und Transzendenz (romantische Liebe) Ehe und Familiengründung	Romantische Liebe vs. soziobiologische Deutung, Ehe und Familie	Romantische Liebe vs. körperlich-sexuelles Begehren. Ehe als normatives Beziehungsmodell vs. Promiskuität	Liebe als Projekt pragmatisch-sachliches Partnerschaftkonzept (living-apart-together) vs. romantische Liebe	Liebe als Nähe und Geborgenheit (romantische Liebe) Partnerschaft	Liebe als Zweisamkeit vs. Einsamkeit (skeptisch-romantisch) Ehe und Familiengründung
Diskursfragmente und thematische Schwerpunkte der Erzählung	Romantische Liebe und Individualismus	fernöstliche Lebensphilosophie und Kulturnarrativ	Ökonomie der Wahl, Sexualität, Männlichkeit	Selbstverwirklichung, Autonomie und Emanzipation	Psychologisierender Diskurs des Leidens	Milieu und Bildung

(Tabelle: Vergleich der Fälle)

6.1 Identitätskonstruktionen zwischen Gleichheit und Wandelbarkeit

Gleichheit und Wandelbarkeit wurden in der vorliegenden Untersuchung als die zwei grundlegenden Bedeutungen des Identitätsbegriffs bestimmt. In der Auseinandersetzung mit den rezenten Theoriedebatten zum Problem der Identität wurde deutlich, dass darin jedoch nicht nur eine logisch-begriffliche Bestimmung zu sehen ist, sondern dass beide Begriffe auch für kulturelle Vorstellungen, Bedeutungen und Zuschreibungen stehen. Im Bezug auf gegenwärtige Biografieverläufe stellt sich die Frage nach dem Stellenwert von Wandlungsfähigkeit und Flexibilität. Stellen wandlungsfähige und flexible Biografiemuster gegenwärtig möglicherweise sozial anerkannte Muster dar? Erscheinen kontinuierliche biografische Verläufe demgegenüber als starr und unflexibel? Liegt in der permanenten Beweglichkeit und Wandelbarkeit des Subjekts eine der zentralen kulturellen Anforderungen der Gegenwart? Diese Fragen betreffen nicht nur das Subjekt und dessen Identität, sondern ebenso die Vorstellungen von der Liebe. Gelten dauerhafte Bindungen als gleichförmig bzw. monoton und werden demgegenüber andere Liebesmodelle favorisiert? Stellt die Wandelbarkeit des Selbst vielleicht sogar ein Erfolgskriterium der Liebe dar?

In einer kulturhistorischen Perspektive argumentiert etwa Andreas Reckwitz, dass ein klassisch-bürgerliches Ethos der »disziplinierten Gleichförmigkeit« weitgehend abgelöst worden sei durch ein Subjektmodell, das sich »in Form von zeitlich befristeten Projekten und eines kurzfristigen Engagements in permanenter Bewegung hält« (Reckwitz 2004: 176). Die längerfristige Orientierung und Bindung in zentralen Bereichen des Lebens wie Arbeit und Familie weiche demnach einem Projektcharakter, der nicht mehr auf Dauer gestellt ist. Zugleich sei dies als Ausdruck eines Kulturkonflikts der Moderne anzusehen:

»In einer ersten, von der bürgerlichen Kultur beeinflussten Tradition ist Bewegung im wesentlichen Gleichförmigkeit, d.h. regelmäßige Bewegung: das ideale Subjekt ist ein gleichförmig-strukturiert voranschreitendes. In einer zweiten Sinntradition, die aus den ästhetischen Bewegungen der Moderne stammt, wird ein Modell der Bewegung als ›Bewegtheit‹ codiert, d.h. als erratische, fluide, als ›lebendig‹ perzipierte Bewegung. Die Frage, inwiefern der moderne Mensch eine Domestizierung und Moderierung von Bewegungen oder aber umgekehrt eine erratische Dynamik und Mobilisierung von Bewegtheit entwickeln soll, stellt sich dabei als ein Element innerhalb jener Kulturkonflikte der Moderne dar, in der vor allem bürgerliche und ästhetische Formen der Subjektivität miteinander um den eigentlichen Maßstab von Modernität konkurrieren.« (Reckwitz 2004: 158)

Auch die vorliegenden Selbsterzählungen erschließen sich vor dem Hintergrund dieser Unterscheidung. Sie können als mögliche Figurationen von Identität verstanden werden, die innerhalb eines Spektrums zwischen Gleichheit und Wandelbarkeit oszillieren. Damit stellen Gleichheit und Wandelbarkeit nicht nur die beiden Pole des Identitätsbegriffs dar, sondern es zeigt sich zugleich, inwiefern diese in der erzählerischen Darstellung jeweils unterschiedlich akzentuiert werden können. Jede Erzählung handelt letztlich von einer Entwicklung, einem Prozess oder einer Veränderung, ohne die nichts erzählbar wäre. Dabei figuriert jedoch die Erzählung selbst die Veränderung in der Zeit auf unterschiedliche Art und Weise: So kann Veränderung negiert werden durch die Darstellung einer Wiederkehr des Gleichen, sie kann als zentrales Moment ins Zentrum der erzählerischen Darstellung rücken, sie kann an ›äußeren‹ Merkmalen, an Zuschreibungen, Haltungen oder Weltdeutungen festgemacht werden oder sie kann die persönliche Identität betreffen. Identität kann in diesem Sinne entweder als gestaltbar und veränderbar oder eher als stabil dargestellt werden – in jedem Fall erzeugt jedoch erst die narrative Konfiguration der Erzählung das jeweilige Identitätsmodell.[1] Damit erweist sich die Frage nach der Validität der jeweiligen Identitätskonstruktion als unangemessen: Gleichheit und Wandelbarkeit sind vielmehr als narrative Konstruktionen zu kennzeichnen, die nicht als Beleg für eine vermeintlich tatsächliche Veränderung der Person in ihrem Lebensverlauf missverstanden werden dürfen.

In der Selbsterzählung von Gisela etwa bildete ein Wandel der persönlichen Identität den Plot der Erzählung. Wie gezeigt wurde, folgte ihre Erzählung dem Muster einer Konversionsgeschichte vom leidvollen, fremdbestimmten Dasein (für andere) hin zum ›eigenen Leben‹. Dabei inszenierte Gisela unter Rückgriff auf das Erzählmuster der Konversion ihre Geschichte der Befreiung: Auf einen leidvollen Zustand – ihre erste Ehe – folgte eine Wende und infolgedessen eine Aufstiegserzählung in Form einer linearen Erfolgsgeschichte. Mit dem Ausbruch aus ihrer Ehe stellte sie zugleich das patriarchale Rollenmodell sowie ihren damaligen Entwurf als Mutter infrage, und folgte nach der Scheidung einem gänzlich anderen Identitätsentwurf.

---

[1] So zeigt etwa auch Wolfgang Kraus anhand von Ratgebern des autobiografischen Schreibens, inwiefern das Modell einer Patchwork-Identität schon Einzug in die Alltagsvorstellung genommen hat (vgl. Kraus 2006).

Als berufstätige Alleinerzieherin mit zwei Kindern sah sie sich in der Rolle einer Unternehmerin, für die Elternschaft und Beruf nunmehr Projektcharakter erhalten sollten. Die Identitätskonstruktion von Gisela lässt sich als eine hochindividualisierte Form der Darstellung fassen: Das Ich steht im Zentrum, die soziale Einbettung oder Bezugnahme entfällt partiell oder gar vollständig. Gisela stellte sich dabei in ihren Entscheidungen als relativ unabhängig und risikofreudig dar. Zuwachs an Selbstbestimmtheit und Autonomie wurden in ihrer Geschichte zu bestimmenden Themen einer Selbstwerdung, die konkret an eine Berufskarriere sowie eine Befreiung von Pflichten und Verantwortung geknüpft wurde.

Während der Wandel der persönlichen Identität in Giselas Erzählung im Zentrum stand, spielte die Wandlungsfähigkeit des Ich in den anderen Erzählungen eine eher untergeordnete Rolle. Zwar thematisierten auch die anderen ErzählerInnen in unterschiedlicher Form biografische Veränderungsprozesse, doch gestalteten sie ihre Selbsterzählungen eher in Form einer Kontinuität bzw. beharrten eher auf der Stabilität ihrer Identitätsentwürfe. Somit stehen am anderen Ende des Spektrums zwischen Selbstheit und Gleichheit Identitätskonstruktionen, die anstatt von Wandelbarkeit, mehr die Gleichheit betonen. Die Selbsterzählung von Markus lieferte hierfür ein eindrückliches Beispiel. In Form einer Aneignungsgeschichte schrieb er seine adaptierte asiatisch-kulturelle Identität schon in seiner Kindheit fest, wodurch er in seiner Erzählung biografische Kontinuität konstruierte. Seine Identitätskonstruktion ist nicht als wandelbar zu kennzeichnen, sondern sie besitzt die Form eines ›immer-schon-gewesen-Seins‹. Die Kontinuität dieser Identität wird bei Markus über die fortgesetzte kulturelle Ausrichtung der Partnerinnenwahl und seinem Festhalten am eigenen Identitätsentwurf als ›Asiate‹ gesichert. Eine weitere Variante der Herstellung von Kontinuität zeigte sich anhand der Orientierung an einer Normal- oder Standardbiografie, wie dies in der Selbsterzählung von Thomas der Fall war: Trotz seines promiskuitiven Lebensstils etablierte er in seiner Erzählung das biografische Normalschema von Ehe und Familiengründung als Vollendung eines männlichen Reifungsprozesses.

Insgesamt machten die einzelnen Selbsterzählungen deutlich, inwiefern die Form der Identität aus deren narrativer Darstellung resultiert. Die Identität einer Person liegt ihrer Symbolisierung nicht voraus, wie ein identischer Kern. Der Eindruck einer personalen Identität entsteht dort, wo die ErzählerInnen ihr Ich in den Mittelpunkt der Darstellung rücken, während der Eindruck einer sozialen Identität über die Einbettung des Ich in Fremdbezüge oder Kollektive hergestellt wird. Zwar ist Identität relational und damit stets eingebettet in soziale Bezüge, dennoch können diese in der Form der Darstellung bewusst vernachlässigt oder eben betont werden. So präsentierte etwa auch Markus seine Identität als Zugehörigkeit zur sozio-kulturellen Gruppe in Form des erweiterten Familienverbandes seiner Ex-Frau Siara. Der Verlust dieser Zugehörigkeit bedeutete für ihn zugleich eine Verunsicherung seiner Identität und führte in einen Zustand der Depression. Markus veranschlagte mit seinem kulturellen Identitätsentwurf als ›Asiate‹ ein rollenspezifisches Identitätsmodell: Das Ich erhält seine Identität erst durch die Akzeptanz seitens der sozialen Anderen und durch die Aufnahme in ein sozio-kulturelles Kollektiv.

Identität wird immer nur in Relation zu sozialen Anderen – mithin in einer Form der Bezogenheit hergestellt. Dies kann in unterschiedlicher Weise erfolgen. Identität kann als Zuschreibung durch Andere, als freie Wahl oder als Schicksal gedeutet werden. Diesbezüglich variieren die vorliegenden Selbsterzählungen, wobei zwischen Gisela und Michael vielleicht der größte Kontrast festzustellen ist: Während Gisela ihre Identität als Produkt einer freien Wahl darstellt, bei der nichts ihre Handlungspläne zu durchkreuzen scheint, wird bei Michael das Leiden an einer zugemuteten Identität besonders deutlich: Die sexuelle Unerfahrenheit wurde für ihn zum sozialen Stigma und führte eine adoleszente Krise der Identität herbei.

Zudem zeigten sich die Liebesbeziehungen selbst als ein Ort verschiedenster Identitätsanforderungen. So wird in der Liebe die Wandlungsfähigkeit des Ich ebenso erwartet wie dessen Stabilität. Besonders in der Selbsterzählung von Andrea wurde deutlich, inwiefern vom Gegenüber erwartet wird, seine Identität im Namen der Liebe zu ändern. Der rumänische Priester Michael, musste in ihrer Erzählung erst zum Individuum um-erzählt werden, um als ebenbürtiger Partner gelten zu können. Während die Identitätskonstruktion von Andrea als Vertreterin einer aufgeklärten westlichen Werthaltung relativ stabil blieb, war es der Andere, der einen Identitätswandel durchlaufen musste. Diese Erwartung an den Anderen wurde auch in der Erzählung von Veronika deutlich: Die Verweigerung des Partners, zu lernen und sich zu entwickeln, wurde von ihr als Starrheit gedeutet, die das Gelingen der Liebe bedrohe.

Jede einzelne Selbsterzählung zeugt von dem Wechselspiel von Gleichheit und Wandelbarkeit als Grundmotiv des autobiografischen Erzählens. Die Identität des Selbst erweist sich weder als fixiert noch als fragmentiert. Sie ist prozessual, dynamisch und veränderbar. Im fortlaufenden Prozess des

Lebens, im Zuge von Erfahrungen und Ereignissen müssen sich Identitätsentwürfe jeweils bewähren, oder umgebaut und angepasst werden. Identität ist nicht schon allein durch die Übernahme von Rollen und Lebensmustern gegeben, sie muss aktiv und reflexiv gestaltet und adaptiert werden. Auch die Selbsterzählungen zeugen teilweise von bereits stattgefundenen oder antizipierten biografischen Umbildungsprozessen persönlicher Identität (so vor allem die Erzählung von Gisela). Und auch der Wechsel von Partnerschaften und Beziehungen wirkt sich verändernd und gestaltend auf die Identitätsentwürfe der Einzelnen aus. In einer narrativen Perspektive erweisen sich die Einzelnen jedoch nicht als ihren Brüchen und Veränderungen gegenüber ohnmächtige und fragmentierte Subjekte, vielmehr erzeugen sie biografische Kontinuität und Kohärenz in der reflexiven Auseinandersetzung mit ihrer jeweiligen Geschichte. Das autobiografische Erzählen ist insofern als ein Mittel der Konstruktion des Selbst und seiner Welt zu verstehen: Erst in Form einer Erzählung gibt sich der Einzelne eine Geschichte, indem er ausgewählte Ereignisse zur Erzählung seines Lebens verknüpft. Die daraus resultierende Identität erweist sich als offen und stets nur vorläufig – nur in der narrativen Logik kann das Selbst ein Gleiches sein, wenn es sich auch verändert. Die Herstellung einer diachronen, zeitübergreifenden Identität bleibt selbst im autobiografischen Erzählen an kulturelle Geschichtenmuster rückgebunden. Diese synthetisieren heterogene Erfahrungen und Ereignisse zu einem Plot, bei dem das Ich zum Protagonisten der Geschichte wird. Inwiefern kulturelle Narrative ein Reservoir der Selbst- und Weltdeutung bilden, an das die Selbsterzählung anschließen kann, soll im Folgenden näher erörtert werden.

6.2 Biografische Schemata und kulturelle Narrative als Ressourcen der Identitätskonstruktion

Wenn das Erzählen ein Figurieren von Zeit ist, dann erfolgt die narrative Darstellung von Zeit über die Symbolisierungsleistung von Erzählmustern. Diese lassen sich auch als *scripts* kennzeichnen, im Sinne von symbolischen Ordnungen, Figuren und Zeitmodellen (vgl. Leitner 1990).[2] Sie ermögli-

---

2 Doch nicht nur die Biografie als solche, sondern auch binnenbiografische Ereignisse und vor allem die romantische Liebe folgen spezifischen Erzählmustern oder Scripts, die Zeit-

chen eine narrative Strukturierung der Biografie und verleihen dieser eine temporale Logik (Leitner 1990), die auf unterschiedliche Weise symbolisiert werden kann.[3] Erzählmuster stiften Kohärenz und Kontinuität: Sie synthetisieren das Disparate des Lebens zu einem sinnstiftenden Zusammenhang. Erst dadurch erhält die Autobiografie ihren Gestaltcharakter. Erzählen ist ein mimetischer Prozess. In diesem Sinne sind auch die kulturell verbreiteten Erzählmuster (Plots) nichts anderes als mimetische Vorlagen, an die Einzelne zur Darstellung ihrer eigenen Erfahrungen anknüpfen können. Wir verfügen über einen kulturellen Fundus an Geschichtenmustern, aus dem wir bei der Darstellung unserer eigenen Lebensgeschichte schöpfen können. Dieses kulturelle Reservoir bildet die Voraussetzung dafür, dass Selbsterlebtes überhaupt sprachlich dargestellt bzw. erinnert werden kann.[4]

Anhand der vorliegenden Selbsterzählungen konnten unterschiedliche Erzählmuster sichtbar gemacht werden. Dabei zeigte sich, dass sich nicht nur in jeder einzelnen Selbsterzählung ein relevantes Erzählmuster findet, sondern dass mehrere Erzählmuster innerhalb einer autobiografischen Erzählung auftreten können. In der Selbsterzählung von Gisela etwa wurden zwei Erzählmuster deutlich: Einerseits die ›Konversion‹, von der rollenkonformen Ehefrau hin zur berufstätigen Alleinerzieherin. Andererseits das Biografiemuster ›Karriere‹, das sie sowohl für ihren beruflichen Werdegang nach der Scheidung wie für die darauffolgenden Paarbeziehungen veranschlagte. Gisela strukturierte ihre Biografie als geradlinige Aufwärtsbewegung. Das Muster ›Karriere‹ enthält eine Form der Bewährung, über individuelle Leistung: Im Falle von Gisela war es die Geschichte der Unternehmerin, die sich aus einer prekären Lebenssituation hinaufarbeitet und schließlich Autonomie erlangt. Sie verlieh ihrer Liebesbiografie die Gestalt einer Fortschrittserzählung, die im Beziehungsmodell des *living-apart-together* seinen krönenden

---

verläufe symbolisieren.
3 Als Grundformen ließen sich lineare von zyklischen Darstellungsformen unterscheiden.
4 In diesem Sinne muss wohl auch von einer fundamentaleren Verankerung der Narrativität ausgegangen werden, als dies in den Theoriedebatten geschieht. Während etwa Hayden White und Louis O. Mink im Erzählen nicht mehr als eine ästhetische Überformung des gelebten Lebens sehen (White 1981, Mink 1978), erwies sich diese Perspektive im Rahmen der vorliegenden Untersuchung als zu statisch. Anstatt davon auszugehen, dass das Leben der Erzählung entgegenstehe und erst in der Retrospektive eingeholt werde, erscheint folgender Gedanke einleuchtender: Wir erleben vielmehr schon geschichtenförmig und befinden uns zeit unseres Lebens mitten in einer Geschichte, ohne deren Anfang und Ende einholen zu können. D.h. wir können uns gar nicht anders verstehen, als die Protagonisten der fortlaufenden Geschichte unseres Lebens.

Abschluss fand. Deutlich wurde zugleich, dass das jeweilige Erzählmuster mit einer bestimmten Deutung der Liebe im Zusammenhang steht: Der romantische Liebescode wich im Falle von Gisela einer eher pragmatisch-distanzierenden Deutung der Liebe (siehe dazu auch Kapitel 6.4.). Die Selbsterzählung von Gisela ist damit auch ein Beispiel für das Verhandeln zweier einander entgegengesetzter Biografiemuster: Das linear strukturierte Biografiemuster ›Karriere‹ steht dem Biografiemuster ›Reproduktion‹ gegenüber. Auch wenn ›Karriere‹ lange Zeit das zentrale Muster männlicher Biografien bildete, so steht dieses mittlerweile durchaus beiden Geschlechtern als biografische Erzählung zur Verfügung.[5] Nur, wie die vorliegende Geschichte eindeutig zeigt, lassen sich reproduktive Tätigkeiten nicht in das Erzählmuster Karriere (als lineare Aufwärtsentwicklung) integrieren – weshalb sie auch in der Selbsterzählung auf andere Personen verschoben werden. Gisela suchte dementsprechend nach Partnern, die ihr diese Reproduktionsarbeit abnehmen sollten. Damit distanzierte sie sich gerade vom zyklischen Biografiemuster der Reproduktion. Biografisches Scheitern, wie das Scheitern der Liebe, wurden rigide ausgeblendet und in eine Planungsrationalität verwandelt: Beinahe nirgends thematisierte Gisela in ihrer Erzählung Kontingenzen oder Hindernisse und selbst dort, wo diese auftraten, stellte sie diese noch als frei gewählte Herausforderungen dar. Zudem beanspruchte Gisela in ihrer Erzählung einen biografischen Wandel ihrer Identität als Voraussetzung für ihre berufliche und private ›Karriere‹. Gisela erzählte dies in Form einer Konversion vom leidvollen ›Dasein für andere‹ hin zur Selbstverwirklichung. Das Muster der Konversionserzählung kann als ein relativ bekanntes kulturelles Erzählmuster betrachtet werden, das aus dem religiösen Kontext stammt und den radikalen Glaubenswechsel einer Person beschreibt.[6] Doch auch

---

5 Die Gestalt der Biografie kann auch in einer Genderperspektive in den Blick genommen werden. Das Muster ›Karriere‹ steht für eine lineare Zeitvorstellung und bildete lange das klassische Erzählmuster von Männerbiografien. Frauenbiografien wurde dagegen stets ein zyklisches Erzählmuster zugeschrieben (Reproduktion). Beispielsweise ist vor allem die Darstellung biografischer Ereignisse als Ergebnisse planvollen Handelns und eine starke erzählerische Ich-Zentrierung mit männlichen Erzählweisen identifiziert worden, während Frauen biografische Ereignisse eher auf Anpassungsleistungen zurückführen würden (vgl. Dressel/Langreiter 2005). Die Haltbarkeit dieser Unterscheidung wäre am vorliegenden Material überprüfbar, kann jedoch im Rahmen dieser Arbeit nicht ausreichend geleistet werden. Allgemein kann jedoch davon ausgegangen werden, dass mittlerweile sowohl Männer als auch Frauen auf beide Erzählmuster zurückgreifen können.
6 Als Phänomen wie auch als Terminus ist die Konversion vorwiegend innerhalb von Theologie, Religion, sowie in der religionspsychologischen Forschung bekannt (vgl. Snow/Machalek 1984, Popp-Baier 2001, Luckmann 1987, Wohlrab-Sahr 2001). Als klassische Kon-

hier zeigte sich, dass Konversionserzählungen keineswegs als Berichte tatsächlicher Wandlungen der Identität (oder des Glaubens) missverstanden werden dürfen, sondern dass vielmehr erst das Erzählmuster ›Konversion‹ die Plausibilität erzeugt und insofern als Performanz des Wandels zu verstehen ist (vgl. Kofler 2007). Auch im Fall von Gisela leistete das Erzählmuster ›Konversion‹ eine Neustrukturierung der Biografie in der aktuellen Sprechsituation und kann somit als ein erzählerisch-performativer Akt verstanden werden.

Das Erzählmuster folgt einem spezifischen Aufbau: Das Selbst befindet sich in einem leidvollen Zustand (hier die erste Ehe als Zwangsstruktur), es kommt zu einem Schlüsselerlebnis, das zugleich den biografischen Wendepunkt markiert und auf den eine Neuorientierung des Lebens folgt. Erst diese narrative Dramaturgie stellt die Plausibilität der Konversion her, nicht das Ereignis als solches.[7] Interessanterweise lässt sich das Konversionsereignis selbst nicht erzählen und bildet den dunklen Fleck der Erzählung.[8] Auch bei

---

versionserzählung gilt jene vom Christenverfolger Saulus zum Apostel Paulus, wie sie etwa bei William James in seinen Gifford Lectures 1901/1902 beschrieben wird. James, wie auch die an ihn anschließende Konversionsforschung, deuten die Konversion jedoch vorwiegend psychologisch als eine radikale oder sukzessive Persönlichkeitsveränderung. Die Berichte von Konvertiten gelten als Belege für stattgefundene Konversionen. Erst in der neueren Forschung werden die performativen Aspekte von Konversionserzählungen stärker in den Blick genommen (vgl. Leitner 2000 sowie Ullmer 1990).

7 Leitner identifiziert konkret drei zentrale Merkmale von Konversionserzählungen: »(1) Eine Vor-Geschichte, welche das Leben des noch nicht Bekehrten als Zeit des Irrtums zeigt, einer ›falschen‹, ›schlechten‹, unglücklichen oder wie immer sonst, einer gegenüber dem bekehrten Leben jedenfalls negativ qualifizierten Zeit; und diese Zeit wird, ohne dessen Ursache zu sein, (2) vom ›Ereignis‹ der Bekehrung beendet, in welchem die eigentliche Transformation der Identität ›geschieht‹ […] Die Erzählung läuft (3) darin aus, dass sie zeigt, wie aufgrund der Bekehrung ein neuer Horizont – genauer: ein feststehender Rahmen sinnhafter Lebensführung – sich eröffnet, in dem sich alle Krisen und Rätsel auflösen, die das Leben vor der Bekehrung bestimmt hatten; die Bekehrung wird zum Ausgangspunkt symbolischer und praktischer Neukonstruktion subjektiver Wirklichkeit. In der Gegenüberstellung des Zuvor und Danach der Bekehrung umspannen Konversionserzählungen nach Sinn und Anspruch stets das Leben als ganzes.« (Leitner 2000: 64)
8 Die Nicht-Erzählbarkeit des Konversionsereignisses wird auch in der Konversionsforschung thematisiert. So stellt etwa Ullmer fest, die Konvertiten »konzentrieren sich nicht so sehr auf die Darstellung des Konversionserlebnisses allein, sondern bauen ihre Konversionserzählung insgesamt auf, dass das entscheidende Bekehrungserlebnis für die Zuhörer nachvollziehbar wird« (Ullmer 1990: 289). Grundelemente dieses Aufbaus der Erzählung sind die zeitliche Strukturierung der Erzählung in ein ›davor‹ und ein ›danach‹ mit einem Wendepunkt in der Mitte sowie die Abwertung der Lebenseinstellung und Weltanschauung vor der Konversion (vgl. Ullmer 1990).

Gisela ist das Schlüsselereignis das Unerzählbare, mehr noch weigerte sie sich ausdrücklich davon zu berichten. Auch mehrere andere ErzählerInnen, die in der vorliegenden Untersuchung jedoch nicht in Form von Fallgeschichten zu Wort kamen, verwendeten das Erzählmuster der Konversion für ihre autobiografische Selbstdarstellung. Es handelt sich somit wohl um ein Erzählmuster, das nicht nur überaus dramatische Effekte erzielt, vor allem hat es eine Affinität zum Narrativ der Selbstverwirklichung, bzw. diente es in den meisten Fällen dazu, die Geschichte einer Selbstbefreiung in Szene zu setzen. So beschrieb etwa auch ein 54-jähriger Einzelhandelskaufmann in seiner Selbsterzählung das Ende seiner zwanzigjährigen Ehe als eine Selbstbefreiung und wählte für seine Folgebeziehung das Modell des *living-apart-together*. Auch seine Liebesbiografie beschrieb er als Befreiung vom mühseligen Familien- und Ehealltag hin zu einer unabhängigen Lebensform. Das Erzählmuster der ›Konversion‹ verleiht der Lebensgeschichte insgesamt einen spezifischen Sinn, nämlich jenen, sich von einer alten Identität erfolgreich befreit zu haben und ein ›neuer Mensch‹ geworden zu sein.[9] Als eine Form der Selbstbeschreibung ist die Konversion, ebenso wie jedes andere Erzählmuster, gerade keine nachträgliche Rekonstruktion eines tatsächlich stattgefundenen Geschehens. Die narrative Darstellung verweist nicht auf ein Jenseits lebensgeschichtlicher Ereignisse, vielmehr konstituiert die Form der Selbstdarstellung erst die Identität des Ich (etwa als Bekehrte) und ist insofern als performativ zu kennzeichnen:

---

9 »Entscheidend ist vielmehr, dass in der Darstellung seiner Bekehrung der Bekehrte sich als ein ›neuer Mensch‹ beschreiben kann, als einer, der buchstäblich aus seiner Biographie herausgetreten ist, seine bisher gültige Identität von sich abgetrennt hat und der sich nun zum ›einzig wahren‹ Leben gebracht sieht, soll heißen: in einen unverfügbar gegebenen Rahmen ›richtiger‹ Lebensführung aufgenommen wurde. Bekehrung ist deshalb keine Möglichkeit für ein Individuum, das sich, gemäß der neuzeitlich-europäischen Konzeption der Person, selbst bestimmen kann und soll, mithin Veränderung von sich selbst erwartet und daher seine Einheit autobiographisch, als Geschichte seiner Veränderungen, konstruiert. ›Bekehrung‹ gehört nicht zu der Klasse von Ereignissen und Prozessen, denen – wie Altern, historischen Ereignissen und gesellschaftlichen Umwälzungen, Glücks- und Unglücksfällen, kurz: dem ›Leben‹ selbst – zugestanden wird, dass sie die Person verändern; erst recht nicht gehört sie zu denjenigen Veränderungen, die man um sich in ihnen zu verwirklichen, an sich selber zu bewirken sucht. Demgegenüber erscheint Bekehrung als eine regressive Form: Ihrem Sinne nach kennt sie nicht nur keine lebensgeschichtliche Entwicklung, noch weniger kontingente Geschichte; aber vor allem lässt sie Identitätswandel nur einmalig zu, beschränkt also die Möglichkeiten der Person auf die eine Alternative von ›falschem‹ und ›wahrem‹ Pfad‹.« (Leitner 2000: 61–62)

»Die Form des Erzählens verweist dabei nicht auf ein von der Erzählung unabhängiges Geschehen, sondern ist selbst schon eine Ebene der Darstellung.« (Leitner 2000: 65)

Dies gilt auch für jede andere Selbsterzählung. So wie Gisela sich als Bekehrte darstellte, die zum ›Glaubenssystem der Selbstverwirklichung‹ überging, leisteten auch all die anderen ErzählerInnen eine performative Selbstdarstellung. Das Narrativ als solches leistet eine Neuorganisation der Erfahrung.

Thomas etwa veranschlagte für seine autobiografische Erzählung das Muster eines persönlichen Reifungsprozesses, mithilfe dessen er seinen favorisierten Lebensstil zu rechtfertigen suchte. Seine Biografie kennzeichnete er als einen unabgeschlossenen Lernprozess, an dessen Ende ein (erwartetes) Settlement in Form einer dauerhaften Paarbeziehung stehen sollte. Thomas orientierte sich damit als Erzähler zwar an einem biografischen Normschema, jedoch zeigte sich ebenso deutlich die Schwierigkeit, dieses mit seiner Handlungspraxis der Promiskuität in Einklang zu bringen.

Michael gestaltete seine Selbsterzählung in Form einer Passionsgeschichte, deren Performanz im Opferstatus und Leiden des Protagonisten bestand. Sein biografisches Leiden führte er auf einen erfahrenen Mangel an mütterlicher Zuneigung zurück. Damit nahm er Bezug auf ein spezifisches Narrativ des psychischen Leidens, das von einer ursprünglichen Verletzung des Selbst handelt und in biografischer Hinsicht identitätsstiftend wirken kann.[10]

Es sind vor allem auch alltagspsychologische Diskurse, die in Form von Narrativen in den einzelnen Selbsterzählungen aufgegriffen wurden und zeigen, inwiefern ein psychologisches Vokabular in die Alltagssprache und die Selbstwahrnehmung der Subjekte vordringt. Die Soziologin Eva Illouz weist diesbezüglich darauf hin, dass vor allem der therapeutische Diskurs seit den 1960er Jahren zu einer Vorstellung des Selbst beigetragen habe, das nur im Rahmen fortwährender Selbstverwirklichung psychische Gesundheit erlangen könne. Auf diese Weise würden, so Illouz, vor allem psychologisierende

---

10 In ihrer Untersuchung der Auswirkung des Kapitalismus und der Konsumkultur auf die Vorstellungen vom Selbst macht Eva Illouz auf den Prozess einer »allgemeinen Demokratisierung des psychischen Leidens« (Illouz 2006: 68) aufmerksam. Dabei stellt sie fest, dass im 20. Jahrhundert ein Narrativ des psychischen Leidens für viele soziale Schichten zu einem identitätsstiftenden Narrativ avancierte, das auch in *talk shows* öffentlich inszeniert wird: »Eine vernachlässigte Kindheit, übervorsichtige Eltern, ein versteckter Mangel an Selbstachtung, Arbeitssucht, Sex, Nahrung, Wut, Phobien, Furcht – all das sind jetzt ›demokratische‹ Leiden, weil sie sich nicht länger eindeutig einer Klasse zuordnen lassen.« (Illouz 2006: 68)

Diskurse einen Zusammenhang zwischen Gesundheit und Selbstverwirklichung herstellen:

»Menschen mit einem Leben ohne Selbstverwirklichung brauchten nun Hilfe und Therapie. Es ist sicher richtig, dass die Idee der Selbstverwirklichung nur die in den 60er Jahren virulente Kritik am Kapitalismus und die Forderung nach neuen, nichtmateriellen Formen des Selbstausdrucks und Wohlbefindens wiederholte; doch der therapeutische Diskurs ging weiter, weil er die Frage des Wohlbefindens in medizinische Metaphern kleidete und so das alltägliche Leben pathologisierte.« (Illouz 2006: 72)

Therapeutische Narrative, so Illouz, sind tautologisch. Sie erklären einen bestimmten emotionalen Zustand (z.B. erlebbare Intimität innerhalb einer Beziehung) als gesund und erstrebenswert, wodurch alle nicht entsprechenden Verhaltensweisen als Abweichungen oder Pathologien erscheinen müssen. Die abweichenden Verhaltensweisen werden entweder auf unbewusste Emotionen zurückgeführt oder auf den geheimen Wunsch diesen zu entfliehen. Damit bestehe eine Ähnlichkeit zwischen dem therapeutischen Narrativ und dem religiösen Narrativ – beide würden mit der Logik einer verborgenen Bedeutung operieren:

»So wie menschliches Elend unter Bezug auf einen verborgenen göttlichen Plan erklärt wird, so erfüllen die für uns scheinbar schädlichen Entscheidungen im therapeutischen Narrativ ein verstecktes Bedürfnis oder eine unbekannte Absicht. Genau an diesem Punkt verbinden sich das Narrativ der Selbsthilfe und das des Leidens, denn wenn wir heimlich unser Elend wünschen, kann das Selbst direkt zur Verantwortung gezogen werden, um es zu beseitigen. Verliebt sich eine Frau immer wieder in ungreifbare und lieblose Männer, muss sie nur ihrem eigenen Selbst wenn schon keine Vorwürfe machen, so doch zumindest seine Veränderung herbeiführen. Das Narrativ der Selbsthilfe ist so nicht nur eng verwoben mit dem Narrativ des psychischen Scheiterns und Elends, es wird letztlich von diesem angetrieben. Die Erbschaft, die Freud der Populärkultur hinterlassen hat, läuft paradoxerweise darauf hinaus, dass wir selbst dann Herr in unserem Haus sind, wenn es brennt.« (Illouz 2006: 74–75)

Auch die vorliegenden Selbsterzählungen zeigten eindrücklich, inwiefern psychologische und therapeutische Deutungsmuster in Form von Narrativen aufgegriffen und angeeignet werden können. Nicht nur Michael benutzte das Narrativ des Leidens, ebenso kennzeichnete auch Markus seine problematische Mutter-Sohn-Interaktion als Quelle des Leidens, das sein Erwachsenenleben wie auch seine Liebesbeziehungen präge. Konkret deutete Markus seine gescheiterte Ehe aus der Sicht seiner problematischen Beziehung zur Mutter (die er in psychoanalytischer Terminologie als ›ödipalen Komplex‹ kennzeichnete) und stellte dadurch eine biografische Parallele her. Die spezifische Struktur eines Narrativs bietet den AkteurInnen somit die Möglichkeit, an einen (psychologisierenden) Diskurs anzuschließen. Wie Illouz zeigt, folgt auch das Narrativ des Leidens einer bestimmten Logik: Das Narrativ ist rückwärtsorientiert, indem es ausgehend von einer aktuellen Situation des Leidens nach Erklärungen in der Vergangenheit sucht. Die Person muss zuerst eine Pathologie (z.b. keinen Partner zu finden) in ihrem Leben identifizieren, diese in eine kausale Verbindung zu ihrer Vergangenheit bringen, wodurch ein einzelner Vorfall (meist in der Kindheit) zur Ursache der nachfolgenden Lebensführung gemacht wird. Die Biografie erscheint als ein Leiden am eigenen Selbst, wobei das Leiden sogar konstitutiv für die eigene Identität werden kann. Ist eine Pathologie des Selbst einmal identifiziert, bedarf dieses einer fortwährenden Korrektur und Veränderung (Illouz 2006: 81).[11] Kulturelle Narrative lassen sich demnach auch als Waren kennzeichnen, die Teil einer Bekenntniskultur sind und medial aufbereitet und vervielfältigt werden.[12]

Die Selbsterzählungen von Veronika und Andrea weisen im Vergleich zu den anderen kein übergreifendes eindeutig identifizierbares Erzählmuster aus. Möglicherweise ist dieser Umstand darauf zurückzuführen, dass beide von einer bestehenden Paarbeziehung berichten, die infolge ins Zentrum ihrer biografischen Selbstdarstellung rückte. Allerdings ließ sich im Falle von Andrea ein binnenbiografisches Erzählmuster auffinden. Sie strukturierte ihre Selbsterzählung nach dem Vorbild des romantischen Narrativs der Liebe. Dabei stilisierte sie ihre Paarbeziehung zur ›grand amour‹, zur Liebe ihres Lebens und auch der Ablauf der Ereignisse folgte dem romantischen Plot:

---

11 Hier kann dann auch ein Narrativ der Selbsthilfe anschließen, welches die Person als für ihr psychisches Befinden verantwortlich kennzeichnet – ohne dabei jedoch das Problem moralischer Schuld zu verhandeln. Die Ausblendung des Problems moralischer Schuld ist für Illouz konstitutiv. Die Narrative »ermöglichen […] die Mobilisierung der kulturellen Schemata und Werte des Individualismus, der Selbstveränderung und der Selbstverbesserung. Die Konzentration auf die Kindheit und auf problematische Familien befreit dabei von der Last, für den unbefriedigenden Charakter des eigenen Lebens verantwortlich gemacht zu werden. Dadurch kann es zur Bildung von Schicksals- oder Leidensgemeinschaften kommen, die besonders klar durch das Phänomen der Selbsthilfegruppen veranschaulicht werden.« (Illouz 2006: 85)

12 »Das Erzählen und die Transformation durch die Erzählung – das sind die Waren, die von ganzen Berufskohorten (etwa von Therapeuten, Psychiatern, Ärzten und Beratern) und von zahllosen Medien (Frauen- und Männermagazinen, Talkshows, Hörertelephonen im Radio etc.) produziert, verarbeitet und verbreitet werden.« (Illouz 2006: 86)

Die Liebenden stießen auf Hindernisse und Gegenspieler, sie wurden getrennt, und fanden schließlich aber doch zueinander (auch wenn es hier die Frau war, die um ihren Geliebten kämpfte).

Die Reihe von autobiografischen Erzählmustern ließe sich sicherlich fortsetzen und die hier präsentierten Fallgeschichten können demnach nur in exemplarischer Hinsicht einen Eindruck der empirischen Vielfalt vermitteln. Denkbar wäre eine Vielzahl weiterer Darstellungsformen, etwa jene einer Genealogie, einer Familiengeschichte, eines Netzwerks oder auch eine zeithistorische oder politische Einbettung. Für jedes mögliche Erzählmuster gilt jedoch, dass es sich innerhalb eines Spektrums zwischen Ich-Zentrierung und sozialer Einbettung verorten lässt. Während das Muster ›Karriere‹ am einen Ende des Spektrums anzusiedeln wäre, als eine hochindividualisierte Form der Darstellung, die das individuelle Subjekt zum alleinigen Handlungsträger macht und soziale Bezugnahmen gänzlich ausblendet; so wären jene Formen, die das Ich als Teil eines Kollektivs zeichnen, eher am anderen Ende des Spektrums zu verankern.

Gegenwärtige Biografieverläufe erweisen sich als wandelbar, diskontinuierlich und brüchig. Doch büßt die Biografie dadurch ihren Gestaltcharakter ein? Zutreffend ist sicher, dass das Leben heute nicht mehr einer eindeutigen Bilanzierung unterliegen kann, die am Lebensende gezogen wird. Man geht eher dazu über das Leben in einzelne Phasen oder Abschnitte zu unterteilen und man tritt dem möglichen Scheitern mit dem Bewusstsein gegenüber, einen Neubeginn wagen zu können. Das autobiografische Erzählen organisiert jedoch die lebensgeschichtlichen Brüche zu einem sinnstiftenden Zusammenhang, vielmehr sind gerade die Brüche das Einfallstor der Narration. Wie die vorliegenden Selbsterzählungen deutlich machen, können diese sehr unterschiedlich dargestellt werden, das heißt sie unterliegen selbst der narrativen Logik der einzelnen Erzählmuster und Narrative. Biografische Brüche können sowohl als von außen kommende Interventionen, als eine Durchkreuzung von Handlungsplänen oder als selbstinitiierte, bewusste Umorientierungen und Entscheidungen dargestellt werden (Sieder 1999: 257).[13]

---

[13] Auch diesbezüglich wäre die Frage nach einer Geschlechterdifferenz zu stellen, die im Rahmen dieser Untersuchung nur angerissen werden kann. So stellen etwa Dressel/ Langreiter anhand biografischer Erzählungen von Wissenschafterinnen fest, daß die retrospektive Anpassungsleistung kein männliches, sondern ein weibliches Erzählschema darstellt. Wenn auch keine Biografie (weder männliche noch weibliche) frei ist von Brüchen, so werden diese jedoch unterschiedlich verstehbar gemacht, erzählt und interpretiert.

Das autobiografische Erzählen gewinnt als Medium der Herstellung von Kohärenz und Kontinuität mit der erhöhten Brüchigkeit gegenwärtiger Lebensverläufe zunehmend an Bedeutung. Narrative Schemata fungieren als kulturelle Ressourcen des Selbst, auch wenn diese den einzelnen ErzählerInnen verschlossen bleiben und erst in Form einer Erzählanalyse zugänglich gemacht werden können. Der Rückgriff auf das kulturelle Reservoir der Geschichten in der biografischen Selbstdarstellung ist jedoch keine bloße Reproduktion, sondern ein partiell schöpferischer Akt. Während sich die meisten sozialwissenschaftlichen Ansätze auf Narrative im Sinne von gesellschaftlichen ›ready-mades‹ beziehen und damit die individuell-kreative Seite vernachlässigen, geht es hier vielmehr um eine Form der Doppelung: Narrationen sind zwar diskursive Vehikel, doch werden diese nicht bloß von den Individuen reproduziert, sondern angeeignet. Dabei kann es durchaus zu idiosynkratischen Mischungen im Sinne innovativer Neuschöpfungen kommen. Anstatt die sozio-kulturelle Seite überzubetonen erweist es sich als sinnvoller, von einer Doppelung strukturierender Praktiken und praktizierter Strukturen zu sprechen (vgl. Sieder 1998: 147). Würden kulturelle Normen bloß verinnerlicht, so hätten die Einzelnen wohl keinerlei Handlungsspielraum. Im Erzählen werden die Schemata angeeignet, aktiviert und damit auch jeweils transformiert und mit individuellem Eigensinn angereichert. Die ErzählerInnen treten beim Erzählen in ein neues reflexives Verhältnis zu sich selbst und leisten eine aktive Herstellung und Performanz ihrer (narrativen) Identität. Inwiefern das autobiografische Erzählen als strategisches Unterfangen dieser Identitätsdar-, und Herstellung zu kennzeichnen ist, soll im Folgenden erörtert werden.

Männerbiografien würden diese Brüche jedoch größtenteils nicht als ein unsteuerbares oder nicht-intendiertes Einbrechen von äußeren Umständen präsentieren, sondern vielmehr als geplante und intendierte Veränderungen. Auf diese Weise produzieren sie Erfolgserzählungen, die letztlich mit der Vorstellung eines autarken und handlungsmächtig planenden Subjekt operieren. Demgegenüber erzählen Frauen von äußeren Anforderungen und Herausforderungen, die sie jeweils biografisch zu integrieren haben und mit denen sie vielmehr erst umgehen müssen. (vgl. Dressel/Langreiter 2005)

6.3 Narrative Strategien im autobiografischen Erzählen

Erzählen ist notwendigerweise selektiv und wird dem ursprünglichen Erleben niemals gerecht. Das autobiografische Erzählen ist jedoch nicht nur als nachträgliche, rückwärtsgewandte Sinnbildung anzusehen, sondern es orientiert zugleich das Handeln und die Zukunft der Einzelnen. Es weist sowohl eine retrospektive wie auch eine prospektive Seite auf.[14] Jede lebensgeschichtliche Erzählung enthält auch Erwartungen, Hoffnungen, Wünsche und Pläne, die nicht nur das Vergangene zu einem neuen Zusammenhang organisieren, sondern auch im Hinblick auf eine jeweilige Zukunft formuliert werden. Der Blick auf das eigene Leben wandelt sich im Lebensprozess notwendig. Darum ist auch die autobiografische Erzählung immer situiert, perspektivisch, bedeutungsoffen und nie abschließbar. Die Gegenwart bildet immer nur den vorläufigen Endpunkt, von dem aus zurück und nach vorne geblickt werden kann und von dem aus Ereignisse und Erfahrungen immer wieder eine neue und andere Bedeutung erhalten können.[15] Die Einzelnen benutzen ihre Erzählungen dabei vor allem auch in einem strategischen Sinne, besonders dort, wo biografische Brüche zu einer Reformulierung nötigen. Dabei machen sie sich selbst und ihrem Gegenüber ihre Entscheidungen und Erfahrungen plausibel, indem sie diese wiederum in Geschichten einbetten. Diesbezüglich erweist sich das autobiografische Erzählen als zutiefst strategisch. Erzählen ist als eine Strategie anzusehen, das Selbst sowie Erlebtes und Antizipiertes zu organisieren und zu gestalten. Die ErzählerInnen bedienen sich in ihren Selbsterzählungen unterschiedlichster Darstellungsweisen, um ihre Entwürfe und Deutungen plausibel zu machen. Diese Darstellungsweisen und Inszenierungen verstehe ich im Folgenden als ›narrative Strategien‹ des Erzählens.

Die erste möchte ich als die Strategie der ›Umerzählung‹ oder ›Umdeutung‹ bezeichnen. Diese zeigte sich beispielsweise in der Selbsterzählung des 39-jährigen Anwalts Markus, der mit der Umerzählung seiner Ehefrau zur ›Österreicherin‹ seine persönliche Identitätskonstruktion als ›Asiate‹ über das

---

14 Dieser Aspekt drückt sich vor allem im Begriff des *scripts* aus, der auf die prospektive Dimension des lebensgeschichtlichen, autobiografischen Erzählens im Sinne einer Vorwegnahme verweist (Leitner 1990).
15 Dabei läßt sich vermuten, dass die autobiografische Reflexion vor allem in lebensgeschichtlichen Umbruchsphasen besonders virulent wird, wobei das Erzählen selbst wieder zu einer Strategie der Kohärenz- und Kontinuitätsbildung angesichts verlorener Gewissheiten wird.

reale Scheitern seiner interkulturellen Beziehung hinweg ›rettete‹. Damit gelingt es dem Erzähler seinen Entwurf auch für seine zukünftigen Lebenspläne aufrecht zu erhalten und in Form einer möglichen neuen Paarbeziehung zu wiederholen.

Die 27-jährige Kunststudentin Andrea gibt in ihrer Erzählung ihrem Geliebten eine neue Identität, indem sie dessen Biografie umerzählt: Das Priesterleben wird zum unauthentischen Schein, hinter dem sich die vermeintlich wahre Identität im Sinne eines westlichen Individualismus verberge. Andreas Erzählung zeigte sich dann auch als eine Geschichte der Befreiung, die in weiten Teilen einer westlich-orientierten aufklärerischen Haltung entspricht. Der Versuch der Umerzählung diente vor allem dazu, die Biografie des Partners in die gemeinsame Paargeschichte einzupassen und dieser im Hinblick auf eine gemeinsame Zukunft Dauerhaftigkeit und Halt zu verleihen. Die Umerzählung geschah also im Hinblick auf die Konstitution einer Wir-Identität, während sie etwa im Fall von Markus dem Scheitern der Liebe entgegenkam und ihm die Möglichkeit bot, seinen prekären Selbstentwurf darüber hinweg aufrecht erhalten zu können.

Veronika lieferte in ihrer Selbsterzählung eine regelrechte De-Konstruktion ihrer Paarbeziehung. Während sie zuerst versuchte, ihre Beziehungsgeschichte in ein romantisches Narrativ einzubetten, ging sie relativ schnell zu einer Art narrativer Abrechnung über. Ihren Partner Clemens machte Veronika im Erzählverlauf vom Opfer seiner Umstände zum konsequenten Verweigerer angebotener Hilfestellung. Damit erzählte sie seine Geschichte des Leidens zu einer Geschichte des Selbstverschuldens um.

Die zweite erzählerische Strategie möchte ich als ›Ausblendung relevanter Akteure‹ oder als ›narrative Nichtung‹ bezeichnen. Sie dient in der Darstellung der Hervorhebung des Ich bzw. dessen Stärkung als handlungsmächtige und autonome Instanz. Andere Akteure werden ausgeblendet und deren Beitrag zum Fortgang der Ereignisse wird verschleiert. Der soziale und interaktive Aspekt der Her- und Darstellung von Identität wird mithilfe dieser Strategie ausgeblendet um den Selbstentwurf (performativ) stärker hervortreten zu lassen und die Ich-Position des Protagonisten zu stärken. So inszenierte Gisela ihren Lebensweg als einen nach oben gerichteten Karriereverlauf, und kennzeichnete ihre biografischen Entscheidungen allesamt als frei gewählt. Der Projektcharakter, den sie sowohl ihrem Lebensentwurf, als auch ihrem Familienprojekt verlieh, stützte zudem diese Form der Darstellung.

In umgekehrter Weise kann auch die Handlungsbeteiligung des Ich ausgeblendet werden. Dies ›befreit‹ den Protagonisten von seiner Beteiligung am Geschehen und verweist somit auf das Problem der Handlungsverantwortung. Konkret kann dies über narrative Konstruktionen geschehen, bei denen die Verantwortung vom Individuum auf ein übergeordnetes System oder einen abstrakten Prozess verschoben wird.[16] So verwendete auch Gisela diese Form der Darstellung dort, wo sie ihre Entscheidung für Heirat und Familiengründung in jungen Jahren als Ausdruck einer spezifischen Sozialisation deutet. Ebenso war in der Selbsterzählung von Thomas das Problem der Handlungsverantwortung gegeben. Indem er seine Untreue sowie seinen promiskuitiven Lebensstil als (notwendige) Elemente eines persönlichen Reifungsprozesses deutete, suspendierte er einen moralischen Standpunkt. Seine Handlungspraxis wurde von ihm über den Verweis auf den abstrakten Prozess der Reifung gerechtfertigt, dem das Ich scheinbar ohnmächtig unterliegt. Dies kann als ein Umgehen eines moralischen Konflikts gelesen werden.

Ebenso wie das autobiografische Erzählen als selektiv und strategisch zu kennzeichnen ist, so ist es auch immer anlassgebunden. Die angehende Kinderpädagogin Veronika, versuchte sichtlich in ihrer Selbsterzählung die Chancen ihrer Intimbeziehung abzuwägen. Vor allem die soziale Differenz der Beziehungspartner schien hierbei ein Hindernis darzustellen. Bei Veronika war auch die Zukunftsdimension der Erzählung ausgeprägter als in den anderen Selberzählungen. Sie versuchte im Interview die Chancen und Risiken ihrer Beziehung zum arbeitslosen Taxifahrer Clemens abzuwägen, die seitens ihrer Familie von Beginn an zum Scheitern verurteilt worden war. Ebenso formulierte Andrea ihre Paargeschichte im Hinblick auf ihre bevorstehende Eheschließung und wog die Chancen einer Beziehung ab, die mit realen Verlusten einherging. Beide Beispiele zeigten, dass das Erzählen nicht von seinen Entstehungsbedingungen – mithin den Erzählanlässen – abgetrennt werden kann. Die jeweilige Sprechsituation, das soziale Setting, der Anlass sowie die aktuellen Handlungsbedingungen fließen in den Erzählprozess mit ein und tragen entscheidend dazu bei, was und wie erzählt wird.

---

16 Diese Strategie wie auch andere Phänomene konnten auch in jenen Selbsterzählungen identifiziert werden, die nicht im Rahmen der vorliegenden Falldarstellungen verwendet wurden. So suspendierte etwa Manuel, ein 33-jähriger Grafiker, in seiner Selbsterzählung die moralischen Bedenken hinsichtlich seiner Untreue auch in Form einer Nicht-Ich-Konstruktion. Er setzte an die Stelle seiner Handlungsbeteiligung eine technische Metapher: »Das war damals schon so und ist jetzt noch immer so, dass ich den Schalter umlegen kann. Also ich suche von selbst aus prinzipell nach nichts, aber sobald eine Frau zu mir her kommt, legt es den Schalter um und alles andere ist egal. Ich habe da kein Gewissen, absolut kein schlechtes Gewissen, ich kann das: Schalter umlegen, abhaken, nächstes.«

Insgesamt machen die einzelnen Selbsterzählungen deutlich, inwiefern das Erzählen als eine Strategie der Stützung und Durchsetzung individueller Entwürfe angesichts des Scheiterns der Liebe und der Formulierung von Zukunftsplänen zu kennzeichnen ist.

6.4 Identitäten in Bezogenheit? Zwischen Romantik und Ernüchterung

Identität ist nicht das Ergebnis einer Introspektion des Ichs, sie ist stets sozial vermittelt und stellt sich erst über die sozialen Bezüge, den kommunikativen Austausch des Ich mit anderen, her. In dieser Perspektive machten die vorliegenden Selbsterzählungen deutlich, inwiefern die Liebe als ein relevanter Ort der Konstruktion von Identität gelten darf. Die Liebe erschien sowohl als Gefahr des Selbstverlusts wie auch als Versprechen der Einswerdung. In der Liebe erfährt das Ich seine Anerkennung durch den Anderen und damit eine Form der Identität. Doch sie ist dabei keineswegs frei von Paradoxien, wie Georg Simmel formuliert:

»Insofern ist die Liebe die reinste Tragik: sie entzündet sich nur an der Individualität und zerbricht an der Unüberwindbarkeit der Individualität.« (Simmel 1985: 230)

Die Liebe macht das Gegenüber zum singulären und einzigartigen Individuum und will doch zugleich die Einheit von zweien. Wie die Selbsterzählungen zeigten, rückte auch bei jenen ErzählerInnen, die sich zum Zeitpunkt des Interviews in einer Paarbeziehung befanden, die Paargeschichte ins Zentrum der Darstellung, während bei den anderen eher eine biografische Gesamtperspektive im Vordergrund stand. So fokussierte Andrea in ihrer Selbsterzählung ausschließlich auf ihre Paargeschichte mit dem katholischen Priester Michael, wohl auch deshalb, da eine Heirat kurz bevor stand. Die angehende Pädagogin Veronika nahm das Interview zum Anlass um ihre konfliktreiche Beziehung mit Clemens auf den Prüfstand zu stellen und möglicherweise die Chancen dieser Liaison abzuwägen. Dabei leistete sie allerdings eine narrative De-konstruktion der Beziehung, bei der sie die sozialen und intellektuellen Differenzen zwischen ihr und ihrem Partner in den Vordergrund stellte. Wiederum zeigt sich daran die Konstruktivität und Anlassbezogenheit des autobiografischen Erzählens und es wird deutlich, inwiefern thematische Schwerpunktsetzungen durch den jeweiligen Erzählanlass und die Lebenssituation mitbedingt werden. Der Blick auf das eigene Leben erweist sich als veränderbar, selektiv und anlassbezogen. Dies wurde gerade auch anhand jener Selbsterzählungen deutlich, die vom Scheitern der Liebe berichteten. Hier kam ein umgekehrter Prozess in Gang: Die (ehemals) geliebte Person verliert ihren Status der Einzigartigkeit und das Scheitern der Liebe wird der Geschichte retrospektiv eingeschrieben. In dieser Weise versuchte etwa auch Thomas seine bisher einzige längerfristige Paarbeziehung nachträglich umzudeuten, indem er feststellte, seine damalige Freundin sei eben nicht die Richtige gewesen. In seiner Erzählung machte er schließlich seine eigene Untreue zum Indiz einer unvollkommenen Liebe, die zum Scheitern verurteilt gewesen sei. Auch Markus deutete in seiner Erzählung das Scheitern seiner interkulturellen Beziehung als ein Ergebnis der Selbsttäuschung – er habe sich hinsichtlich der wahren Identität seiner Ex-Frau geirrt: Sie sei keine ›echte Asiatin‹, sondern vielmehr bereits in einer westlich-kapitalistischen Kultur sozialisiert gewesen, wodurch eine interkulturelle Beziehung gar nicht stattgefunden hätte. Damit ›rettete‹ Markus nicht zuletzt seine adaptierte Identität als ›Asiate‹ über das Scheitern der Liebe hinweg und konnte diese für sich selbst (sowie für nachfolgende Beziehungen) aufrecht erhalten.

Die Beispiele zeigen, inwiefern Beziehungen, als auch Trennungen, narrativ gestaltet und hergestellt werden. Die Tätigkeit des Erzählens sowie das gemeinsame Erinnern in Form von Geschichten, stiften Zugehörigkeiten und stellen eine kollektive Wir-Identität (etwa als Paar) her. Jedes Paar gibt sich eine gemeinsame Geschichte, die sie auch gegenüber Außenstehenden kommuniziert und durch die es als Paar erst identifizierbar wird. Umgekehrt muss die Zugehörigkeit in Form einer gemeinsamen, geteilten Geschichte, mit dem Scheitern der Liebe (auf)gelöst werden. Die Einzelnen sind dann vielmehr gefordert, jenseits der Paar-Erzählung (erneut) eine kohärente Ich-Erzählung herzustellen. Eben dieser Prozess wurde in vielfältiger Weise in den vorliegenden Selbstzählungen deutlich und ist somit mehr ein Beleg für die erzählerischen Strategien der Identitätsdarstellung: Vergangene Beziehungen werden nachträglich umerzählt, abgewertet oder ihnen wird eine retrospektive Logik des Scheiterns eingeschrieben. Angesichts der Erfahrung des Scheiterns oder der Infragestellung der eigenen Identität, dienen die Erzählstrategien dem Erhalt von Selbstentwürfen. Insgesamt sind diese Erzählweisen somit als Versuche der Wiederherstellung einer Ich-Identität jenseits der Paaridentität anzusehen.

Liebe und intime Bindungen sind ein Ort der Anerkennung oder Verweigerung von Identität und damit ein hochrelevanter Schauplatz von Identitätskonflikten. So fanden sich auch in jeder der Selbsterzählungen thematische Bezugnahmen auf diese Problematik: Der geliebte Andere konnte dabei sowohl zur Bedrohung der Identität wie auch zu deren Stütze werden. Aber nicht nur der geliebte Andere sondern auch das Umfeld wirkt sich, wie sichtbar wurde, hemmend oder unterstützend auf die jeweiligen Identitätsentwürfe aus. Wenn die persönliche Identität stets sozial vermittelt und damit ein relationales Produkt von Beziehungen ist, dann folgt daraus, dass sich das Ich dem Blick der Anderen gar nicht entziehen kann.[17]

Besonders deutlich wurde dies im Fall von Veronika, die ihre Liebesbeziehung selbst im Interview noch aus der Perspektive der Eltern bewertete, die sich vehement gegen die Liaison der Tochter stellten. Auch die kulturelle Identitätskonstruktion von Markus als ›Asiate‹ war nicht nur auf die Anerkennung seiner Ehefrau und deren Familienverband angewiesen, sondern wurde gerade durch den Entzug der Anerkennung und die öffentliche Verhöhnung seitens seiner Frau bedroht. Michael litt während seiner Adoleszenz an seiner sexuellen Unerfahrenheit, die für ihn im Blick der gleichaltrigen Geschlechtsgenossen zum sozialen Stigma wurde und in eine Identitätskrise führte. Vor allem sein Wunsch nach Nähe und Geborgenheit kollidierte mit einem Männlichkeitskonzept in seinen nachfolgenden Partnerschaften, wodurch er wiederum seine persönliche (Geschlechts-)Identität infragestellte. Daran wurde zugleich deutlich, inwiefern auch die Bewertung individueller Erfahrungen und Entwürfe vor dem Hintergrund diskursiver Vorlagen erfolgt. Auch Geschlechterrollen sind als diskursive Konstruktionen zu kennzeichnen und so zeigten sich auch die jeweiligen Konzepte von Männlichkeit und Weiblichkeit anhand der einzelnen Selbsterzählungen als konstitutiv für die jeweiligen Identitätsentwürfe.[18]

---

17 So beschreibt etwa auch Jean-Paul Sartre in seiner Abhandlung über den Blick die Untrennbarkeit von Ich und Anderen im Hinblick auf die Identität: »Zunächst einmal ist der Blick des Andern als notwendige Bedingung meiner Objektivität Zerstörung jeder Objektivität für mich. Der Blick des Anderen trifft mich über die Welt und ist nicht nur Transformation meiner selbst, sondern totale Metamorphose der Welt. Ich werde in einer erblickten Welt erblickt.« (Sartre 1993 [1943]: 485)

18 Auf die Identitätskonstruktion im Rahmen von Geschlechterkonstruktionen kann hier nicht ausführlich eingegangen werden. Hinzuweisen ist allerdings darauf, daß verschiedene Modelle der Liebe selbst eine geschlechtliche Rollenverteilung enthalten. So werden etwa dem romantischen Code der Liebe entsprechend die Liebenden als prinzipiell Gleiche und Ebenbürtige bestimmt, wodurch aber gerade die Geschlechterdifferenz kaschiert

In ähnlicher Hinsicht bildete auch das Modell der Paarbeziehung die diskursiv-normative Vorlage der Selbsterzählungen. Zwar vertrat Thomas ein promiskuitives Beziehungsmodell, allerdings thematisierte er dieses stets vor dem normativen Hintergrund des Modells der Paarbeziehung. Die bestehende (diskursive) Differenz zwischen seiner Handlungspraxis und der sozialen Normvorstellung brachte Thomas in einen narrativen Zugzwang und letztlich dazu, seinen persönlichen Lebensstil als Bestandteil eines (vermeintlich natürlichen) männlichen Reifungsprozesses zu rechtfertigen. Individuelle Vorstellungen und Entwürfe der Liebe orientieren sich demnach an diskursiven Vorlagen und Vorbildern. Diese erzeugen nicht nur Erwartungen und Sehnsüchte, sondern sie dienen vor allem auch der Bewertung individueller Erfahrungen. So dokumentieren auch die vorliegenden Selbsterzählungen sowohl Abweichungen wie Übereinstimmungen und zeigen dennoch, dass Code und Praxis nie zur Deckung kommen. Es ist letztlich diese Differenz zwischen Ideal und Praxis, die in den Selbsterzählungen verhandelt wird. Die Einzelnen erfahren und erleiden ihre Vorsätze und Vorbilder realiter im Lebensprozess und müssen diese immer wieder einer erneuten Reflexion unterziehen. Doch auch hier geht es um kein Abbildungsverhältnis: Wäre die Lebenswelt eine bloße Abbildung diskursiver Vorlagen, gäbe es wohl kaum etwas zu erzählen.

Doch nicht nur individuelle Erfahrungen werden vor dem Hintergrund diskursiver Vorlagen bewertet, sondern auch das Sprechen über die Liebe orientiert sich an Vorlagen und Vorbildern. Eine postmoderne These, besagt, dass wir angesichts der medialen Überformung unseres Erlebens, bereits in ein Bewusstsein der Ernüchterung eingetreten sind und auch über die Liebe nur mehr in ironischer Weise sprechen können (Illouz 2007: 188).[19] Auch

---

wird, die jedoch eine relevante Dimension der Identität bildet. Das Hauptargument der feministischen Kritik ist deshalb, dass die weibliche Identität nicht für sich selbst, sondern stets nur in ihrer Differenz zur männlichen Identität definiert wird. Die Frau sei demnach stets das Andere, eine semantische Leerstelle, die nicht positiv für sich bestimmt werden kann. Auf diese Weise diene die weibliche Identität, wie sie im romantischen Code der Liebe festgeschrieben wird, nur der Stützung eines bürgerlich-patriarchalen Identitätskonzepts (vgl. Irigaray 1991, Klinger 2006, Lautmann 1998).

19 Auch Umberto Eco thematisiert die Ironie als eine Strategie der Postmoderne. In einer Zeit der verlorenen Unschuld könne man nur noch in Form von Zitaten sprechen: »Die postmoderne Haltung erscheint mir wie die eines Mannes, der eine kluge und sehr belesene Frau liebt und daher weiß, dass er ihr nicht sagen kann: ›Ich liebe dich inniglich‹, weil er weiß, dass sie weiß (und dass sie weiß, dass er weiß) dass genau diese Worte schon, sagen wir, von Liala geschrieben worden sind. Es gibt jedoch eine Lösung. Er kann ihr sagen: ›Wie jetzt Liala sagen würde: Ich liebe dich inniglich.‹ In diesem Moment, nachdem er die

anhand der Selbsterzählungen zeigten sich unterschiedliche Formen der Ernüchterung. Dennoch lässt sich das Modell der romantischen Liebe wohl immer noch als das zentrale Leitmotiv kennzeichnen, vor dessen Hintergrund persönliche Erfahrungen bewertet und erzählt werden. Zwar ist gerade das massenmedial präsente Modell der romantischen Liebe jenes Ideal, das am wenigsten der Alltagsrealität entspricht und realiter am häufigsten scheitert, dennoch kann von einem Niedergang desselben wohl kaum die Rede sein (Lenz 2005). Vielmehr scheint sie geradezu eine passgerechte Gegenideologie zu liefern: In einer Welt der vereinzelten Individuen verspricht sie erlebbare Gemeinsamkeit und Einheit (Beck 1990). Diese Rolle erhielt die Liebe auch in der Selbsterzählung von Andrea. In Form einer Apologie stilisierte sie die Liebe zum Sinnsystem, das noch eine ganze Biografie, ein ganzes Leben, zu umfassen vermag. Die Liebe selbst wurde in Andreas' Geschichte zum Agens, zu einer metaphysischen, schicksalshaften Macht und trat als solche an die Stelle des religiösen Glaubens. Damit mystifiziert und verschleiert das Narrativ der romantischen Liebe konsequent Entscheidung und Kalkül: Andrea und ihr Geliebter fanden in der Logik der Erzählung im Namen des Schicksals zueinander. Auch wenn die Erzählerin das Narrativ der romantischen Liebe zur Darstellung ihrer autobiografischen Liebesgeschichte wählte, zeigte sich dieses jedoch zugleich in seiner Brüchigkeit und damit in seinem Konstruktcharakter. Die Liebe traf auch hier auf reale Konsequenzen: Das Paar verlor jeglichen sozialen und materiellen Rückhalt, wodurch die Zweisamkeit einen bedrohlichen Charakter erhielt.

In ähnlicher Hinsicht referierten auch andere Selbsterzählungen auf das Ideal der romantischen Liebe, jedoch in einer weitaus weniger identifikatorischen Art und Weise. Vielmehr vermieden die einzelnen ErzählerInnen die Verwendung des Wortes ›Liebe‹ zur Kennzeichnung ihrer Beziehungen oder sie favorisierten eher sachlich-pragmatischere Beziehungsmodelle. Die 52-jährige Architektin Gisela etwa verabschiedete das Modell der romantischen Liebe, indem sie es zu einer jugendlichen Torheit und Verirrung erklärte und in ihren nachfolgenden Beziehungen eher ein sachliches Modell der Partnerschaft vertrat. Der personale Andere war dabei nicht mehr identitätsstiftend für das eigene Ich – etwa im romantischen Sinne einer ›Komplettierung‹. Vielmehr erklärte Gisela (als Alleinerzieherin mit zwei Kindern

---

falsche Unschuld vermieden hat, nachdem er klar zum Ausdruck gebracht hat, dass man nicht mehr unschuldig reden kann, hat er gleichwohl der Frau gesagt, was er ihr sagen wollte, nämlich dass er sie liebe, aber dass er sie in einer Zeit der verlorenen Unschuld liebe.« (Eco 1984)

nach ihrer Scheidung) die Liebe zur Verhandlungssache, die planbar und von überlegten Entscheidungen getragen sein soll. Sie suchte nach einem Mann, der sie in ihrer Elternarbeit unterstützen und sich auf das Projekt Familie einlassen sollte. Gisela distanzierte sich somit vom romantischen Narrativ der Verschmelzung indem sie Beziehungen als partnerschaftliche Projekte (der geteilten Elternarbeit) konzipierte. Als die beste Lebens- und Liebesform kennzeichnete sie schließlich jene des *living-apart-together*, die sie nunmehr als von Erziehungspflichten befreite, beruflich erfolgreiche Frau, erst realisieren kann.

Die unterschiedlichen Beziehungsmodelle, die in den Selbsterzählungen verhandelt wurden, lassen sich damit auch als verschiedene Codierungen von Liebe verstehen.[20] Der Code ist dabei zu verstehen als ein Medium der Hervorbringung und Gestaltung von Identität. Er erzeugt in diesem Sinne erst eine spezifische Form der Subjektivität. So fasst etwa der romantische Code Liebe als Einheit von Treue, Dauerhaftigkeit, Geborgenheit, Nähe, erfüllender Sexualität und Erotik während der Code der Partnerschaft sich nicht so stark am Gedanken der Einswerdung orientiert und eher ein freundschaftliches Verhältnis zwischen den Liebenden enthält. Zudem unterscheiden sich die einzelnen Beziehungsmodelle auch im Hinblick auf die jeweiligen Projekte des Paares, die nicht mehr an eine institutionalisierte Form der Beziehung rückgebunden sind. So kann etwa die materielle Sicherung in Form einer ökonomischen Gemeinschaft oder einer geteilten Elternschaft (Gisela) im Vordergrund stehen, aber auch erfüllte Sexualität und erlebbare Zweisamkeit (Michael) können ins Zentrum gestellt werden.

Intime Beziehungen sind gegenwärtig weit weniger an institutionalisierte Formen gebunden und unterliegen vielfach stärker der Selbstgestaltung der Einzelnen, auch wenn die Vorstellungen der Liebe nach wie vor diskursiv gebunden bleiben. Anhand der vorliegenden Fälle zeigte sich somit auch eine Pluralität von Liebesvorstellungen und eine Offenheit von Entwürfen, angesichts derer die Einzelnen verstärkt gefordert sind, ihre jeweilige individuelle *bricolage* zu fertigen. In diesem Sinne weist etwa auch Andreas Reckwitz darauf hin, dass das moderne Subjekt als ein »hybrides Subjekt« zu be-

---

20 In einer kulturhistorischen Perspektive spricht etwa auch Reinhard Sieder von einer Entwicklung des romantischen Liebescodes hin zum Code der skeptisch-romantischen Liebe. Historisch seien insgesamt drei Codes der Liebe zu unterscheiden: Die romantische Liebe ab 1800, die pragmatische Liebe (die teils vom romantischen Konzept kaschiert werde und die Ehe als ökonomische Gemeinschaft fasst) und die skeptisch-romantische Liebe ab den 1980er Jahren, deren zentrales Merkmal die Ironie sei (vgl. Sieder 2004: 170).

schreiben sei, das aus unterschiedlichen historisch-kulturellen Codes seinen individuellen Sinn formt (Reckwitz 2006). Daraus ergebe sich eine Form der ›Gleichzeitigkeit des Ungleichzeitigen‹, da verschiedenste Deutungsmuster und Entwürfe simultan verfügbar und zugänglich sind. Der zunehmende Gestaltungsfreiraum provoziert Entscheidungszwänge und steigert das Möglichkeitsbewusstsein der Einzelnen. Dabei steigt scheinbar auch die Bereitschaft, eine Beziehung zu beenden, sofern diese den individuellen Ansprüchen nicht (mehr) entspricht. Vor allem der Erhalt persönlicher Autonomie bildet ein zentrales Kriterium der Bewertung und motiviert sowohl Beziehungsabbrüche wie auch Neuanfänge. Selbstverwirklichung und individuelle Freiheit gelten in den westlichen Industriegesellschaften als eine Art kultureller Imperativ, der auch die Wahrnehmung der Liebe orientiert. Doch der Wunsch nach Bindung kollidiert mit dem Wunsch nach Autonomie und erzeugt einmal mehr eine zentrale Ambivalenz gegenwärtiger Lebens- und Liebesverhältnisse. Zudem lässt das steigende Möglichkeitsbewusstsein dauerhafte Festlegungen und Entscheidungen als verpasste Chancen erscheinen und zeigt sich darin als ein Produkt einer konsumtorischen Logik. Denn gerade das konsumtorische Subjekt ist ein bewegtes Subjekt, das von der Suche nach neuen Objekten und Anreizen geleitet und vorangetrieben wird.[21] So zeugte etwa auch die Handlungspraxis von Tho-

---

21 »Das hochmoderne Konsumsubjekt ist auf Selbstoptimierung ausgerichtet und enthält damit eine Version des bürgerlichen Entwicklungsmodells, das die Tendenz zur Fluidität zu rationalisieren vermag. [...] Das konsumierende Subjekt nimmt zu seinen Objekten einerseits eine unbürgerliche ästhetische Haltung ein, es gibt dieser jedoch gewissermaßen einen bürgerlichen, rationalisierenden Rahmen: es ist Subjekt einer ›rational choice‹, einer kalkulierenden, überlegten Auswahl, vor der zunächst alle potentiellen Objekte gleich sind und vergleichbar erscheinen, eine Kompetenz, die sich das klassisch bürgerliche Subjekt an anderen Gegenständen – etwa der Berufs- oder Partnerwahl – antrainiert hatte. Diese Rationalisierung des Erlebens verspricht eine Optimierung der ästhetisierenden Fremd- und Selbstwahrnehmung. Hinzu kommt, dass das Konsumsubjekt nicht nur Subjekt, sondern auch Objekt des Konsums ist, des potentiellen Konsums durch andere. [...] Insbesondere in persönlichen Beziehungen (aber auch in Arbeitsbeziehungen) avanciert das Subjekt zu einer semiotischen Projektionsfläche anderer Subjekte, so dass nun Selbstoptimierung als Motiv in einem zweiten Sinne relevant wird: Der Einzelne versucht nicht nur einen optimalen Stil für sich selbst zu kreieren, sondern im Sinne einer presentation of self in everyday life (E. Goffman) auch einen Stil, der nach außen einen Eindruck der eigenen Person vermittelt, welcher für Dritte konsumtionsfähig ist und der das Subjekt zu einem bevorzugten Objekt der Wahl durch andere macht. Die Selbstoptimierung, in deren Rahmen der hochmoderne Konsum verläuft, verleiht dem Subjekt damit eine doppelte Gleichförmigkeit, welche die avantgardistische Fluidität konterkariert: eine Gleichförmigkeit fixer post-bürgerlicher Kompetenzen der Kalkulierung, Abwägung und Realisierung

mas von einer Ökonomie der Wahl, die mit einer Paradoxie einherging: Die (vermeintliche) Wahlfreiheit im Rahmen des promiskuitiven Beziehungsmodells produzierte für Thomas den Zwang der Wiederholung. Auch dabei wurde deutlich, inwiefern der Protagonist selbst zum Objekt für andere geraten kann und auf welche Weise Körperlichkeit und Sexualität dabei zu zentralen Orten der Identitätsstiftung werden können.

Auch die Wahrnehmung von Zeit und Dauerhaftigkeit könnte sich mit der Erfahrung des Scheiterns individueller Entwürfe verändern. Zwar erleben die Einzelnen, dass sie im Laufe ihres Lebens eine Vielzahl von Paarbeziehungen durchlaufen, dennoch geben sie dadurch weder den Wunsch nach intimer Bindung noch die romantische Vorstellung der singulären, einzigen ›Liebe des Lebens‹ auf. Die Ernüchterung, die aus den Erfahrungen des Scheiterns resultiert, ist jeweils nur von kurzer Dauer und scheint keineswegs einen Überschwang der Gefühle und ein erneutes Verlieben zu verhindern. Der Mythos der wahren und einzigen Liebe, die es zu finden gilt, wird über das tatsächliche Scheitern der Liebe hinweg gerettet und dient so erneut als Orientierung im Lebensverlauf. Das Bewusstsein der Kurzfristigkeit des romantischen Zustands ist wohl vorhanden, wird jedoch im situativen Erleben ausgeblendet. Die Liebe verspricht demnach auch heute noch die Rettung und Heilung des Selbst in einer entfremdeten Welt. Dennoch folgen die Einzelnen dem verheißungsvollen Mythos nicht immer blind – sie zweifeln ihn an und stellen ihn infrage und sie werden zögerlicher, wenn sie über mehrere Erfahrungen des Scheiterns verfügen. Die Etablierung einer dauerhaften Beziehung bzw. die Familiengründung wird dann vielleicht auf später verschoben, wenn man erfahren und reif genug ist (Thomas) oder sie wird zum Projekt erklärt, das von sich aus einen zeitlich begrenzten Charakter hat (Gisela). Gerade die Metapher des Projekts steht in einer deutlichen Nähe zu ökonomischen Diskursen aus dem Bereich des Managements und bezeichnet eine unternehmerische, planende Haltung, die nicht ohne Risikobereitschaft ist. Dennoch ist die Metapher nicht mehr als der Versuch, die Kontingenz des Lebens zu kaschieren, auch wenn sie diese nicht vollkommen zu

---

ästhetischer Gewinne; schließlich die temporale Gleichförmigkeit eines Modells der subjektiven, alles andere als erratischen Entwicklung, dem das Motiv der Selbstoptimierung unter Marktbedingungen letztlich folgt. Das Subjekt will nicht nur immer wieder anders genießen, es will besser genießen; es will nicht nur immer wieder ein anderes Selbst sein, es will ein Selbst sein, das an sich arbeitet, in seiner inneren und äußeren Wirkung in zunehmendem Maße befriedigend und attraktiv zu erscheinen – ein Prozess, der offenbar nie an ein Ende kommt.« (Reckwitz 2004: 179)

verdecken vermag. Während das romantische Narrativ der Liebe noch die lebensgeschichtliche Dimension der Dauer enthält, symbolisiert die ökonomische Projektmetapher die Sequentialisierung von Dauer. Möglicherweise kann auch die (narrative) Unterteilung des Lebens in voneinander getrennte Phasen und Abschnitte, letztlich als eine Strategie gedeutet werden, angesichts der Brüchigkeit und Diskontinuität des Lebens (und der intimen Beziehungen), den Mythos der Liebe zu retten. In Form von Neuanfängen werden biografische Nullpunkte gesetzt, mithilfe derer sich das Ich erzählerisch entzeitlicht. Vielleicht zeigt sich darin auch eine Absage an die biografische Anforderung, sich als ein dauerhaftes Individuum zu entwerfen? Wird die Dauerhaftigkeit als Unflexibilität und Starrheit wahrgenommen? Dies wäre dann aber wohl eine weitere Ambivalenz moderner Lebens- und Liebesverhältnisse, denn auch die Liebe fordert die Stabilität einer Identität, verlangt aber zugleich die Veränderung des Selbst und des Anderen im Namen der Liebe.

Das Problem der Dauer lässt sich exemplarisch anhand des Narrativs der ›Liebe auf den ersten Blick‹ verdeutlichen, auf das die einzelnen ErzählerInnen mehrfach Bezug nahmen. So distanzierte sich Andrea in ihrer Selbsterzählung ausdrücklich von einer ›Liebe auf den ersten Blick‹. Damit brachte sie eine Form des Misstrauens gegenüber der Kurzfristigkeit der Leidenschaften zur Sprache. Auch wenn daran ein gewisses Misstrauen gegenüber einer genuin romantischen Rhetorik aufbricht, kann dies als kurzfristige Suspension des Begehrens im Sinne einer romantischen Strategie gelesen werden: Der ›Aufschub‹ stellt letztlich nicht nur eine Kontrolle der Affekte dar, sondern verleiht der Beziehung Dauerhaftigkeit, so wie dies in der ›schwärmerischen Sehnsucht‹ angelegt ist. Dass eine solche Handlungsweise in Zeiten der ›Legitimation der Sexualität‹ durchaus ungewöhnlich ist, macht es erst erzählenswert. Die Zurückhaltung des körperlich-sexuellen Begehrens wird zu einer Strategie der Festigung der Bindung und letztlich zum Versuch, die Erfolgsaussichten einer Beziehung zu erhöhen.

Das Narrativ der ›Liebe auf den ersten Blick‹ markiert im Rahmen von Liebesgeschichten üblicherweise eine Art ›Gründungsmoment‹: Die Liebenden erblicken einander und erkennen in diesem Augenblick ihre Bestimmung füreinander. Gegenwärtig kodifiziere, so Illouz, dieses Narrativ jedoch nur mehr sexuelles Begehren statt Liebe (Illouz 2007: 194) – wie auch ein Artikel eines deutschen Online-Magazins zeigt:

»Schlechte Nachrichten für all die unverbesserlichen Romantiker, die an die Liebe auf den ersten Blick glauben: Die gibt es laut einer neuen Studie nicht. Hinter dem

Phänomen verbergen sich lediglich Egoismus und Sex. Blicke treffen sich und einen Moment lang scheint alles andere stillzustehen: Diese Szene gibt es in fast jedem Liebesroman. Laut der britischen Zeitung *The Guardian* haben Wissenschaftler nun die wahre Natur dieser gegenseitigen Anziehungskraft entschlüsselt. Glaubt man ihrer Studie, hat Romantik damit nicht das Geringste zu tun, denn in diesem ›besonderen‹ Moment geht es nur um Egoismus und Sex.«[22]

Die moderne Legitimation der Sexualität als eigenständiger Bereich habe laut Illouz die ›Liebe auf den ersten Blick‹ somit geradezu ›entmystifiziert‹:

»Die Akzeptanz der Sexualität als Teil der Liebe ging einher mit einer Akzeptanz des Wertes der Sexualität als solcher. [...] Ich vermute dass diese Legitimation der Sexualität um ihrer selbst willen das kulturelle Narrativ der ›Liebe auf den ersten Blick‹ entmystifiziert hat, und zwar genau deshalb, weil es sich dabei ›nur‹ um sexuelle Anziehung handelt. Während die sexuelle Erregung der romantischen Tradition im Szenario der Liebe auf den ersten Blick ›aufgehoben‹ – und damit legitimiert – wurde, steht die Liebe auf den ersten Blick heute im Verdacht, nur ein Verbrämung dessen zu sein, das sich nunmehr ganz offen erkennen lässt, nämlich für sexuelles Verlangen. Weil Sex heute einen akzeptablen und notwendigen Bestandteil von Intimität darstellt, ja sogar eine Form des Selbstausdrucks ist, ist ihre sublimierte Ausdrucksform im kulturellen Ideal der Liebe auf den ersten Blick gefährdet. Das impliziert im Gegenzug, dass Liebe und Sex heute die Grundlage getrennter und paralleler Lebenserzählungen bilden können.« (Illouz 2007: 197)

Tatsächlich, so zeigen auch die vorliegenden Fallgeschichten, können Sexualität und Liebe nunmehr getrennt behandelt werden und zu einer Art biografischer Parallelerzählung werden. So bildete etwa auch die Passionsgeschichte von Michael eigentlich eine Geschichte seiner Sexualität. Auch bei Thomas erschien die Sexualität als eigenständiger biografischer Erfahrungsraum jenseits der Liebe und so schrieb er auch seine sexuelle Entwicklung als eigenständigen biografischen Reifungsprozess fest. Das Narrativ der ›Liebe auf den ersten Blick‹ erfüllt seit der legitimen Trennung von Sex und Liebe nicht mehr die Funktion einer Integration von Liebe und Begehren (Illouz 2007: 197). In ähnlicher Hinsicht weist auch der Sexualforscher Volkmar Sigusch darauf hin, dass die moderne Dissoziation von Sex und Liebe zu einer negativen Kodierung der Sexualität geführt habe, im Zuge derer die symbolische Bedeutung der Sexualität abgenommen habe.[23]

---

22 (http://www.welt.de/vermischtes/article1338975/Liebe_auf_den_ersten_Blick_ein_Mythos.html, 23.03.2010)

23 »Ganz offensichtlich wird Sexualität heute nicht mehr als die große Metapher der Lust und des Glücks überschätzt und positiv mystifiziert, sondern negativ als Quelle und Tatort von Unfreiheit, Ungleichheit und Aggression diskursiviert.« (Sigusch 2005: 29)

Mit dem zunehmenden Schwinden von institutionell gestützten Zugehörigkeiten, scheinen private, intime Bindungen wichtiger denn je zu werden. Die Liebe bildet dabei einen zentralen Ort der Konstruktion von Identität, weil der Einzelne gerade im Blick des Anderen seine Identität erhält – sie also verstärkt im Modus der Bezogenheit (relational) herstellt. Das Denken und Sprechen über die Liebe hat sich damit möglicherweise verändert: Es ist vorsichtiger und vielleicht auch skeptischer geworden angesichts der Wahrnehmung, dass man immer nur wiederholen kann, was bereits gesagt wurde. Die Rhetorik ist möglicherweise Ausdruck der erhöhten Kontingenz und Fragilität der Entwürfe, die Frauen wie auch Männern gegenwärtig stärker denn je bewusst wird. Dennoch verspricht die Liebe auch heute noch erlebbare Gemeinsamkeit und die Anerkennung des Ich und orientiert auf diese Weise die Wünsche, Hoffnungen und Erwartungen der Einzelnen. Erfahrungen des Scheiterns zeigen, dass die Einzelnen ihre divergierenden Entwürfe und Brüche jedenfalls in wiederholten Versuchen mit sich und Anderen organisieren, interpretieren und verhandeln müssen. Im Hinblick auf diese Aufgabe erweist sich das autobiografische Erzählen als ein Medium der Artikulation und Sinnbildung. Im Erzählen gestaltet sich das Subjekt in Form einer Geschichte und wird auf diese Weise für andere verstehbar.

Nachwort

Angesichts der Frage nach einer narrativen Konstruktion von Identität im autobiografischen Erzählen, zeigte sich im Rahmen der vorliegenden Untersuchung die Offenheit und Gestaltbarkeit von Identität im Lebensverlauf sowie der Projektcharakter von Lebensentwürfen. Sowohl in theoretischer wie auch in empirischer Hinsicht konnte sichtbar gemacht werden, wie sich Identität innerhalb der Lebenspraxis von Subjekten konstituiert. Die Liebe erwies sich als ein relevanter Ort der Identität zwischen Selbstfindung und Selbstverlust. Die Analyse der autobiografischen Selbsterzählungen verdeutlichte, wie Personen ihre biografischen Erfahrungen der Liebe rekonstruieren, in welche Narrative sie diese einbetten und wie sie ihre eigene biografische Veränderung im Lichte ihrer Beziehungserfahrungen wahrnehmen und darstellen. Deutlich wurde, inwiefern der gesellschaftliche Anspruch, sich permanent zu verändern, mit dem Wunsch kollidiert, in der Liebe Dauerhaftigkeit herzustellen. Darin zeigte sich eine zentrale Ambivalenz des romantischen Liebesmodells: Der Anspruch auf Dauerhaftigkeit ist letztlich nicht einlösbar. Jedoch geben die Einzelnen auch angesichts des Scheiterns ihrer Beziehungen, die Idee, dass Liebe möglich sei, nicht auf. Und gerade dabei dienen die spezifischen Erzählmuster und erzählerischen Strategien dazu, trotz der Erfahrung des Scheiterns, bestimmte Entwürfe aufrecht zu erhalten und für die individuelle Zukunft zu sichern. Das Scheitern der Liebe wird nicht verallgemeinert, sondern aus der Lebensgeschichte herausgelöst und in den nächsten Beziehungen wieder als mögliches Konzept angelegt. Diesbezüglich zeigten die spezifischen Erzählmuster und die narrativen Strategien ihre Funktionalität: Die Erzählmuster überbrücken die biografischen Brüche und leisten einen Beitrag zur erzählerischen Konstruktion von Identität. Sie boten den ErzählerInnen die Möglichkeit, lebensgeschichtliche Brüche narrativ zu organisieren und zu verarbeiten.

Die Frage nach Identität verweist somit vor allem in praktischer Hinsicht auf ein Subjekt, das sich sprechend und handelnd verwirklicht und das in seiner Selbst- und Welterkenntnis auf Geschichte(n) angewiesen ist. Dabei muss sich dieses Subjekt auch immer wieder neu und anders erzählen, um zu einem Verständnis von sich selbst und seiner Welt zu kommen. Das Problem der Identität erscheint nicht mehr als die Frage nach einem personalen Wesenskern, einer zeitlosen Invarianten. In der Frage *Wer bin ich?* bekundet sich für dieses Subjekt die Aufgabe, zu erzählen. Dabei kann es sich jedoch nur um einen unabschließbaren Prozess handeln, bei dem das Subjekt in der Interaktion mit Anderen sowie mit Erzählungen und Geschichten seine Existenz zu erhellen und zu verändern vermag. Literarische, kulturelle, aber auch alltägliche Erzählungen bilden ein Reservoir für das Selbstverstehen. Sie zeigen Wege auf, uns selbst zu deuten und zu entwerfen. So sind auch die jeweiligen Selbstdeutungen der Erzähler und Erzählerinnen als individuell *und* kollektiv zu verstehen: Sie entstehen stets vor dem Hintergrund diskursiver Vorlagen und Vorstellungen, von Lebens- und Liebesmodellen.

Die erzählte Identität ist jedoch keine stabile oder bruchlose Identität: Ähnlich wie die Figur in der Geschichte, zeigt sich auch der Mensch innerhalb seiner Lebensgeschichte in einer Dialektik von Gleichheit und Wandelbarkeit – nie jedoch als stabil und unveränderlich. Dass selbst die am stabilsten erscheinenden Bestimmungen der Person nicht vor Veränderung geschützt sind, gehört wohl zu den zentralen Erfahrungen im Lebensverlauf. In einer narrativen Perspektive erscheint jedoch die Rede von der Fragmentierung, vom Identitätsverlust und von lebensgeschichtlichen Brüchen nun in einem anderen Lichte: Es handelt sich um Brüche der Gleichheit, nicht aber um Verluste der Selbstheit. Wenn die existentielle Frage *Wer bin ich?* heute vielleicht mehrmals im Lebensverlauf gestellt werden muss, so findet sie eine mögliche Antwort in der autobiografischen Erzählung und im Netz von Geschichten, in das wir – gemeinsam mit anderen – verstrickt sind.

Literatur

Adorno, Theodor W. (1951): Minima Moralia. Reflexionen aus dem beschädigten Leben. Frankfurt am Main: Suhrkamp
Alheit, Peter/Dausien, Bettina (2000): Die biographische Konstruktion der Wirklichkeit. Überlegungen zur Biographizität des Sozialen. In: Hoerning, Erika M. (Hg.): Biographische Sozialisation. Stuttgart: Lucius&Lucius
Alheit, Peter (2007): Geschichten und Strukturen. Methodologische Überlegungen zur Narrativität. In: Zeitschrift für qualitative Forschung, 8. Jg., Heft 1
Angehrn, Emil (2005): Subjekt und Sinn. Dalferth, Ingolf U./Stoellger, Philipp (2005) (Hg): Krisen der Subjektivität. Problemfelder eines strittigen Paradigmas. Tübingen: Mohr Siebeck
Angehrn, Emil (1985): Geschichte und Identität. Berlin: de Gruyter
Aristoteles: Poetik. Stuttgart: Reclam (1982)
Assmann, Aleida/Friese, Heidrun (1998) (Hg): Identitäten. Erinnerung, Geschichte, Identität 3. Frankfurt am Main: Suhrkamp
Atkins, Kim (2005): Self and subjectivity. Oxford: Blackwell
Audi, Robert (1995) (Hg): Cambridge dictionary of philosophy. Cambridge: University Press

Bamberg, Michael (1999): Identität in Erzählung und im Erzählen. Versuch einer Bestimmung der Besonderheit des narrativen Diskurses für die sprachliche Verfassung von Identität. In: Journal für Psychologie, 7. Jahrgang, Heft 1
Bauman, Zygmunt (1997): Flaneure, Spieler und Touristen. Essays zu postmodernen Lebensformen, Hamburger Edition, Hamburg
Barkhaus, Annette (Hg): Identität, Leiblichkeit, Normativität. Neue Horizonte anthropologischen Denkens. Frankfurt am Main: Suhrkamp
Bauman, Zygmunt (2003): Liquid Love. On the Frailty of Human Bonds. Cambridge: Polity
Bauman, Zygmunt (1995): Identität bedeutet immer: noch nicht. In: Psychologie Heute 8/1995
Baumeister, Roy F. (1986): Identity. Cultural Change and the Struggle for Self. New York/Oxford: Oxford University Press
Barthes, Roland (1988): Das semiologische Abenteuer. Frankfurt am Main: Suhrkamp

Barthes, Roland (1984): Fragmente einer Sprache der Liebe. Frankfurt am Main: Suhrkamp

Beck, Ulrich/Beck-Gernsheim, Elisabeth (1990): Das ganz normale Chaos der Liebe. Frankfurt am Main: Suhrkamp

Beck, Ulrich (1986): Risikogesellschaft. Auf dem Weg in eine andere Moderne. Frankfurt: Suhrkamp

Beck, Ulrich/ Beck-Gernsheim, Elisabeth (1994) (Hg): Riskante Freiheiten. Individualisierung in modernen Gesellschaften. Frankfurt am Main: Suhrkamp

Benkert, Otto, Gorsen, Peter (1990) (Hg): Von Chaos und Ordnung der Seele. Ein interdisziplinärer Dialog über Psychiatrie und Kunst. Berlin: Springer

Benjamin, Walther (1937): Der Erzähler. In: Unseld, Siegfried (Hg) (1969): Illuminationen. Ausgewählte Schriften Walther Benjamins. Frankfurt am Main: Suhrkamp

Bilden, Helga (1997): Das Individuum – ein dynamisches System vielfältiger Teil-Selbste. In: Keupp, Heiner/Höfer, Christian (Hrsg.): Identitätsarbeit heute. Frankfurt am Main: Suhrkamp

Bohn, Cornelia/Hahn, Alois (1997): Selbstbeschreibung und Selbstthematisierung. Facetten der Identität in der modernen Gesellschaft, IN: Keupp, Heiner/Höfer, Christian (Hrsg.): Identitätsarbeit heute. Frankfurt am Main: Suhrkamp

Böhme, Gernot (1990): Lebensgestalt und Zeitgeschichte. In: Bios. Zeitschrift für Biografieforschung. Heft 2

Böhme, Gernot (1996): Selbstsein und derselbe sein. Über ethische und sozialtheoretische Voraussetzungen von Identität. In: Barkhaus, Annette (Hg): Identität, Leiblichkeit, Normativität. Neue Horizonte anthropologischen Denkens. Frankfurt am Main: Suhrkamp

Bourdieu, Pierre (2000): Die biographische Illusion. In: Hoerning, Erika M. (Hg.): Biographische Sozialisation. Stuttgart: Lucius&Lucius

Brose, Hans-Georg/Hildenbrand, Bruno (1988) (Hg): Vom Ende des Individuums zur Individualität ohne Ende. Opladen: Leske + Budrich

Brockmeier, Jens/Carbaugh, Donal (2001) (Hg): Narrative and identity. Amsterdam/Philadelphia: Benjamins

Brockmeier, Jens/Harré, Rom (2001): Narrative. Problems and promises of an alternative paradigm, In: Brockmeier, Jens/Carbaugh, Donal (Hg) (2001) Narrative and identity. Amsterdam/Philadelphia: Benjamins

Brockmeier, Jens (2001): From the end to the beginning. Retrospective teleology in autobiography In: Brockmeier, Jens/Carbaugh, Donal (Hg) (2001) Narrative and identity. Amsterdam/Philadelphia: Benjamins

Bröckling, Ulrich (2007): Das unternehmerische Selbst. Soziologie einer Subjektivierungsform. Frankfurt am Main: Suhrkamp

Bruner, Jerome (2001): Self-making and world-making. In: Brockmeier, Jens/Carbaugh, Donal (Hg) (2001) Narrative and identity. Amsterdam/Philadelphia: Benjamins

Bruner, Jerome (1997): Sinn, Kultur und Ich-Identität. Zur Kulturpsychologie des Sinns. Heidelberg: Carl Auer
Bruner, Jerome (1987): Life as narrative. In: Social Research 54
Bruner, Jerome (2003): Self-Making Narratives. In: Fivush, Robin/Haden, Catherine A. (Hg): Autobiographical Memory and the Construction of a Narrative Self. Developmental and Cultural Perspectives. New Jersey: Lawrence Erlbaum Publishers
Bruner, Jerome (1998): Vergangenheit und Gegenwart als narrative Konstruktionen. In: Straub, Jürgen (Hg): Erzählung, Identität und historisches Bewusstsein. Die psychologische Konstruktion von Zeit und Geschichte. Frankfurt: Suhrkamp
Brüsemeister, Thomas (2008): Qualitative Forschung. Ein Überblick. Wiesbaden: Verlag für Sozialwissenschaften
Burkart, Günter (Hg) (2006): Die Ausweitung der Bekenntniskultur – neue Formen der Selbstthematisierung? Wiesbaden: Verlag für Sozialwissenschaften
Burkart, Günter (1998): Auf dem Weg zu einer Soziologie der Liebe. In: Hahn, Kornelia (Hg): Liebe am Ende des 20. Jahrhunderts. Opladen: Leske + Budrich
Burkholz, Roland (2001) (Hg): Materialität des Geistes. Weilerswist: Velbrück

Canary, Robert H./Kozicki, Henry (1978) (Hg): The writing of history: Literary Form and Historical understanding. Madison: University of Wisconsin Press
Carr, David (1986): Time, Narrative and History. Bloomington/Indianapolis: Indiana University Press
Carr, David (1997): Narrative Erzählform und das Alltägliche. In: Stückrath, Jörn/Zbinden, Jürgen (Hrsg.): Metageschichte. Hayden White und Paul Ricoeur. Baden-Baden: Nomos Verlag
Currie, Mark (1998): Postmodern narrative theory. New York: St. Martin's Press

Dalferth, Ingolf U./Stoellger, Philipp (2005) (Hg): Krisen der Subjektivität. Problemfelder eines strittigen Paradigmas. Tübingen: Mohr Siebeck
Dausien, Bettina/Lutz, Helma/Rosenthal, Gabriele (2009) (Hg): Biographieforschung im Diskurs. Wiesbaden: Verlag für Sozialwissenschaften
Deines, Stefan/Jaeger, Stephan/Nünning, Ansgar (2003) (Hg): Subjektivierung von Geschichte(n) – Historisierung von Subjekten. Ein Spannungsverhältnis im gegenwärtigen Theoriediskurs. In: Deines, Stefan/Jaeger, Stephan/Nünning, Ansgar (2003) (Hg): Historisierte Subjekte – Subjektivierte Historie. Zur Verfügbarkeit und Unverfügbarkeit von Geschichte. Berlin/New York: de Gruyter
Deines, Stefan/Jaeger, Stephan/Nünning, Ansgar (2003) (Hg): Historisierte Subjekte – Subjektivierte Historie. Zur Verfügbarkeit und Unverfügbarkeit von Geschichte. Berlin/New York: de Gruyter
Deleuze, Gilles/Guattari, Felix (1974) (orig. 1972): Anti-Ödipus. Frankfurt am Main: Suhrkamp
Dennett, Daniel C. (1992): The self as a center of narrative gravitiy. In: Kessel, Frank S. (Hg): Self and Consciousness. New Jersey: Lawrence Earlbaum Associates

Deppermann, Arnulf (2001): Gespräche analysieren. Opladen: Leske + Budrich
Dressel, Gert/Langreiter, Nikola (2005): WissenschaftlerInnen scheitern (nicht). In: Stefan Zahlmann / Sylka Scholz (Hrsg.): Scheitern und Biographie. Die andere Seite moderner Lebensgestaltung. Gießen: Psychosozial-Verlag

Eberlein, Undine (2000): Einzigartigkeit. Das romantische Individualitätskonzept der Moderne. Frankfurt/New York: Campus
Eberlein, Undine (2006): Serielle Einzigartigkeit und Eigensinn. In: Burkart, Günter (Hg): Die Ausweitung der Bekenntniskultur – Neue Formen der Selbstthematisierung? Wiesbaden: Verlag für Sozialwissenschaften
Eco, Umberto (1984): Nachschrift zum Namen der Rose. München: Carl Hanser
Echterhoff, Gerald/Straub, Jürgen (2004): Narrative Psychologie. In: Jüttemann, Gerd (Hg): Psychologie als Humanwissenschaft. Ein Handbuch. Göttingen: Vandenhoeck & Ruprecht
Eickelpasch, Rolf/Rademacher, Claudia (2004): Identität. Bielefeld: transcript
Enno, Rudolph (1991): Odyssee des Individuums. Zur Geschichte eines vergessenen Problems. Stuttgart: Metzler
Engelhardt, Michael von (1990): Biographie und Identität. Die Rekonstruktion und Präsentation von Identität im mündlichen autobiographischen Erzählen. In: Sparn, Walther (Hg): Wer schreibt meine Lebensgeschichte? Gütersloh: Verlag Gerd Mohn
Ernst, Heiko (1996): Psychotrends. Das Ich im 21. Jahrhundert. München: Piper Verlag
Erikson, Erik H. (1966): Identität und Lebenszyklus. Frankfurt am Main: Suhrkamp

Felden, Heide von (2008) (Hg): Perspektiven erziehungswissenschaftlicher Biographieforschung. Wiesbaden: Verlag für Sozialwissenschaften
Fischer-Rosenthal, Wolfram (2000): Melancholie der Identität und dezentrierte biographische Selbstbeschreibung. Anmerkungen zu einem langen Abschied aus der selbstverschuldeten Zentriertheit des Subjekts. In: Hoerning, Erika M. (Hg.): Biographische Sozialisation. Stuttgart: Lucius&Lucius
Fischer-Rosenthal, Wolfram/Rosenthal, Gabriele (1997): Narrationsanalyse biographischer Selbstpräsentation. In: Hitzler, Ronald/Honer, Anne (Hrsg): Sozialwissenschaftliche Hermeneutik. Eine Einführung. Opladen: Leske + Budrich
Fivush, Robin/Haden, Catherine A. (2003) (Hg): Autobiographical Memory and the Construction of a Narrative Self. Developmental and Cultural Perspectives. New Jersey: Lawrence Erlbaum Publishers
Flusser, Vilém (1994): Vom Subjekt zum Projekt. Menschwerdung. Schriften Band 3. Bensheim und Düsseldorf
Flick, Uwe (2000): Konstruktion und Rekonstruktion. Methodische Überlegungen zur Fallrekonstruktion. In: Kraimer, Klaus (Hg): Die Fallrekonstruktion. Frankfurt: Suhrkamp

Frank, Manfred (1986): Die Unhintergehbarkeit von Individualität. Frankfurt am Main: Suhrkamp
Friedman, Jonathan/ Lash, Scott (1992) (Hrsg): Modernity and Identity. Oxford: Blackwell
Friese, Heidrun (1998): Identität: Begehren, Name und Differenz. In: Assmann, Aleida/Friese, Heidrun (Hrsg): Identitäten. Erinnerung, Geschichte, Identität. Frankfurt am Main: Suhrkamp
Füssel, Martin (2003): Die Rückkehr des Subjekts in der Kulturgeschichte. Beobachtungen aus praxeologischer Perspektive. In: Deines, Stefan/Jaeger, Stephan/ Nünning, Ansgar (2003) (Hg): Historisierte Subjekte – Subjektivierte Historie. Zur Verfügbarkeit und Unverfügbarkeit von Geschichte. Berlin/New York: de Gruyter
Fuchs-Heinritz, Werner (2000): Biografische Forschung. Eine Einführung in Praxis und Methoden. Wiesbaden: Verlag für Sozialwissenschaften
Fuchs, Peter (2003): Liebe, Sex und solche Sachen. Zur Konstruktion moderner Intimsysteme. Konstanz: UVK

Galimberti, Umberto (2006): Liebe. Eine Gebrauchsanweisung. München: C.H. Beck
Gergen, Kenneth J. (1996): Das übersättigte Selbst. Identitätsprobleme im modernen Leben. Heidelberg: Carl Auer
Gergen, Kenneth J. (1998): Erzählung, moralische Identität und historisches Bewusstsein. Eine sozialkonstruktionistische Darstellung. In: Straub, Jürgen (Hg): Erzählung, Identität und historisches Bewusstsein. Die psychologische Konstruktion von Zeit und Geschichte. Erinnerung, Geschichte, Identität 1. Frankfurt: Suhrkamp
Gergen, Kenneth J. (2002): Konstruierte Wirklichkeiten. Eine Hinführung zum sozialen Konstruktionismus. Stuttgart: Kohlhammer Verlag
Giddens, Anthony (1991): Modernity and self-identity. Self and society in the late modern age. Stanford: University press
Giddens, Anthony (1993): Wandel der Intimität. Sexualität, Liebe und Erotik in modernen Gesellschaften. Frankfurt: Fischer
Glinka, Hans-Jürgen (1998): Das narrative Interview. Eine Einführung für Sozialpädagogen, Weinheim und München: Juventa
Glaser, Barney G./Strauss, Anselm (1979): Die Entdeckung gegenstandsbezogener Theorie. Eine Grundstrategie qualitativer Sozialforschung. In: Hopf, C./Weingarten, E. (Hg): Qualitative Sozialforschung. Stuttgart: Klett-Cotta
Glaser, Barney/ Strauss, Anselm (1998) (Hg): Grounded theory. Strategien qualitativer Forschung. Bern: Verlag Hans Huber
Griese, Birgit (2008): Erzähltheoretische Grundlagen der Biografieforschung: Ein Plädoyer für die Beschäftigung mit den Basiskonzepten. In: Felden, Heide von (Hg): Perspektiven erziehungswissenschaftlicher Biographieforschung. Wiesbaden: Verlag für Sozialwissenschaften

Griese, Birgit (2006): Zwei Generationen erzählen. Narrative Identität in autobiographischen Erzählungen Russlanddeutscher. Frankfurt: Campus
Griese, Birgit/Griesehop, Hedwig Rosa (2007): Biographische Fallarbeit. Theorie, Methode und Praxisrelevanz. Wiesbaden: Verlag für Sozialwissenschaften
Guth, Doris/Hammer, Heide (2009) (Hg): Love me or leave me. Liebeskonstrukte in der Populärkultur. Frankfurt/New York: Campus Verlag
Gubrium, Jaber F./Holstein, James A. (2000): The Self we live by. Narrative identity in a postmodern world. New York/Oxford: Oxford University Press
Hahn, Alois (2000): Konstruktionen des Selbst, der Welt und der Geschichte. Frankfurt am Main: Suhrkamp
Hahn, Kornelia (2008): Romantische Liebe als Phänomen der Moderne. Anmerkungen zur Soziologie intimer Beziehungen. In: Niekrenz, Yvonne/Villányi, Dirk (Hrsg.): Liebeserklärungen. Intimbeziehungen aus soziologischer Perspektive. Wiesbaden: Verlag für Sozialwissenschaften
Hahn, Kornelia (1998) (Hg): Liebe am Ende des 20. Jahrhunderts. Opladen: Leske + Budrich
Hahn, Alois (1988): Biographie und Lebenslauf. Brose, Hans-Georg/Hildenbrand, Bruno (1988) (Hg): Vom Ende des Individuums zur Individualität ohne Ende. Opladen: Leske + Budrich
Haas, Stefanie (2002): Kein Selbst ohne Geschichten: Wilhelm Schapps Geschichtenphilosophie und Paul Ricœurs Überlegungen zur narrativen Identität. Olms Verlag
Heinz, Walter R. (2000): Selbstsozialisation im Lebenslauf. Umrisse einer Theorie biografischen Handelns. In: Hoerning, Erika M. (Hg.): Biographische Sozialisation. Stuttgart: Lucius&Lucius
Henrich, Dieter (1979): Identität – Begriffe, Probleme, Grenzen, In: MARQUARD, Odo: Identität, Poetik und Hermeneutik Band 8. München: Fink Verlag
Henrich, Dieter (1979): Identität und Geschichte – Thesen über Gründe und Folgen einer unzulänglichen Zuordnung. In: MARQUARD, Odo: Identität, Poetik und Hermeneutik Band 8. München: Fink Verlag
Herma, Holger (2006): Das erzählte Ich in der Liebe. Biographische Selbstthematisierung und Generationswandel in einem modernen Kulturmuster. In: Burkart, Günter (Hg): Die Ausweitung der Bekenntniskultur – neue Formen der Selbstthematisierung? Wiesbaden: Verlag für Sozialwissenschaften
Hitzler, Ronald/Honer, Anne (1994): Bastelexistenz. Über subjektive Konsequenzen der Individualisierung. In: Beck, Ulrich/ Beck-Gernsheim, Elisabeth (Hg): Riskante Freiheiten. Individualisierung in modernen Gesellschaften. Frankfurt am Main: Suhrkamp
Hitzler, Ronald/Honer, Anne (1997) (Hrsg): Sozialwissenschaftliche Hermeneutik. Eine Einführung. Opladen: Leske + Budrich
Hitzler, Ronald (2003): Selbsterschaffene Sicherheit? Identitätskonstruktionen unter Individualisierungsbedingungen. In: Ederer, Ottmar (Hg): Die unsichere Gesell-

schaft. Risiken, Trends, Zukünfte. Graz: Arbeitsgemeinschaft für Wirtschafts- und Sozialgeschichte
Hohl, Joachim/Keupp, Heiner (2006) (Hg): Subjektdiskurse im gesellschaftlichen Wandel. Zur Theorie des Subjekts in der Spätmoderne. Bielefeld: Transcript
Hopf, C./Weingarten, E. (1979) (Hg): Qualitative Sozialforschung. Stuttgart: Klett-Cotta
Hoerning, Erika M. (2000) (Hg.): Biographische Sozialisation. Stuttgart: Lucius&Lucius
Holstein, James A./ Gubrium, Jaber F. (1999): The self we live by. Narrative identity in a postmodern world. Oxford: Oxford University Press
Höfer, Renate/Keupp, Heiner (1997) (Hg.): Identitätsarbeit heute. Klassische und aktuelle Perspektiven der Identitätsforschung. Frankfurt am Main: Suhrkamp
Hume, David (orig. 1739/1740) (1996): A treatise of human nature. Bristol: Thomees Press

Illouz, Eva (2006): Gefühle in Zeiten des Kapitalismus. Frankfurt: Suhrkamp
Illouz, Eva (2007): Der Konsum der Romantik. Frankfurt: Suhrkamp
Illouz, Eva 2008: Eine Religion ohne Glauben: Liebe und die Ambivalenz der Moderne. In: Niekrenz, Yvonne/Villányi, Dirk (Hrsg.): Liebeserklärungen. Intimbeziehungen aus soziologischer Perspektive. Wiesbaden: Verlag für Sozialwissenschaften
Illouz, Eva (2008a): Saving the modern soul. Therapy, Emotions, and the culture of self-help. Berkeley/Los Angeles: University of California Press
Irigaray, Luce (1991): Die Zeit der Differenz. Frankfurt am Main: Campus

Jaeger, Friedrich (2004) (Hg): Handbuch Kulturwissenschaften. Grundlagen und Schlüsselbegriffe. Band 1 Stuttgart: Metzler
James, William (1997) (org. 1901/1902): Die Vielfalt religiöser Erfahrung. Eine Studie über die menschliche Natur. Frankfurt am Main: Insel Verlag
Joisten, Karen (2007) (Hg): Narrative Ethik. Das Gute und Böse erzählen. Berlin: Akademie Verlag
Jüttemann, Gerd (1998) (Hg): Biographische Methoden in den Humanwissenschaften. Weinheim: Beltz
Jüttemann, Gerd (2004) (Hg): Psychologie als Humanwissenschaft. Ein Handbuch. Göttingen: Vandenhoeck & Ruprecht

Kallmeyer, Werner / Schütze, Fritz (1976): Zur Konstitution von Kommunikationsschemata der Sachverhaltsdarstellung. In: Wegner, Dirk (Hg.): Gesprächsanalysen. Hamburg: Buske Helmut Verlag
Kamper, Dietmar (1980): Die Auflösung der Ich-Identität. In: Kittler, Friedrich A. (Hg): Austreibung des Geistes aus den Geisteswissenschaften. Programme des Poststrukturalismus. Paderborn/Wien/München/Zürich: Schönigh

Kannonier-Finster, Waltraud/Ziegler, Meinrad (Hg) (1998): Exemplarische Erkenntnis. Zehn Beiträge zur interpretativen Erforschung sozialer Wirklichkeit. Innsbruck: Studien Verlag

Kemper, Peter/Sonnenschein, Ulrich (Hg.) (2004): Das Abenteuer Liebe. Bestandsaufnahme eines unordentlichen Gefühls. Begleitband zum neuen Funkkolleg des Hessischen Rundfunks. Frankfurt am Main: Suhrkamp

Kellner, Douglas (1992): Popular culture and the construction of postmodern identities. In: Friedman, Jonathan/ Lash, Scott (Hrsg): Modernity and Identity. Oxford: Blackwell

Keupp, Heiner (1987): Psychisches Leid als gesellschaftlich produzierter Karriereprozeß. In: Voges, Wolfgang (Hg): Methoden der Biographie- und Lebenslaufforschung. Opladen: Leske + Budrich

Keupp, Heiner (1993) (Hg.): Zugänge zum Subjekt. Frankfurt am Main: Suhrkamp

Keupp, Heiner (2001): Das Subjekt als Konstrukteur seiner selbst und seiner Welt, In: Keupp, Heiner/ Weber, Klaus (Hrsg): Grundkurs Psychologie: Reinbeck: Rohwolt

Keupp, Heiner u.a. (Hg) (1999): Identitätskonstruktionen. Das Patchwork der Identitäten in der Spätmoderne. Reinbek bei Hamburg: Rowohlt

Kessel, Frank S. (1992) (Hg): Self and Consciousness. New Jersey: Lawrence Earlbaum Associates

Kerby, Anthony Paul (1991): Narrative and the self. Bloomington/Indianapolis: Indiana University Press

Kermode, Frank (1967): The sense of an ending. Studies in the theory of fiction. New York: Oxford University Press

Keddi, Barbara (2006): Liebe als biographisches Projekt. In: Röttger-Rössler, Birgit/ Engelen, Eva-Maria (Hg): »Tell me about love« Kultur und Natur der Liebe. Paderborn: mentis

King, Nicola (2000): Memory, Narrative, Identity. Remembering the self. Edinburgh: Edinburgh University Press

Kittler, Friedrich A. (1980) (Hg): Austreibung des Geistes aus den Geisteswissenschaften. Programme des Poststrukturalismus. Paderborn/Wien/München/Zürich: Schönigh

Klein, Gabriele (2004) (Hg): Bewegung. Sozial- und kulturwissenschaftliche Konzepte. Bielefeld: transcript

Klinger, Cornelia (2006): Das unmögliche weibliche Subjekt und die Möglichkeiten feministischer Subjektkritik. In: Hohl, Joachim/Keupp, Heiner (Hg): Subjektdiskurse im gesellschaftlichen Wandel. Zur Theorie des Subjekts in der Spätmoderne. Bielefeld: Transcript

Kofler, Alexandra (2007): Liebe und Konversion. Narrative Identität in biografischen Erzählungen, In: ÖZG. Österreichische Zeitschrift für Geschichtswissenschaften 2007, 18.Jg., Heft 3

Kofler, Alexandra (2012): Der Liebesdiskurs in Selbsterzählungen: Zwischen Romantik und Ernüchterung, In: Arnold, Markus/Dressel, Gert/Viehöfer, Willy

(Hg.): Erzählungen im Öffentlichen: Über die Wirkung narrativer Diskurse. Wiesbaden: VS – Verlag für Sozialwissenschaften

Kofler, Alexandra (2005): Narrativität und Identität bei Paul Ricoeur. Wien: Diplomarbeit (unveröffentlicht)

Kohli, Martin(1984) (Hg): Biographie und soziale Wirklichkeit. Neue Beiträge und Forschungsperspektiven. Stuttgart: Metzler

Köpping, Klaus-Peter (2002) (Hg) Die autonome Person – eine europäische Erfindung? München: Fink

Koppetsch, Cornelia (1998): Liebe und Partnerschaft: Gerechtigkeit in modernen Paarbeziehungen. In: Hahn, Kornelia (Hg): Liebe am Ende des 20. Jahrhunderts. Opladen: Leske + Budrich

Kreiswirth, Martin (1992): Trusting the Tale: The Narrativist Turn in the Human Sciences. In: New Literary History, Vol. 23, No.3

Kraus, Wolfgang (2002): Falsche Freunde. Radikale Pluralisierung und der Ansatz einer narrativen Identität. In: Renn, Joachim/Straub, Jürgen (Hg): Transitorische Identität. Der Prozesscharakter des modernen Selbst. Frankfurt/New York: Campus

Kraus, Wolfgang (2006a): Die Veralltäglichung der Patchwork-Identität. Veränderungen normativer Konstruktionen in Ratgebern für autobiografisches Schreiben. In: Burkart, Günther (Hg): Die Ausweitung der Bekenntniskultur – neue Formen der Selbstthematisierung? Wiesbaden: Verlag für Sozialwissenschaften

Kraus, Wolfgang (2006b): Alltägliche Identitätsarbeit und Kollektivbezug. Das wiederentdeckte Wir in einer individualisierten Gesellschaft. In: Hohl, Joachim/ Keupp, Heiner (Hg): Subjektdiskurse im gesellschaftlichen Wandel. Zur Theorie des Subjekts in der Spätmoderne. Bielefeld: Transcript

Kraus, Wolfgang (2000): Das erzählte Selbst. Die narrative Konstruktion von Identität in der Spätmoderne. Herbholzheim: Centaurus

Kraimer, Klaus (2000) (Hg): Die Fallrekonstruktion. Frankfurt: Suhrkamp

Krebs, Angelika 2009: Wie ein Bogenstrich, der aus zwei Saiten eine Stimme zieht. Eine dialogische Philosophie der Liebe. In: Deutsche Zeitschrift für Philosophie Nr. 57. Heft 5

Krüger, Heinz-Hermann/Marotzki, Winfried (1996) (Hg): Erziehungswissenschaftliche Biographieforschung. Opladen: Leske + Budrich

Kramer, Christine (2001): Lebensgeschichte, Authentizität und Zeit. Zur Hermeneutik der Person. Frankfurt: Peter Lang

Kristeva, Julia (1989): Geschichten von der Liebe. Frankfurt am Main: Suhrkamp

Küsters, Yvonne (2006): Narrative Interviews. Grundlagen und Anwendungen. Wiesbaden: Verlag für Sozialwissenschaften

Lämmert, E. (1982) (Hg): Erzählforschung. Ein Symposion. Stuttgart: Metzler

Lautmann, Rüdiger (1998): Wie verschieden lieben die Geschlechter? In: Hahn, Kornelia (Hg): Liebe am Ende des 20. Jahrhunderts. Opladen: Leske + Budrich

Lejeune, Philippe (1994): Der autobiographische Pakt. Frankfurt: Suhrkamp

Lenz, Karl (2005): Romantische Liebe – Fortdauer oder Niedergang? In: Tanner, Klaus (Hg): Liebe im Wandel der Zeiten. Kulturwissenschaftliche Perspektiven. Leipzig: Evangelische Verlagsanstalt
Lenz, Karl (1998): Romantische Liebe – Ende eines Beziehungsideals? Hahn, Kornelia (Hg): Liebe am Ende des 20. Jahrhunderts. Opladen: Leske + Budrich
Leitner, Hartmann (1982): Lebenslauf und Identität. Die kulturelle Konstruktion von Zeit in der Biographie. Frankfurt: Campus Verlag
Leitner, Hartmann (1990): Die temporale Logik der Autobiographie. In: Sparn, Walther (Hg): Wer schreibt meine Lebensgeschichte? Gütersloh: Verlag Gerd Mohn
Leitner, Hartman (2000): Wie man ein neuer Mensch wird, oder: Die Logik der Bekehrung. In: Hoerning, Erika M. (Hg.): Biographische Sozialisation. Stuttgart: Lucius&Lucius
Lévi-Strauss, Claude (1968): Das wilde Denken. Frankfurt am Main: Suhrkamp
Liebsch, Burkhard (1999) (Hrsg): Hermeneutik des Selbst – Im Zeichen des Anderen. Freiburg/München: Verlag Karl Alber
Liebsch, Burkhard (2002): Identitäts-Fragen in Zeiten des Verrats. Zum Missverhältnis von erzähltem und praktischem Selbst. In: Renn, Joachim/Straub, Jürgen (Hg): Transitorische Identität. Der Prozesscharakter des modernen Selbst. Frankfurt/New York: Campus
Locke, John (orig. 1690) (1979): An essay concerning human understanding. Oxford: Claredon Press
Lohauß, Peter (1995): Moderne Identität und Gesellschaft. Opladen: Leske + Budrich
Losego, Sarah Vanessa (2002): Überlegungen zur »Biographie«. In: BIOS 2002, Heft 1
Lütterfelds, Wilhelm (2005): Subjektivität – das hermeneutische Paradox der Kulturwissenschaften. Dalferth, Ingolf U./Stoellger, Philipp (2005) (Hg): Krisen der Subjektivität. Problemfelder eines strittigen Paradigmas. Tübingen: Mohr Siebeck
Luckmann, Thomas (1987): Kanon und Konversion. In: Assmann, Aleida/Assmann, Jan (Hg.): Kanon und Zensur. Beiträge zur Archäologie der literarischen Kommunikation II. München: Wilhelm Fink Verlag
Luckmann, Thomas (1988): Persönliche Identität und Lebenslauf – gesellschaftliche Voraussetzungen. Brose, Hans-Georg/Hildenbrand, Bruno (1988) (Hg): Vom Ende des Individuums zur Individualität ohne Ende. Opladen: Leske + Budrich
Lübbe, Hermann (1979): Identität und Kontingenz. In: MARQUARD, Odo (Hg): Identität, Poetik und Hermeneutik Band 8, München: Fink Verlag
Lucius-Hoene, Gabriele/Deppermann, Arnulf (2002): Rekonstruktion narrativer Identität. Ein Arbeitsbuch zur Analyse narrativer Interviews. Opladen: Leske + Budrich
Luhmann, Niklas (2008): Liebe. Eine Übung. Frankfurt: Suhrkamp
Luhmann, Niklas (1982): Liebe als Passion. Zur Codierung von Intimität. Frankfurt: Suhrkamp

Lyotard, Jean-Francois (1986) (orig. 1979): Das postmoderne Wissen. Ein Bericht. Wien/Graz: Böhlau Verlag

Mattern, Jens (1996): Ricœur zur Einführung. Hamburg: Junius

MacIntyre, Alasdair (1995): Der Verlust der Tugend. Zur moralischen Krise der Gegenwart. Frankfurt: Suhrkamp

McAdams, Dan P. (2003): Identity and the Life Story. In: Fivush, Robyn/Haden, Catherine A. (Hg): Autobiographical Memory and the Construction of a Narrative Self. London: Lawrence Earlbaum

McAdams, Dan P. (1993): The Stories we live by. Personal Myths and the making of the Self. New York/London: Guilford Press

Marquard, Odo (1979): Identität: Schwundtelos und Mini-Essenz – Bemerkungen zur Genealogie einer aktuellen Diskussion. In: MARQUARD, Odo (Hg): Identität. Poetik und Hermeneutik Band 8, München: Fink Verlag

Marquard, Odo (1979) (Hg): Identität, Poetik und Hermeneutik Band 8, München: Fink Verlag

Meuter, Norbert (2004): Geschichten erzählen, Geschichten analysieren. Das narrativistische Paradigma in den Kulturwissenschaften. In: Jäger, Friedrich (Hg) (2004): Handbuch Kulturwissenschaften. Paradigmen und Disziplinen. Band 2 Stuttgart: Metzler S. 140–156

Meuter, Norbert (1993): Narrative Identität. Das Problem der personalen Identität im Anschluß an Ernst Tugendhat, Niklas Luhmann und Paul Ricœur. Stuttgart: Metzler

Meuter, Norbert (2002): Müssen Individuen individuell sein? In: Renn, Joachim/ Straub, Jürgen (Hg): Transitorische Identität. Der Prozesscharakter des modernen Selbst. Frankfurt/New York: Campus

Meyer-Drawe, Käte (1990): Illusionen von Autonomie. Diesseits von Ohnmacht und Allmacht des Ich. München: Kirchheim

Mead, George H. (1968): Geist, Identität und Gesellschaft aus der Sicht des Sozialbehaviourismus. Frankfurt am Main: Suhrkamp

Mink, Louis O. (1978): Narrative Form as a Cognitive Instrument. In: Canary, Robert H./Kozicki, Henry (Hg): The writing of history: Literary Form and Historical understanding. Madison: University of Wisconsin Press

Mitchell, W.J.T. (1981) (Hg): On Narrative. Chicago: University of Chicago Press

Moser, Christian/Nelles, Jürgen (2006) (Hg): AutoBioFiktion. Konstruierte Identitäten in Kunst, Literatur und Philosophie. Bielefeld: Aisthesis Verlag

Müller-Funk, Wolfgang (2008): Die Kultur und ihre Narrative. Eine Einführung. Wien/New York: Springer

Nagl-Docekal, Herta (2008): Philosophische Reflexionen über Liebe und die Gefahr ihrer Unterbestimmung im zeitgenössischen Diskurs. In: Nag-Docekal, Herta (Hg.): Jenseits der Säkularisierung. Berlin: Parerga

Nagl-Docekal, Herta (2005): Liebe als Widerstand. Eine philosophische Konzeption In: Bauer, Ingrid (Hg): Liebe und Widerstand. Wien: Böhlau

Nagl-Docekal, Herta/Vetter, Helmut (Hg.) (1987): Tod des Subjekts? Wien: Oldenburg

Nagl-Docekal, Herta (1996): Ist Geschichtsphilosophie heute noch möglich? In: Nagl-Docekal, Herta (Hg): der Sinn des Historischen. Geschichtsphilosophische Debatten. Frankfurt am Main: Fischer Verlag

Neumann, Birgit/ Nünning, Ansgar/ Pettersson, Bo (2008) (Hg): Narrative and identity. Theoretical approaches and critical analyses. Trier: WVT

Newen, Albert (2000) (Hg): Selbst und Gehirn. Paderborn: Mentis

Niekrenz, Yvonne/Villányi, Dirk (Hrsg.) (2008): Liebeserklärungen. Intimbeziehungen aus soziologischer Perspektive. Wiesbaden: Verlag für Sozialwissenschaften

Oevermann, Ulrich (1979): Die Methodologie einer ›objektiven Hermeneutik‹ und ihre allgemeine forschungslogische Bedeutung in den Sozialwissenschaften. In: Soeffner, Hans-Georg (Hg.): Interpretative Verfahren in den Sozial- und Textwissenschaften. Stuttgart: Metzler Verlag

Pierce, Charles Sanders (1976): Schriften zum Pragmatismus und Pragmatizismus. Frankfurt am Main: Suhrkamp

Platon: Symposion. München: Goldmann Verlag 1959

Polkinghorne, Donald E. (1988): Narrative knowing and the human sciences. New York: University press

Polkinghorne, Donald E. (1998): Narrative Psychologie und Geschichtsbewusstsein. Beziehungen und Perspektiven, In: Straub, Jürgen (Hg): Erzählung, Identität und historisches Bewusstsein. Die psychologische Konstruktion von Zeit und Geschichte. Erinnerung, Geschichte, Identität 1. Frankfurt: Suhrkamp

Popkin, Jeremy D. (2005): History, Historians and Autobiography. Chicago/London: University of Chicago Press

Popp-Baier, Ulrike (2001): Von der Möglichkeit ein anderer Mensch zu werden. Psychologische Analysen von Konversionserzählungen. In: Psychotherapie und Sozialwissenschaft. Zeitschrift für qualitative Forschung 3. Göttingen

Porter, Roy (1997) (Hg): Rewriting the self. Histories from the Renaissance to the Present. London/New York: Routledge

Pritsch, Sylvia (2008): Rhetorik des Subjekts. Zur textuellen Konstruktion des Subjekts in feministischen und anderen postmodernen Diskursen. Bielefeld: transcript

Quine, Willard van Orman (1981): Theories and things. Camebridge: Harvard Press

Rammert, Werner (2001) (Hg): Kollektive Identitäten und kulturelle Innovationen. Ethnologische, soziologische und historische Studien. Leipzig: Leipziger Universitätsverlag

Reckwitz, Andreas (2006): Das hybride Subjekt. Eine Theorie der Subjektkulturen von der bürgerlichen Moderne zur Postmoderne. Weilerswist: Velbrück Wissenschaft

Reckwitz, Andreas (2001): Der Identitätsdiskurs. Zum Bedeutungswandel einer sozialwissenschaftlichen Semantik. In: Rammert, Werner (Hg): Kollektive Identitäten und kulturelle Innovationen. Ethnologische, soziologische und historische Studien. Leipzig: Leipziger Universitätsverlag

Reckwitz, Andreas (2004): Die Gleichförmigkeit und die Bewegtheit des Subjekts: Moderne Subjektivität im Konflikt von bürgerlicher und avantgardistischer Codierung. In: Klein, Gabriele (Hg): Bewegung. Sozial- und kulturwissenschaftliche Konzepte. Bielefeld: transcript

Reichertz, Jo (2003): Die Abduktion in der qualitativen Sozialforschung. Opladen: Leske + Budrich

Reigber, Dieter (1993) (Hg): Frauen-Welten. Marketing in der postmodernen Gesellschaft – ein interdisziplinärer Forschungsansatz. Düsseldorf: Econ

Reinhardt-Becker, Elke (2005): Seelenbund oder Partnerschaft? Liebessemantiken in der Literatur der Romantik und der Neuen Sachlichkeit. Frankfurt/New York: Campus

Renn, Joachim/ Straub, Jürgen (2002) (Hg): Transitorische Identität. Der Prozesscharakter des modernen Selbst. Frankfurt am Main/New York: Campus Verlag

Renn, Joachim (2002): Selbstbehauptung. Varianten der Identität von Personen im Zeichen funktionaler Differenzierung. In: Renn, Joachim/Straub, Jürgen (Hg): Transitorische Identität. Der Prozesscharakter des modernen Selbst. Frankfurt/New York: Campus

Ricœur, Paul (1996): Das Selbst als ein Anderer. München: Wilhelm Fink

Ricœur, Paul (1988): Zeit und Erzählung I: Zeit und Historische Erzählung. München: Wilhelm Fink

Ricœur, Paul (1989): Zeit und Erzählung II: Zeit und literarische Erzählung. München: Wilhelm Fink

Ricœur, Paul (1991): Zeit und Erzählung III: Die erzählte Zeit. München: Wilhelm Fink

Ricœur, Paul (1994): Selbst als ipse. In: Johnson, B. (Hg): Freiheit und Interpretation. Amnesty International-Vorlesungen. Frankfurt am Main: Fischer

Ricœur, Paul (2003): Narrative Identität. In: Zaborowski, Holger (Hg): Wie machbar ist der Mensch? Eine philosophische und theologische Orientierung. Mainz: Matthias-Gründewald-Verlag

Ricœur, Paul (1991a): Life in Quest of Narrative. In: Wood, David (Hg): On Paul Ricœur. Narrative and Interpretation. London/New York: Routledge

Ricken, Norbert (2002): Identitätsspiele und die Intransparenz der Macht. Anmerkungen zur Struktur menschlicher Selbstverhältnisse. In: Renn, Joachim/Straub,

Jürgen (Hg): Transitorische Identität. Der Prozesscharakter des modernen Selbst. Frankfurt/New York: Campus

Rosa, Hartmut (2002): Zwischen Selbstthematisierungszwang und Artikulationsnot? Situative Identität als Fluchtpunkt von Individualisierung und Beschleunigung. In: Renn, Joachim/Straub, Jürgen (Hg): Transitorische Identität. Der Prozesscharakter des modernen Selbst. Frankfurt/New York: Campus

Rose, Nikolas (1997): Assembling the modern self. In: Porter, Roy (Hg): Rewriting the self. Histories from the Renaissance to the Present. London/New York: Routledge

Rosenthal, Gabriele (1995): Erlebte und erzählte Lebensgeschichte. Gestalt und Struktur biographischer Selbstbeschreibungen. Frankfurt: Campus Verlag

Rousseau, Jean-Jaques: Bekenntnisse. Frankfurt am Main: Insel Verlag

Röttger-Rössler, Birgit/Engelen, Eva-Maria (2006) (Hg): »Tell me about love« Kultur und Natur der Liebe. Paderborn: mentis

Sarbin, Theodore R. (1986): Narrative psychology. The storied nature of human conduct. New York: Praeger

Schapp, Wilhelm (1953): In Geschichten verstrickt. Zum Sein von Mensch und Ding. Hamburg: Richard Meiner

Schäfer, Thomas/Völter, Bettina (2009): Subjektpositionen. Michel Foucault und die Biographieforschung. In: Dausien, Bettina/Lutz, Helma/Rosenthal, Gabriele (Hg): Biographieforschung im Diskurs. Wiesbaden: Verlag für Sozialwissenschaften

Schechtman, Marya (1996): The constitution of selves. Cornell: University press

Schneider, Manfred (1986): Die erkaltete Herzensschrift. Der autobiographische Text im 20. Jahrhundert. München/Wien: Carl Hanser

Schmid, Wilhelm (1998): Philosophie der Lebenskunst. Frankfurt am Main: Suhrkamp

Schöttker, Detlev (2008): Der Autor lebt. Zur Renaissance seiner Biografie. In: Merkur. Deutsche Zeitschrift für europäisches Denken. Heft 5, 62. Jahrgang, Stuttgart

Schimank, Uwe (1988): Biographie als Autopoiesis – Eine systemtheoretische Rekonstruktion von Individualität. Brose, Hans-Georg/Hildenbrand, Bruno (1988) (Hg): Vom Ende des Individuums zur Individualität ohne Ende. Opladen: Leske + Budrich

Schimank, Uwe (2000): Entwöhnung von der Lebensgeschichte. Muster biographischer Selbstreflexion in ›Ulysses‹ und ›Manhatten Transfer‹. In: Hoerning, Erika M. (Hg.): Biographische Sozialisation. Stuttgart: Lucius&Lucius

Schütze, Fritz (1984): Kognitive Figuren des autobiografischen Stegreiferzählens. In: Kohli, Martin (Hg): Biographie und soziale Wirklichkeit. Neue Beiträge und Forschungsperspektiven. Stuttgart: Metzler

Schütze, Fritz (2001): Ein biographieanalytischer Beitrag zum Verständnis von kreativen Veränderungsprozessen. Die Kategorie der Wandlung. In: Burkholz, Roland (Hg): Materialität des Geistes. Weilerswist: Velbrück
Schütze Fritz (1983): Biografieforschung und narratives Interview. In: Neue Praxis 3. Kritische Zeitschrift für Sozialarbeit und Sozialpädagogik
Schütze, Fritz (1996): Verlaufskurven des Erleidens als Forschungsgegenstand der interpretativen Soziologie. In: Krüger, Heinz-Hermann/ Marotzki, Winfried (Hg): Erziehungswissenschaftliche Biographieforschung. Opladen: Leske + Budrich
Schütze, Fritz (1981): Prozeßstrukturen des Lebensablaufs. In: Matthes, Joachim (Hg): Biographie in handlungswissenschaftlicher Perspektive: Kolloquium am SFZ der Universität Erlangen. Nürnberg: Verlag der Nürnberger Forschungsvereinigung
Schütze, Fritz (1982): Narrative Repräsentationen kollektiver Schicksalsbetroffenheit. In: Lämmert, E. (Hg): Erzählforschung. Ein Symposion. Stuttgart: Metzler
Schütze, Fritz (1987): Das narrative Interview in Interaktionsfeldstudien. Hagen: Universitätsverlag
Sennett, Richard (1998): Der flexible Mensch. Die Kultur des neuen Kapitalismus. Berlin: Berlin Verlag
Sieder, Reinhard (1998): Erzählungen analysieren – Analysen erzählen. Narrativbiographisches Interview, Textanalyse und Falldarstellung. In: Wernhart, Karl R./Zips, Werner (Hg): Ethnohistorie. Rekonstruktion und Kulturkritik. Eine Einführung. Wien: Promedia
Sieder, Reinhard (2004): Die Rückkehr des Subjekts in den Kulturwissenschaften. Wien: Turia + Kant
Sieder, Reinhard (1999) (Hg): Brüchiges Leben. Biographien in sozialen Systemen. Wien: Turia + Kant
Sieder, Reinhard (1999): Gesellschaft und Person: Geschichte und Biographie. In: Sieder, Reinhard (Hg): Brüchiges Leben. Biographien in sozialen Systemen. Wien: Turia + Kant
Sieder, Reinhard (2008): Patchworks. Das Familienleben getrennter Eltern und ihrer Kinder. Stuttgart: Klett-Cotta
Sieder, Reinhard (2004): Kulturwissenschaften. Fragen und Theorien. Erste Annäherung. In: Lutter, Christina/ Szöllösi-Janze, Margit/ Uhl, Heidemarie (Hrsg.): Kulturgeschichte. Fragestellungen, Konzepte, Annäherungen. Innsbruck: Studien Verlag
Sigusch, Volkmar (2005): Neosexualitäten. Über den kulturellen Wandel von Liebe und Perversion. Frankfurt/New York: Campus
Simmel, Georg (1985): Fragment über die Liebe. In: Dahme, Heinz-Jürgen/Köhnke, Klaus Christian (1985) (Hrsg.): Georg Simmel. Schriften zur Philosophie und Soziologie der Geschlechter. Frankfurt am Main: Suhrkamp
Sloterdijk, Peter (1978): Literatur und Organisation von Lebenserfahrung. Autobiographien der Zwanziger Jahre. München: Carl Hanser

Snow, David A./Machalek, Richard (1984): The sociology of conversion. In: Annual Review Sociology 10

Solomon, Robert C. (2006): About love. Reinventing Romance for our Times. Cambridge: Hackett Publishing Company

Soeffner, Hans-Georg (1979) (Hg.): Interpretative Verfahren in den Sozial- und Textwissenschaften. Stuttgart: Metzler Verlag

Soeffner, Hans-Georg (1989): Auslegung des Alltags – Der Alltag der Auslegung. Frankfurt am Main: Suhrkamp

Sparn, Walter (1990) (Hg): Wer schreibt meine Lebensgeschichte? Biographie, Autobiographie, Hagiographie und ihre Entstehungszusammenhänge. Gütersloh: Verlagshaus Gerd Mohn

Stempel, Wolf-Dieter (1979): Historisch und pragmatisch konstituierte Identität In: MARQUARD, Odo (Hg): Identität, Poetik und Hermeneutik Band 8. München: Fink Verlag, München

Stoellger, Philipp (2005): Selbstwerdung. Ricœurs Beitrag zur passiven Genesis des Selbst. Dalferth, Ingolf U./Stoellger, Philipp (2005) (Hg): Krisen der Subjektivität. Problemfelder eines strittigen Paradigmas. Tübingen: Mohr Siebeck

Straub, Jürgen (2002): Personale Identität und Autonomie. Eine moderne Subjekttheorie und das postmoderne Selbst. In: Köpping, Klaus-Peter (Hg) Die autonome Person – eine europäische Erfindung? München: Fink

Straub, Jürgen (1998) (Hg): Erzählung, Identität und historisches Bewusstsein. Die psychologische Konstruktion von Zeit und Geschichte. Frankfurt: Suhrkamp

Straub, Jürgen (2002): Personale Identität. In: Straub, Jürgen/Renn, Joachim (Hg) Transitorische Identität. Der Prozesscharakter des modernen Selbst. Frankfurt/New York: Campus

Straub, Jürgen/Renn, Joachim (2002) (Hg) Transitorische Identität. Der Prozesscharakter des modernen Selbst. Frankfurt/New York: Campus

Straub, Jürgen (2004): Identität. In: Jaeger, Friedrich (Hg): Handbuch Kulturwissenschaften. Grundlagen und Schlüsselbegriffe. Band 1 Stuttgart: Metzler

Straub, Jürgen (1998): Personale und kollektive Identität. Zur Analyse eines theoretischen Begriffs. In: Assmann, Aleida/Friese, Heidrun (Hg): Identitäten. Erinnerung, Geschichte, Identität 3. Frankfurt am Main: Suhrkamp

Straub, Jürgen (Hrsg.) (1998): Erzählung, Identität und historisches Bewusstsein. Die psychologische Konstruktion von Zeit und Geschichte. Frankfurt am Main: Suhrkamp

Straub, Jürgen (2000): Biographische Sozialisation und narrative Kompetenz. Implikationen und Voraussetzungen lebensgeschichtlichen Denkens in der Sicht einer narrativen Psychologie. In: Hoerning, Erika M. (Hg.): Biographische Sozialisation. Stuttgart: Lucius&Lucius

Strauss, Anselm (1968): Spiegel und Masken. Die Suche nach Identität. Frankfurt am Main: Suhrkamp

Stückrath, Jörn/Zbinden, Jürg (1997) (Hg): Metageschichte. Hayden White und Paul Ricoeur. Baden-Baden: Nomos

Tanner, Klaus (2005) (Hg): Liebe im Wandel der Zeiten. Kulturwissenschaftliche Perspektiven. Leipzig: Evangelische Verlagsanstalt
Taylor, Charles (1994): Quellen des Selbst. Die Entstehung der neuzeitlichen Identität. Frankfurt am Main: Suhrkamp
Teichert, Dieter (2000): Personen und Identitäten. Berlin/New York: de Gruyter
Teichert, Dieter (2000a): Selbst und Narrativität. In: Newen, Albert (Hg): Selbst und Gehirn. Paderborn: Mentis
Tengelyi, Laszlo (1998): Der Zwitterbegriff Lebensgeschichte. München: Fink Verlag
Thomä, Dieter (2007): Erzähle dich selbst. Lebensgeschichte als philosophisches Problem. Frankfurt: Suhrkamp
Trinks, Jürgen (2005): Möglichkeiten und Grenzen der Narration. Wien: Turia & Kant
Tugendhat, Ernst (1979): Selbstbewusstsein und Selbstbestimmung. Sprachanalytische Interpretationen. Frankfurt am Main: Suhrkamp

Ullmer, Bernd (1990): Die autobiographische Plausiblität von Konversionserzählungen. In: Sparn, Walter (Hg.): Wer schreibt meine Lebensgeschichte? Gütersloh: Gütersloher Verlagshaus

Veith, Hermann (2001): Das Selbstverständnis des modernen Menschen. Theorien des vergesellschafteten Individuums im 20. Jahrhundert. Frankfurt am Main: Campus
Voges, Wolfgang (1987) (Hg): Methoden der Biographie- und Lebenslaufforschung. Opladen: Leske + Budrich
Völter, Bettina (2006): Die Herstellung von Biografie(n). Lebensgeschichtliche Selbstpräsentationen und ihre produktive Wirkung. In: Burkart, Günther (2006) (Hg): Die Ausweitung der Bekenntniskultur – neue Formen der Selbstthematisierung? Wiesbaden: Verlag für Sozialwissenschaften

Wagner, Peter (1999): Fest-stellungen. Beobachtungen zur sozialwissenschaftlichen Debatte über Identität. In: Assmann, Aleida (Hg.): Identitäten. Frankfurt am Main: Suhrkamp
Wagner, Peter (2002): Die Problematik der »Identität« und die Soziologie der Moderne. In: Renn, Joachim/Straub, Jürgen (Hg): Transitorische Identität. Der Prozesscharakter des modernen Selbst. Frankfurt/New York: Campus
Wagner, Peter (2006): Die Soziologie der Moderne und die Frage nach dem Subjekt. In: Hohl, Joachim/Keupp, Heiner (Hg): Subjektdiskurse im gesellschaftlichen Wandel. Zur Theorie des Subjekts in der Spätmoderne. Bielefeld: Transcript
Wagner, Hans-Josef (2001): Objektive Hermeneutik und Bildung des Subjekts. Weilerswist: Velbrück
Watzlawick, Paul (Hrsg.) (1969): Menschliche Kommunikation. Formen, Störungen, Paradoxien. Bern: Huber
Wegner, Dirk (1976) (Hg.): Gesprächsanalysen. Hamburg: Buske Helmut Verlag

Welsen, Peter (2005) (Hrsg.): Paul Ricoeur. Vom Text zur Person. Hermeneutische Aufsätze (1970–1999). Hamburg: Felix Meiner

Welsen, Peter (1999): Das Problem personaler Identität, In: Liebsch, Burkhard (Hrsg): Hermeneutik des Selbst – Im Zeichen des Anderen. Freiburg/München: Verlag Karl Alber

Welsch, Wolfgang (1990): Identität im Übergang. Philosophische Überlegungen zur aktuellen Affinität von Kunst, Psychiatrie und Gesellschaft. In: Benkert, Otto, Gorsen, Peter (Hg): Von Chaos und Ordnung der Seele. Ein interdisziplinärer Dialog über Psychiatrie und Kunst. Berlin: Springer

Welsch, Wolfgang (1993): »ICH ist ein anderer«. Auf dem Weg zum pluralen Subjekt? In: Reigber, Dieter (Hg): Frauen-Welten. Marketing in der postmodernen Gesellschaft – ein interdisziplinärer Forschungsansatz. Düsseldorf: Econ

White, Hayden (1991): Metahistory. Die historische Einbildungskraft im 19. Jahrhundert in Europa. Frankfurt: S. Fischer

White, Hayden (1981): The Value of Narrativity in the Representation of Reality. In: Mitchell, W.J.T. (Hg): On Narrative. Chicago: University of Chicago Press

Willems, Herbert (1999) (Hg): Identität und Moderne. Frankfurt am Main: Suhrkamp

Wohlrab-Sahr, Monika (2001): Ich hab das eine gegen das andere ausgetauscht sozusagen. Konversion als Rahmenwechsel. In: Psychotherapie und Sozialwissenschaft. Zeitschrift für qualitative Forschung 3. Göttingen

Wohlrab-Sahr, Monika (1994): Vom Fall zum Typus. In: Diezinger, Angelika (Hg): Erfahrung mit Methode. Wege sozialwissenschaftlicher Frauenforschung. Freiburg: Kore

Wohlrab-Sahr, Monika (2006): Die Realität des Subjekts. Überlegungen zu einer Theorie biografischer Identität. In: Hohl, Joachim/Keupp, Heiner (2006) (Hg): Subjektdiskurse im gesellschaftlichen Wandel. Zur Theorie des Subjekts in der Spätmoderne. Bielefeld: Transcript

Wolf, Thomas R. (2003): Leben in Geschichte(n). Zur Hermeneutik des historisch-narrativen Subjekts. In: Deines, Stefan/Jaeger, Stephan/Nünning, Ansgar (2003) (Hg): Historisierte Subjekte – Subjektivierte Historie. Zur Verfügbarkeit und Unverfügbarkeit von Geschichte. Berlin/New York: de Gruyter

Wood, David (1991) (Hg): On Paul Ricœur. Narrative and Interpretation. London/New York: Routledge

Zima, Peter V. (2000): Theorie des Subjekts. Subjektivität und Identität zwischen Moderne und Postmoderne. Tübingen/Basel: A. Francke Verlag

Zirfas, Jörg/Jörissen, Benjamin (2007): Phänomenologien der Identität. Human-, sozial- und kulturwissenschaftliche Analysen. Wiesbaden: Verlag für Sozialwissenschaften

Dank

Dieses Buch ist die geringfügig überarbeitete Fassung meiner Dissertation, die im April 2011 an der Universität Wien approbiert wurde. Der Weg von der Idee zum Buch wäre nicht gangbar gewesen ohne die Unterstützung einer Reihe von Personen und Institutionen, die an dieser Stelle nicht unerwähnt bleiben sollen. Mein Dank gilt meinen akademischen Lehrern an der Universität Wien, Prof. Reinhard Sieder und Prof. Herta Nagl-Docekal, die mit ihrem fachlichen Wissen und ihrem persönlichen Engagement den Entstehungsprozess begleitet haben, und mir mit anregenden Kommentaren stets zur Seite standen. Zu Dank verpflichtet bin ich zudem mehreren Förderinstitutionen, die meine Forschungsarbeit in Form von Stipendien unterstützt, und auf diese Weise mit ermöglicht haben: Die *Österreichische Akademie der Wissenschaften* förderte meine Arbeit in Form eines eineinhalbjährigen DOC-Stipendiums, mithilfe dessen konnte ich die zeitintensive Interviewstudie sowie die Transkription der Interviews und die Fallanalysen durchführen. Danach genoss ich als ›Junior Fellow‹ und Stipendiatin am *Internationalen Forschungszentrum für Kulturwissenschaften (IFK)* in Wien nicht nur eine hervorragende Arbeitsatmosphäre, sondern auch den fachlichen Austausch mit KollegInnen und eine sehr gute Infrastruktur. Ich danke dem IFK-Team und den Fellows für einen spannenden und abwechslungsreichen Aufenthalt. Mithilfe eines anschließenden IFK-Auslandsstipendiums konnte ich meine Forschungen an der Universität Konstanz fortsetzen. Die genannten Förderinstitutionen ermöglichten mir einen ungestörten Prozess des Denkens und Schreibens. Dass dieser jedoch nicht einsam war, verdanke ich einer Vielzahl an FreundInnen und KollegInnen, die mich die Jahre über begleitet haben. Ihnen allen sei an dieser Stelle gedankt! Zur Drucklegung und Veröffentlichung meiner Forschungsarbeit in der vorliegenden Form haben der *Wissenschaftsfonds (FWF)* sowie die Universität Wien entscheidend beigetragen, beiden Einrichtungen danke ich für die finanzielle Unterstützung.

Zuletzt gebührt mein Dank den vielen InterviewpartnerInnen, ohne deren Bereitschaft zum Erzählen dieses Buch nicht hätte geschrieben werden können.

Kulturwissenschaften

Sebastian Conrad, Shalini Randeria, Regina Römhild (Hg.)
Jenseits des Eurozentrismus
Postkoloniale Perspektiven in den Geschichts- und Kulturwissenschaften
2. erweiterte Auflage.
2012. Ca. 500 Seiten,
ISBN 978-3-593-39517-3

Dieter Haller
Die Suche nach dem Fremden
Geschichte der Ethnologie in der Bundesrepublik 1945–1990
2012. Ca. 400 Seiten, ISBN 978-3-593-39600-2

Ludger Heidbrink, Imke Schmidt, Björn Ahaus (Hg.)
Die Verantwortung des Konsumenten
Über das Verhältnis von Markt, Moral und Konsum
2011. 329 Seiten, ISBN 978-3-593-39537-1

Martin Andree
Medien machen Marken
Eine Medientheorie des Marketing und des Konsums
2010. 249 Seiten, ISBN 978-3-593-39267-7

Frankfurt. New York

www.campus.de/wissenschaft

Soziologie

Paula-Irene Villa, Stephan Moebius, Barbara Thiessen (Hg.)
Soziologie der Geburt
Diskurse, Praktiken und Perspektiven
2011. 243 Seiten, ISBN 978-3-593-39525-8

Bettina Hollstein, Matthias Jung, Wolfgang Knöbl (Hg.)
Handlung und Erfahrung
Das Erbe von Historismus und Pragmatismus
und die Zukunft der Sozialtheorie
2011. 381 Seiten, ISBN 978-3-593-39405-3

Martin Kronauer
Exklusion
Die Gefährdung des Sozialen im hoch entwickelten Kapitalismus
2., aktualisierte Ausgabe 2010. 284 Seiten, ISBN 978-3-593-39176-2

Johannes Angermüller, Silke van Dyk (Hg.)
Diskursanalyse meets Gouvernementalitätsforschung
Perspektiven auf das Verhältnis von Subjekt,
Sprache, Macht und Wissen
2010. 341 Seiten, ISBN 978-3-593-38947-9

Silke van Dyk, Stephan Lessenich (Hg.)
Die jungen Alten
Analysen einer neuen Sozialfigur
2009. 410 Seiten, ISBN 978-3-593-39033-8

Uwe Schimank, Nadine M. Schöneck (Hg.)
Gesellschaft begreifen
Einladung zur Soziologie
2008. 195 Seiten, ISBN 978-3-593-38765-9

www.campus.de/wissenschaft   Frankfurt. New York